U0732296

广东社会科学丛书

丛书主编
郭跃文　江中孝

经济改革与发展的理论探索

主编　潘　莉

暨南大学出版社
JINAN UNIVERSITY PRESS
中国·广州

图书在版编目（CIP）数据

经济改革与发展的理论探索/潘莉主编. —广州：暨南大学出版社，2022.12
（广东社会科学丛书/郭跃文，江中孝主编）
ISBN 978 - 7 - 5668 - 3599 - 4

Ⅰ. ①经…　Ⅱ. ①潘…　Ⅲ. ①中国经济—经济改革—研究　Ⅳ. ①F12

中国版本图书馆 CIP 数据核字（2022）第 245925 号

经济改革与发展的理论探索
JINGJI GAIGE YU FAZHAN DE LILUN TANSUO
主　编：潘　莉

…………………………………………………………………………………………

出 版 人：张晋升
策划编辑：冯　琳　梁月秋
责任编辑：冯　琳　谢　滢
责任校对：刘舜怡　林玉翠
责任印制：周一丹　郑玉婷

出版发行：暨南大学出版社（511443）
电　　话：总编室（8620）37332601
营销部（8620）37332680　37332681　37332682　37332683
传　　真：（8620）37332660（办公室）　37332684（营销部）
网　　址：http：//www. jnupress. com
排　　版：广州尚文数码科技有限公司
印　　刷：广州市友盛彩印有限公司
开　　本：787mm × 1092mm　1/16
印　　张：13. 75
字　　数：301 千
版　　次：2022 年 12 月第 1 版
印　　次：2022 年 12 月第 1 次
定　　价：58. 00 元

前 言

《经济改革与发展的理论探索》一书从《广东社会科学》创刊以来经济学栏目发表的文章中精选了二十篇，涉及马克思主义商品经济理论、现代企业制度改革、人口与劳动经济、国际资本流动、低碳经济与绿色发展、经济增长与高质量发展、版权经济、海洋经济、技术进步与工业革命、经济特区与中国道路、区域经济等领域。改革开放以来，中国经济迅猛增长，经历了一系列重大变革，实现了跨越式的发展，这些论文在经济巨变的伟大实践基础上进行了深刻的理论反思和学术探讨，对推动我国进一步改革开放和社会主义现代化建设具有重要的理论和现实意义。

编 者

2022 年 8 月

目　录

CONTENTS

社会分工是一次有深远意义的产业革命*

卓 炯

钱学森同志把商品生产看作第二次产业革命，我很同意这种看法并认为这一观点是对商品生产理论的一次重大突破。因此，我在一篇题为《商品生产也是一次产业革命》的文章中（载《广东社会科学》1984 年第 1 期）作了一些发挥。近来我在重新研究钱学森同志的观点："生产体系的组织结构和经济结构的飞跃叫产业革命。"按照经典作家的观点，商品生产起源于社会分工，而商品生产恰恰是"生产体系的组织结构和经济结构的飞跃"，因此，不如把社会分工视为产业革命。把商品生产作为生产体系来理解更加合适，这也符合列宁的观点。列宁认为："商品生产是一种社会关系体系。"① 所谓产业革命，就是生产力的革命，它和社会革命的含义是不同的，而社会分工恰恰也属于生产力的范畴。按照马克思的分析，社会分工之所以成为可能，必然是农业劳动生产率有一定的发展。马克思指出："社会上的一部分人用在农业上的全部劳动——必要劳动和剩余劳动——必须足以为整个社会，从而也为非农业工人生产必要的食物，也就是使从事农业的人和从事工业的人有实行这种巨大分工的可能，并且使生产食物的农民和生产原料的农民有实行分工的可能。"② 这就证明社会分工属于生产力的范畴。

恩格斯也曾指出："文明时代是社会发展的一个阶段，在这个阶段上，分工，由分工而产生的个人之间的交换，以及把这两个过程结合起来的商品生产，得到了充分的发展，完全改变了先前的整个社会。"③ 我们结合钱学森同志的观点来领会恩格斯这段话的精神，完全可以把社会分工看成一次产业革命，因为它改变了整个社会。

所谓"先前的整个社会"，是指生产在本质上是共同的生产，同样，消费也归结为

---

* 本文原载于《广东社会科学》1985 年第 2 期。

① 《列宁选集（第 2 卷）》，北京：人民出版社，1972 年，第 589 页。

② 《资本论（第 3 卷）》，北京：人民出版社，1975 年，第 716 页。

③ 《马克思恩格斯选集（第 4 卷）》，北京：人民出版社，1972 年，第 170 页。

产品在较大或较小共产制的公社内部的直接分配。生产的这种共同性是在较小的范围内实现的，伴随的是生产者对自己的生产过程和产品的支配。这就是自给自足的自然经济。

到了文明时代商品生产的开始，使生产体系的组织结构和经济结构产生了质的飞跃。从商品生产阶段的一般性来看，至少有以下的一些特征：①出现了货币，出现了货币资金以及利息等经济范畴，使金融向高度集中发展；②出现了商业，和以商业经济为基础的经济科学；③社会分工使城市和乡村从对立到融合发展；④土地商品化；⑤把创造物质财富作为社会发展的动力，第一是财富，第二是财富，第三还是财富，从个人的财富到社会的财富，这就是文明时代唯一的具有决定意义的目的。在这个社会内部，科学日益发展，艺术高度繁荣，精神文明不断前进，这都源于在积累财富方面取得的日益巨大的成就。这个文明时代经历了从阶级统治到阶级消灭的过程。

一、社会分工是商品经济的基础

关于社会分工是商品经济的基础的问题，恩格斯作了历史的叙述。恩格斯指出："我们就走到文明时代的门槛了。它是由分工方面的一个新的进步开始的。在野蛮时代低级阶段，人们只是直接为了自身的消费而生产，间或发生的交换行为也是个别的，只限于偶然留下的剩余物。在野蛮时代中级阶段，我们看到游牧民族已有牲畜作为财产，这种财产，到了成为相当数量的畜群的时候，就可以经常提供超出自身消费的若干剩余；同时，我们也看到了游牧民族和没有畜群的落后部落之间的分工，从而看到了两个并列的不同的生产阶段，也就看到了进行经常交换的条件。在野蛮时代高级阶段，农业和手工业之间发生了进一步的分工，从而发生了直接为了交换的、日益增加的一部分劳动产品的生产，这就使单个生产者之间的交换变成了社会的迫切需要。文明时代巩固并加强了所有这些在它以前发生的各次分工，特别是通过加剧城市和乡村的对立（或者像古代那样，城市在经济上统治乡村；或者像中世纪那样，乡村在经济上统治城市）而使之巩固和加强，此外它又加上了一个第三次的、它所特有的、有决定意义的重要分工：它创造了一个不从事生产而只从事产品交换的阶级——商人。"①

商品生产有一个发展过程，即从简单商品生产到扩大商品生产。从奴隶社会到封建社会，基本上属于简单商品生产，作为新的分工的商人，以较低的价格向商品生产者购进劳动产品，又以较高的价格向消费者出售。这就出现了商业利润，这种商业利润产生的前提就是商业资金。

商品经济的进一步发展，使得商品生产扩大。这是在生产力进一步发展的基础上形成的，最初的形式是简单协作。

---

① 《马克思恩格斯选集（第4卷）》，北京：人民出版社，1972年，第161－162页。

这种扩大商品生产的简单协作是与资本主义生产方式相联系的，因而形成资本主义的协作。但协作是一种物质资料的生产过程，可以提高劳动的社会生产力。协作在提高劳动的社会生产力方面有如下表现：①协作形成社会平均劳动，它直接形成价值；②协作可以节约生产资料；③协作不仅可以提高个人生产力，而且可以创造集体生产力；④协作使许多劳动者在一起劳动，会在无形中激发他们的竞争意识，从而使他们集中精力和提高工作效率；⑤协作使同种作业具有流水作业的性质，从而使劳动过程具有连续性，提高生产效率。

总而言之，同样数量的单个工人和同样数量的协作工人比较起来，同样数量的协作工人可以生产更多的使用价值，因而可以生产更多的剩余价值，也就是相对剩余价值。

然后，是工场手工业，工场手工业是一种以劳动分工为基础的协作，这种分工与协作又可以进一步提高劳动的社会生产力。工场手工业就是把原来分散的手工业者集合在工场内，因而具有协作性质，这种分工提高劳动生产率的表现如下：①由于把分散的手工业者集中在工场内部，生产具有了连续性，节约了产品在转移过程中的劳动，提高了劳动生产率；②使生产阶段具有并存性，不仅使生产过程在时间上互相衔接，而且使生产过程的各个阶段可以在一个空间内并存，因此在同一时间可以生产更多成品；③使生产要素具有比例性，为了使生产过程在时间上连续、在空间上并存，就必须有计划和按比例地组织生产，使劳动者人数、原料数量以及其他生产资料的数量有一定比例，才不会出现停工待料或停料待工的现象，从而创造更多的剩余价值。

从简单协作到工场手工业分工，由于商品生产的发展，市场发生供不应求的现象，这就需要进一步发展生产力，于是发生了第三次产业革命，即工业革命。现在看来，工业革命只是社会分工的进一步深化而不是对社会分工的否定。列宁说得好："商品经济的发展就是一个个工业部门同农业分离。商品经济不大发达（或完全不发达）的国家的人口，几乎全是农业人口，然而不应该把这理解为居民只从事农业，因为这只是说，从事农业的居民自己进行农产品的加工，几乎没有交换和分工。因此商品经济的发展本身就意味着愈来愈多的人口同农业分离，就是说工业人口增加，农业人口减少。"①

当前进行的新技术革命算是第四次产业革命，但它也没有改变社会分工的性质，只是使社会分工向更大的深度和广度发展，这种新技术革命的特征不是使生产越来越集中然后变成垄断，而是使生产越来越分散。分散不等于分工，但分散一定与分工相联系，分工一天不消灭，商品经济就不会被消灭。列宁也说过："市场发展的限度取决于社会劳动专业化的限度。而这种专业化，按其实质来说，正像技术的发展一样，没有止境。"②

---

① 《列宁选集（第 1 卷）》，北京：人民出版社，1972 年，第 163 页。

② 《列宁全集（第 1 卷）》，北京：人民出版社，1984 年，第 84 页。

二、社会分工决定了私有制和公有制的产生

长期以来，商品生产产生的原因总被归为两个，社会分工和私有制或社会分工和所有制，这是极大的误解。

我们知道，原始共同体的特征是共同生产和共同消费。恩格斯指出："分工慢慢地侵入了这种生产过程。它破坏生产和占有的共同性，它使个人占有成为占优势的规则，从而产生了个人之间的交换。"① 这就是私有制产生的原因。恩格斯的话非常清楚。就是由于分工慢慢地侵入了原始共同体的产生过程，破坏了生产和占有的共同体，因而才产生了个人之间的交换。确立了个人之间的交换，个人占有便成为占优势的规则，这不是私有制是什么？

列宁也有同样的观点："遗产制度以私有制为前提，而私有制则是随着交换的出现而产生的。已经处在萌芽状态的社会劳动的专业化和产品在市场上的出卖，是私有制的基础。例如当原始印第安公社的全体社员共同制造他们所必需的一切产品的时候，私有制是不能发生的。当分工渗入公社，而社员开始各自单独生产某一种产品并把这种产品拿到市场上出卖的时候，表现商品生产者这种物质上的孤独性的私有制就出现了。无论私有制或遗产，都是单独的小家庭（一夫一妻制的家庭）已经形成和交换已在开始发展的那个社会制度的范畴。"②

于此可见，商品交换首先是原始公社之间的交换，当这种交换渗入公社内部时，就产生了商品交换和私有制，然后才有私有制之间的交换。因而社会分工才是商品交换和私有制产生的原因，而私有制和商品生产是同时产生的，其间并无因果关系。相反，把私有制作为商品生产产生的原因是没有历史根据的。当社会分工同私有制结合，这种商品生产表现为私有商品生产；当社会分工同公有制结合，这种商品生产又表现为公有商品生产。

当商品生产从简单商品生产发展为扩大商品生产以后，商品生产就发展成社会化的大生产，这种社会化的大生产也就是社会分工的大生产，它又形成公有制的物质基础。恩格斯指出："社会化生产和资本主义占有之间的矛盾表现为无产阶级和资产阶级的对立。"③ 只有这种对立才是社会主义革命的物质基础。而社会化的大生产正是社会分工发展的产物，没有社会分工，也就不会有社会化的大生产，因此，我们可以说现代的生产资料公有制也是社会分工发展的产物。现在看来，既然商品经济是社会分工的产物，社会主义要消灭商品经济就等于要消灭社会化的大生产，这是不可能做到的，甚至可以

① 《马克思恩格斯选集（第4卷）》，北京：人民出版社，1972年，第170页。
② 《列宁全集（第1卷）》，北京：人民出版社，1984年，第133页。
③ 《反杜林论》，北京：人民出版社，1970年，第268页。

说是与历史背道而驰的。

推其原因，就在于我们只在所有制当中兜圈子，而忘记了社会分工的重大历史作用。“在社会分工的条件下，产品必须通过交换才能满足人民的需要。但各种不同的产品如果在质上不是相同的，那在量上也就不能是相等的。因此各种不同产品的交换就不能从使用价值出发，于是马克思发现了商品的质的规定性，这就是人类的抽象劳动，商品之所以有价值就是因为包含着人类的抽象劳动，这样就解决了交换的公约性问题。于此可见，商品交换有一个共同的要求，就是要能够把具体劳动转化为抽象劳动，又从抽象劳动转化为具体劳动。这样就把社会分工联成一个商品体系了。这就是马克思劳动价值学说的精髓。”①

我们的商品经济体系实际上是一个社会分工的体系，但是，我们长期以来看不到社会分工的决定作用，致使如何理解商品经济这个问题得不到解决，造成理论上的混乱。我觉得把社会分工作为一次产业革命来理解，就可以圆满解决这个问题。我们只要重提一下恩格斯对于社会分工的理解，把社会分工提到改变整个社会的高度，这是完全符合历史实际的。

三、社会分工形成了以商品经济为基础的经济科学

1. 使用价值和价值相分离是商品经济的本质特征

我们知道，人类从事生产劳动的目的，首先是满足生产者的生活需要，其次是满足一般社会需要，在自然经济条件下，人类为了满足各种不同的生活需要，就要从事各种不同的生产劳动。这种生产劳动的结果直接表现为出现了各种不同的产品，然后按各人的生活需要直接分配这些产品，剩下来的部分叫剩余产品，以满足一般社会需要。这种经济叫作实物经济或产品经济。产品经济也包含劳动的二重性，即具体劳动和抽象劳动，但二者没有分离，统一存在于产品中。

商品经济与自然经济相比有一个根本性的不同。“工人在劳动过程的一段时间内，只是生产自己劳动力的价值，就是说，只是生产他必需的生活资料的价值。因为他是在以社会分工为基础的状态下进行生产，所以他不是直接生产自己的生活资料，而是在某种特殊的商品形式（如棉纱）上生产出同他的生活资料的价值相等的价值，或者说，同他用来购买生活资料的货币相等的价值。他为此需用的工作日部分是大小不同的，这取决于他每天平均的生活资料的价值，也就是取决于每天生产这些生活资料所需要的平均劳动时间。”② 这就是价值范畴存在的客观必然性。商品经济的特点就是使用价值和价值分离。马克思说：“产品要表现为商品，需要社会内部分工发展到这样的程度：在

---

① 卓炯：《论社会主义商品经济》，广州：广东人民出版社，1981 年，第 59 页。

② 《资本论（第 1 卷）》，北京：人民出版社，1975 年，第 242 页。

直接的物物交换中开始的使用价值和交换价值的分离已经完成。”①

因此，商品的价值总是包括三个组成部分，即 $W = C + V + M$。C 是生产资料转移的价值，V 是劳动力价值，M 是剩余价值。例如，生产一辆汽车，它也应该包含 C、V、M 三个价值，但我们不能从汽车本身分析出来，一定要先把它转化为价值。工业生产的成本一般占 70%，这样，我们假定一辆汽车值一万元，40% 是生产资料转移的价值，30% 是劳动力价值，30% 是剩余价值。剩余价值就是剩余价值，它不能表现为剩余产品。因为我们不能说汽车的哪一部分是生产资料转移的价值，哪一部分是劳动力价值，哪一部分是剩余价值。

长期以来，由于不承认生产资料是商品，也不承认生产资料有价值；不承认劳动力是商品，也不承认劳动力创造价值，因而也不承认有剩余价值。按照斯大林的理论，虽然不承认生产资料有价值的实质，但其还有一个价值的外壳。我们在理论上连外壳也不承认剩余价值了，但在事实上又不能不用货币来核算，这就造成理论和实际的脱节。这在过去不承认社会主义仍然存在商品经济时还情有可原，今天，党的决定已经确认社会主义经济是有计划的商品经济，那就应该恢复商品经济的本来面目，确认生产资料是商品，确认劳动力创造价值。因而要确认劳动力价值和剩余价值，确认社会分工是商品经济的理论基础，否则就会在理论上出现非驴非马的怪现象。

2. 社会分工的生产体系就是价值体系

《资本论》的理论体系实质上是一个以社会分工为基础的生产体系，这一生产体系和生产资料资本主义所有制结合，其特征就是价值体系。这种价值体系和社会主义生产资料公有制结合，就成为社会主义的价值体系。

列宁所阐述的马克思的经济学说，只要脱去资本主义的特征就是一个完整的价值体系。马克思也说过：“如果我们把工资和剩余价值，必要劳动和剩余劳动的独特的资本主义性质去掉，那剩下的就不再是这几种形式，而只是它们的为一切社会生产方式所共有的基础。”② 因此，我们就根据这种精神来探讨价值体系。

价值、商品是这样一种物，一方面，它能满足人们的某种需要，另一方面，它能用来换别种物。物的有用性使物拥有使用价值。交换价值（或简称价值）首先是一定量的使用价值同另一种一定量的使用价值相交换的关系或比例。这种重复亿万次的交换，使得千差万别的不能相比的使用价值经常彼此相等。商品生产是一种社会关系体系，在这种社会关系体系下各个生产者制造各种各样的产品（社会分工），而所有这些产品在交换中彼此相等。因此，一切商品的共同点，既不是某一生产部门的具体劳动，也不是某种形态的劳动，而是抽象的人类劳动，即一般的人类劳动。某一社会内表现在所有商品价值总额中的全部劳动力，都是一般人类劳动力，因此，每个单个商品只表现某一部

---

① 《资本论（第 1 卷）》，北京：人民出版社，1975 年，第 192－193 页。

② 《资本论（第 3 卷）》，北京：人民出版社，1975 年，第 990 页。

分社会必要劳动时间。价值量是由社会必要劳动决定的，或者说，由生产某种商品即某种使用价值所消耗的社会必要劳动时间决定；作为价值，商品都只是一定量的凝固的劳动时间。正因为这样，马克思才批判了重农学派的使用价值的观点，指出“他们对剩余价值本身的理解是错误的，因为他们对价值有不正确的看法，他们把价值归结为劳动的使用价值，而不是归结为劳动时间，不是归结为没有质的差别的社会劳动”①。

马克思在分析了体现在商品中的劳动二重性，特别是在分析了抽象劳动创造价值以后，进而分析价值形式和货币。马克思发现价值形式有一个发展过程，即从简单的、扩大的、一般的价值形式到货币的发展过程。价值的独立化就表现为货币，货币在出现以后，随着商品经济的发展，又表现为各种不同的职能。货币的基本职能是作为价值尺度和流通手段，然后发展成支付手段、贮藏手段和世界货币。货币是价值的表现形式。

剩余价值 在马克思的理论体系中，剩余价值有两种不同的含义：一个是与生产劳动相联系的，剩余价值只是剩余劳动时间的凝结，只是物化的剩余劳动；一个是与资本主义生产关系相联系的。这就是说雇佣工人在生产过程中所创造的超过劳动力价值的价值，这一部分价值被资本家无偿占有，它体现着资本家剥削雇佣工人的关系。可是，我们长期以来，只把剩余价值当作剥削来理解，《政治经济学辞典》也只承认剩余价值是剥削，好像只有雇佣工人才能创造出大于劳动力价值的价值。

增加剩余价值，提高经济效益，有两种基本方法：延长工作日和缩短必要劳动时间；前者叫作绝对剩余价值，后者叫作相对剩余价值。剩余价值以提高劳动生产率为前提。如果一个工作日只能维持一个劳动者的生活，也就是说，只把劳动力再生产出来，那它就没有提高劳动生产率，因而就没有剩余价值。从经济效果来看，这种生产劳动就是不生产的，因为它只补偿原有价值而不创造新价值。

资金积累 为了扩大再生产，发展社会的物质财富，就必须积累资金。资金积累就是把一部分剩余价值转化为资金，以便扩大再生产的规模。

在资本主义社会中，资金积累转化为资本积累，资本积累是一种对抗性的矛盾，加速机器对工人的排挤，在一极造成富有，在另一极造成贫困，因而造成人口过剩，即产生所谓劳动后备军。资本积累的历史趋势是资本主义制度的灭亡。

社会主义也要有积累，我把它叫作社本（Social Capital）积累，这种积累是长远利益和眼前利益的矛盾，是整体利益和局部利益的矛盾，是非对抗性的矛盾。社本积累的历史趋势是社会主义向共产主义过渡。

资金流通 商品经济的特征在于有一个流通过程，没有流通过程，商品经济是无法存在的。资金流通分为两个部分：一个是单个资金流通，一个是社会总资金的再生产和流通。流通的根本问题就是剩余价值如何实现的问题。

单个资金流通就是资金的循环和周转，即价值的循环和周转。在商品经济条件下，

---

① 《马克思恩格斯全集（第26卷）》，北京：人民出版社，1972年，第144页。

如果说没有生产就没有流通的话，那反过来也可以说没有流通就没有生产。生产和流通就像统计图表的纵坐标和横坐标一样，缺少任何一个都是不行的，要看到流通的重要性。

社会总资金的再生产和流通，这是从宏观的角度来立论的。马克思的基本原理是把生产分为两大部类和把价值分为三个组成部分，即 C、V、M，得出来的公式是 $V+M=$ ⅡC，这就把使用价值和价值有机统一起来了。从现在来看，若想全面解决宏观的问题，第一要考虑人口的因素，第二要考虑第三产业的问题。但从商品来考虑，一切取决于资金的投放，也就是马克思讲的按比例分配社会劳动（这里包括物化劳动和活劳动）。只要能做到这一点，国民经济就可以做到按比例发展。

剩余价值的分配 从扩大商品生产来看，其特征就是有了剩余价值这个经济范畴，而剩余价值的分配，重点是要解决资金的有偿使用问题，资金的有偿使用在不同的生产方式中有不同的表现形式。在资本主义社会中，资金转化为资本，资本的有偿使用表现为剥削。资金的有偿使用就是要发挥资金使用的经济效果，这是不以人的意志为转移的。我们要把财政拨款改为银行贷款，就是这个道理。

资金的有偿使用就是一个剩余价值的分配问题。在扩大商品生产条件下，资金分为产业资金、商业资金、银行资金、土地资金，在第三产业中，很可能还会出现一种新的资金形式，例如技术资金和信息资金，它们都要分享一部分剩余价值。在生产资料公有制下，绝大部分剩余价值要归社会所有，这就是社会主义和共产主义的根本标志。

在社会分工条件下，使用价值和价值分离，因此不可能用产品来直接核算，而只能用价值来间接核算，这是不以人的意志为转移的。由于我们不能区分产品经济和商品经济的基本特征，总是把价值看作无足轻重的经济范畴，而把产品当作天经地义的经济范畴，这造成了理论上的混乱。明明是商品经济，却也要把它说成剩余产品、剩余劳动或剩余产品价值，而不敢承认它是剩余价值。其实，马克思讲的价值都是以使用价值为前提的，没有使用价值的东西就没有价值，而货币正是物质财富的一般代表，这就是作为生产体系的价值体系，也就是马克思主义的政治经济学。

关于价值体系的问题，马克思很赞同亚当·斯密的观点，亚当·斯密说："商品包含着一定量劳动的价值，我们就用这一定量的劳动去同假定在当时包含着同量劳动的价值的东西相交换。"马克思说："这里的重点在于分工所引起的变化，它表现在：财富已经不再由本人劳动的产品构成，而由这个产品支配的别人劳动的量构成，也就是由它能够买到的并由它本身包含的劳动量决定的那个社会劳动的量构成。"①

社会分工还可以分为微观分工和宏观分工。微观分工是指各个不同经济单位之间的分工；宏观分工是指各个互相独立的社会生产领域之间的总分工。因而价值规律也有微观和宏观之分。

---

① 《马克思恩格斯全集（第 26 卷）》，北京：人民出版社，1972 年，第 53 页。

马克思说："在资本主义生产方式废止以后，但社会化的生产维持下去，价值决定就仍然在这个意义上有支配的作用：劳动时间的调节和社会劳动在不同各类生产间的分配，最后，和这各种事项有关的簿记，会比以前任何时候变得更为重要。"①

这里所说的社会化的生产，也就是社会化的大生产，仍然是以社会分工为基础的。可见，马克思的设想并不是恢复实物经济，所以价值决定仍然有支配的作用。也就是说，只能沿用价值体系而不能恢复实物体系。社会主义的实践，完全证明了马克思的这个假设是正确的。我们对马克思的一些设想，只能用实践检验而不能把它当作教条。因此，可以说马克思政治经济学就是社会分工的政治经济学，只是要同一定的生产方式结合起来。

【作者简介】

卓炯，中山大学特聘教授、硕士研究生导师。

---

① 《资本论（第3卷）》，北京：人民出版社，1953年，第1116页。

推进企业产权改革　建立现代企业制度

——广东顺德产权改革的理论思考*

曾牧野

中国共产党十四届五中全会通过的《中共中央关于制定国民经济和社会发展“九五”计划和2010年远景目标的建议》（以下简称《建议》）强调：落实“九五”计划和实现2010年的奋斗目标，关键是实行两个具有全局意义的根本转变，一是经济体制从传统的计划经济体制向社会主义市场经济体制转变，二是经济增长方式从粗放型向集约型转变。这是完全正确的。我认为要顺利推进、实现这两个转变，有赖于深化企业改革，更好地发挥国有经济、公有经济在整个国民经济体系中的主导作用。从体制转变本身来说，通过改革，建立新的体制与运行机制乃是建立市场经济体制的基础性工作；从增长方式的转变来说，搞好国有企业、公有企业，提高国有经济、公有经济的效益，乃是推动经济增长方式转变的主体力量。

如何搞好、搞活国有企业、公有企业，近年来众说纷纭。我认为，强化企业内部管理，抓好企业的技术改造，改善企业的外部环境，形成公平竞争的市场机制等，这些工作都要做，因为这些工作做好了，都会大大提高国有企业、公有企业的效益。但是，最根本的还是抓好体制创新工作。如何走体制创新之路？《建议》重申十四届三中全会阐明的国有企业改革的方向，即通过改革建立现代企业制度，对现代企业制度的基本特征（产权清晰、权责明确、政企分开、管理科学）全面准确地把握，不能凭自己的偏好只取其中的一点或两点。我认为，通过改革，建立“产权清晰”的产权制度，是建立现代企业制度的关键及基础性工作，离开这一点，其他三点就难以落实。我在顺德市（今佛山市顺德区）的考察、调研中发现，该市国有企业、乡镇企业以及其他形式的城乡集体所有制企业正是抓住企业的产权改革这个核心来推进现代企业制度的建立的。他们多数都依据建立现代企业制度的要求去做，他们称之为“转机建制”（转换企业经营机制，建立企业新体制），其实质就是切切实实地利用近两年的时间，集中精力进行全面

* 本文原载于《广东社会科学》1996年第1期。

的产权制度改革，取得了良好的效果。其经验主要是：

一、坚持了公有制经济占主体地位的原则

全市镇以上的公有企业进行“转机建制”的工、商、贸、农、建筑等企业达896家，占企业总数的82.7%。转制结果：市、镇两政府拥有的公有资产占62.4%，国有民营或公有民营资产占22.6%，外来资产占15%。我认为，坚持公有制主体地位，这一改革方向是必要的，它对于巩固和发展社会主义制度，实现我国现代化的战略目标具有重要的意义。现在国内外有一些人，一提到产权制度改革就以为是“搞私有化”，这显然是一种误解，甚至是一种偏见。

二、为寻找实现公有制的具体形式进行了富有成效的探索

该市进行产权制度改革主要采取股份制形式，即按照国家的有关政策和《公司法》的要求，把国有企业、集体企业改造成股份有限公司（几家大型企业获准改造为上市的股份有限公司），有政府控股的、政府参股的；有少数企业的部分股权转让给外商；有的企业改造为股份合作公司；有的实行国有民营或公有民营（采取承包、租赁等形式）。总之，根据企业的不同情况、条件，从实际出发，采取各种形式改制、转制，不搞一刀切。推行股份制是建立现代企业制度的有效形式，马克思早就论述过股份制在资本主义社会中的特殊作用：“资本主义的股份企业也和合作工厂一样，应当被看作由资本主义生产方式转化为联合的生产方式的过渡形式。”① 甚至说它是“导向共产主义的”“最完善的形式”。② 据我的理解，股份制企业之所以具有这种功能、作用，在于它在一定程度上扬弃了原来的私人资本、私人企业的局限性，使个人资本社会化了。在社会主义条件下搞股份制，理所当然地成为社会主义经济的一种合理可行的企业组织形式。把股份制等同于私有制或说“必然导向私有化”，这一观点是难以成立的。经过顺德市改造后的企业，除了股份制企业外，还有原有的个体、私营经济，从而形成公有经济与非公有经济并存、共同发展的新格局。这样的新格局符合我国社会主义初级阶段的国情，有利于调动一切积极因素，同心合力发展社会生产力。

三、把体制改革和调整、优化存量资产结构结合起来

产权制度改革是以正确评估原有资产为前提的，并在此基础上产生产权转让交易行

---

① 《马克思恩格斯全集（第25卷）》，北京：人民出版社，1975年，第498页。
② 《马克思恩格斯全集（第29卷）》，北京：人民出版社，1972年，第299页。

为。顺德市政府把转让企业产权获取的巨额资金收入，除一部分向银行偿还企业债务外，其他部分用于建立职工社会保障基金和发展交通能源和教育事业等。这样，不仅摸清了“家底”（全市资产总量）、理顺了企业与银行的债务关系，而且为企业发展、全市经济社会事业发展加大了后劲。

四、把体制改革与改进企业管理、增加技术改造投入结合起来

该市通过“转机建制”的改革，建立起政企分开、产权清晰的产权体制，由于一般采用“产权结构多元化”的模式，能够通过产权这一纽带建立相应的企业激励机制与自我约束机制，从而为强化管理、增加技术改造投入提供了动力机制。改制后的企业普遍产生了节约成本、挖掘潜力、优化资源配置的改革效应，变粗放经营为集约经营，大大推动生产率和提高经济效益。“转机建制”前的 1992 年，该市亿元以上产值的企业有 18 家，到 1995 年 9 月这样的企业已增至 86 家，整体经济发展态势良好。

五、坚持配套改革，整体推进

产权制度改革不仅与建立社会保障制度等结合起来，而且与政府机构改革、转变政府管理职能、强化政府的社会管理职能结合起来，这是顺德市产权制度改革的一大特色，也是它获得成功的宝贵经验。这样不仅使企业产权主体明晰、权责分明，而且为政企职能的真正分开创造了现实的可能性，提供了切实的保障条件。

企业体制的全面创新，将该市社会主义市场经济体制建设推向一个新的发展阶段，为推进、实现经济增长方式的转变提供了有利的体制基础。经过实地调查、考察，我认为顺德市进行这样一场深刻的体制变革，要经过深思熟虑，承担某些风险，必须付出巨大改革成本，这些是对党的事业、对人民利益负责的表现。

顺德市的产权制度改革，是在一个市（区）的范围内全面铺开、成片进行的。虽形成了统筹兼顾、统一规划、统一步骤、整体推进的优势，但也难免产生某些不足。例如，某个企业产权转让的经营对象的选择可能有所偏误；在产权交易市场尚未建立、完善的条件下，对某些企业的资产评估可能偏低也可能偏高；某些企业产权结构也可能过分向个人（经营者）倾斜；等等。不过，我们不能因为某个企业改革存在的某些不足而否定这一重大改革的必要性与正确性。产权改革初步完成以后，也会在实践中产生新的问题、新的矛盾。例如，如何实现政资分离（政府的行政管理职能与国有资产、公有资产的管理职能分离），如何进一步完善产权结构、理顺产权关系，如何按照《公司法》和其他有关法规规范企业内部治理结构，如何进一步改善企业的外部环境、完善市场秩序等，这些问题都有待进一步研究、解决。为此，我们可以得出如下结论：①顺德市产权制度改革的经验是成功的，应该予以肯定、支持。②顺德市积极推进、实现两个

根本性转变的前景是好的。实现两个根本性的转变，首先取决于经济体制的根本转变；我们应该重视经济增长方式的转变，但是不能以此转变来淡化、冲击甚至取代经济体制的转变。

【作者简介】

曾牧野，广东省社会科学院研究员、研究生导师。

新世纪中国企业改革与发展中的两大问题*

魏 杰

一、产权清晰的实质所在

产权清晰是现代产权制度的首要内容和内在要求。产权清晰首先涉及的问题是：产权清晰不仅是一个法律概念，更重要的还是一个经济体制的范畴，即表现为产权在经济运行过程中的清晰，只有在整个经济运行过程中实现了产权清晰，才能说产权是清晰的。也就是说，产权清晰虽然首先表现为法律上的清晰，例如产权归谁所有必须在法律上要有明确的界定，但是仅有法律上的清晰是不够的，法律上的清晰必须在经济运行过程中实现。就我国目前的国有企业来说，虽然法律上明确规定其所有者为全体人民，也就是为全体人民所有，在法律上是清晰的，但在整个经济运行过程中产权并不清晰，因而国有企业才既缺乏活力，又没有有效的约束，难以防止资产流失，最终导致国有资产无法实现保值增值。因此，产权清晰应该是一个法律与体制的综合范畴，不能把产权清晰仅当成一个法律概念，更不能仅视其为一个体制问题。当然，产权清晰首先要表现为法律上的清晰，如果法律上不清晰，产权在经济体制上的设置也不好安排，体制上的清晰没有法律上的清晰作为基础，也是不行的。有些私营企业，为了求得意识形态上的某种保护和某些优惠政策，在法律上注册为公有企业，结果出现了法律纠纷，甚至损害了所有者的利益。因此，必须明确产权清晰是法律与体制的内在统一，割裂法律与体制的内在统一是不行的。就国有企业来讲，产权虽然在法律上是清晰的，但是在体制上不清晰，此时应加快国有企业的体制改革，使其在体制上真正实现产权清晰，不能因为国有企业在法律上产权是清晰的，就认为国有企业产权是清晰的，反对把产权清晰作为国有企业改革的重要内容，而是应该真正从体制上实现国有企业的产权清晰。认为国有企业

---

* 本文原载于《广东社会科学》2000 年第 2 期。

产权是清晰的，不需要把产权清晰作为改革国有企业的重要内容的观点，是把产权在法律上的清晰当成了产权清晰的全部内容，误认为产权在法律上清晰了就是产权清晰了，混淆了产权清晰与产权在法律上的清晰的区别，这种观点对于推进国有企业改革是非常有害的。因此，必须抛弃这种观点，应该加快旨在清晰国有企业产权的改革，真正从体制上实现国有企业的产权清晰。

讨论产权清晰，不能不回答这样一个问题：到底是要将产权清晰到自然人，还是要清晰到法人（包括企业法人和事业法人）或者政府机构？应该说，产权清晰到自然人是最具有约束力和效益最大的，作为自然人的产权主体必然要通过各种有效手段实现资产的保值增值，因而应该最大限度地将产权清晰到自然人。这已是人类几千年的实践所证明了的。但问题是并不是所有产权都能清晰到自然人，在现代经济条件下，有一些产权只能清晰到法人或政府机构。因此，尽量将产权清晰到自然人，不是指要将所有产权都清晰到自然人。当然，对于那些只能清晰到法人或者政府机构的产权，也必须按照产权清晰的要求，加强对法人及政府机构的约束，做到责、权、利的内在统一，使它们高效地使用资源，保证资产的保值增值。由此可见，从主体来看，产权清晰是指：一是尽量将产权清晰到自然人，不要认为将产权清晰到自然人就是私有化，不能把任何形式的产权清晰当作私有化，这是一个严重的误区；二是对那些只能清晰到法人或政府机构的产权，必须加大约束力，建立旨在约束法人及政府机构的有效制度，使产权在法人及政府机构中尽量做到清晰，以保证社会经济的高效益发展。

就目前来讲，最具现实意义的是如何实现国有企业的产权清晰，因为民营企业产权是清晰的。清晰国有企业产权需要各种措施，其中最为主要的是完善法人治理结构，即所有者与经营者的关系要界定清楚，使所有者与经营者之间形成责、权、利相统一的内在机制，既能充分调动和有效发挥经营者的积极性和创造性，又能使所有者的利益不受侵蚀，保证资产的保值增值。这一方面我们还有许多工作要做，法人治理结构不完善是国有企业产权不清晰的重要原因，它既表现为经营者的积极作用不能有效发挥，又表现为所有者利益受到侵蚀，因而必须加快完善法人治理结构。完善法人治理结构的重点是要从体制上保证经营者的应有经济利益和权力，现在经营者侵蚀所有者利益的重要原因是经营者应有的利益没有保证，出现了该给的没有给却拿了不该拿的扭曲现象，使国有企业产权难以清晰。因此，完善国有企业法人治理结构，应该是在给予了经营者应有的权力和利益的基础上，用责任约束经营者，实现责、权、利的有机统一。当然，法人治理结构还涉及企业内部的“新三会”与“老三会”的关系以及党企的关系。处理这些关系的主要原则是完善企业法人治理结构。通过完善法人治理结构来清晰国有企业产权，使国有企业充满活力。

但是，仅靠完善法人治理结构还不能彻底清晰国有企业产权，因为清晰国有企业产权还涉及所有者委托代理结构的问题。所谓所有者委托代理结构，就是指在现代经济条件下，并不是所有的所有者都直接经营自己的资产，大多数所有者是通过委托代理制将自己的资产交由别人经营，而且这种委托代理往往是多层次的。我国国有资产的所有者委托代理结构表现为现有的国有资产管理体制。也就是说，我国现有的国有资产管理体制实际上就是我国现在的国有资产的所有者委托代理结构。很显然，我国的国有资产所有者委托代理结构是非常不完善的，其主要表现在四个方面，或者说有四个特征：一是行政性太强，因为我国国有资产各层次的代理主体都是政府，政府当然要采取行政手段管理国有资产，因而所有者委托代理结构有极强的行政性；二是代理层次太多，所有者委托代理结构的要求是代理层次越少越好，而我国国有资产所有者委托代理结构按政府体制设置，结果是代理层次过多，代理链条过长；三是代理层次之间缺乏约束，是一种软预算约束，谁都不对国有资产流失负责任；四是多头代理，即同一资产由多个政府机构来管，结果是“扯皮”现象难以消除，管理效率极其低下。上述四个不完善之处，使得国有企业产权难以清晰。为了清晰产权，我们必须完善我国国有资产所有者委托代理结构，也就是改革我国的国有资产管理体制，改革的重点是：减少行政性，缩短委托代理环节，增强各层次代理之间的约束性，实现一元化代理，使代理者之间形成责、权、利相统一的内在机制。总之，只有在完善法人治理结构的同时完善所有者委托代理结构，才能清晰国有企业产权。

二、产权制度与人力资本的积极性

现代产权制度的一个极为重要的内在要求是产权制度的设置必须充分调动人力资本的积极性。也就是说，评价一个产权制度好坏的关键是看这个产权制度是否充分调动了人力资本的积极性。充分调动人力资本的积极性，是现代产权制度的主要目标。因为在现代经济条件下，只有充分调动人力资本的积极性，才能使企业真正充满活力，促进企业经济发展。

那么究竟什么是人力资本？人力资本不是指企业中的所有人，而是指企业中的两种人：企业家和技术创新者。因此，产权制度要充分调动人力资本的积极性，就是指调动企业家与技术创新者的积极性。

产权制度在设置上要调动人力资本的积极性，首先要尊重人力资本的应有经济利益。不同于货币资本和实物资本，人力资本是有思想和灵魂的，是潜藏于人体之中的一种主动性资本，即一种运用和经营其他资本的资本，而不是一种被动性资本。因此，管理对人力资本有时是会失效的，如果不充分重视人力资本应有的经济利益，人力资本就不可能发挥其应有的作用。例如，不尊重企业家的应有经济利益，该给企业家的经济利益没有给，结果是有的企业家利用手中的权力去拿那些不该拿的钱，花那些不该花的钱，索取的金额比应该给的钱还要多，而且还毁了一批人。又例如，不尊重技术创新者的应有经济利益，技术创新者就不可能有积极性去进行技术创新，出现“磨洋工”“乱跳槽”的扭曲现象，甚至在技术创新上“吃里扒外”，如此一来就不可能有技术创新。

因此，产权制度在设置上必须充分尊重人力资本的经济利益，将人力资本作为一种特殊的资本来看待，不能将人力资本当作一般的劳动，人力资本的报酬不能局限于工资这种属于一般劳动报酬的收益范畴，人力资本要同其他资本一样进入企业产权制度的设置，要作为资本参与分配，获得资本性的收益。具体来说，就是实行人力资本持股制及年薪制等。总之，要在产权制度设置上保证人力资本的应有经济利益。

应完善人力资本的选择与管理体制，从我国的现状来看，主要有三个问题需要讨论：

第一，如何形成有效的人力资本选择机制。人力资本要进入企业产权制度的设置，其首先必须是真正的人力资本，否则就谈不上发挥其积极性的问题。因此，应该有良好的人力资本选择机制，选择出真正的人力资本，使真正的人力资本进入企业产权制度设置。如何选出真正的人力资本？一是要按照人力资本本身的内在标准来选择，不能按照其他标准，例如不能按照是否为好人来选择企业家，企业家首先必须是好人，这一点人们没有异议，但并不是所有好人都是企业家，有的人可能是好人，但他并不具有企业家的素质，若让他担任总经理，企业肯定难以维持。人既有能力水平的差异，也有能力类别的差异，例如有的人具有政府行政管理的特长，有的人具有经营企业的特长，量才而为。二是要有责、权、利相统一的选择机制，尤其是选人的人要承担责任，例如选择总经理的人若选择失误，那么选择这位总经理的人就要承担责任。选人的人不承担责任，就不能建立起有效的人力资本选择机制。我国在企业家这种人力资本的选择中，为什么往往把那些根本不是企业家的人委派为总经理？其中的重要原因就是选择他们的人没有承担责任，选谁对其来说都是无所谓的。因此，在人力资本的选择机制上，要做到选人的人必须承担责任，形成责、权、利相统一的人力资本选择机制。

第二，如何正确理解党管干部原则的问题。党管干部原则是我们的重要组织原则，对此不应有所质疑，但现在的问题是什么人是干部？人力资本算不算干部？干部仅指公务员，还是指包括所有上层建筑领域在内的各级领导人？或者是指共产党组织中的各级负责人？我想，干部的范围应限于政府公务员及上层建筑各领域的负责人，企业中的人力资本不应属于干部之列。考虑到现实状况，企业家这类人力资本由有关党组织和企业董事会联合选择是对的，但是随着改革的深化，企业家的选择应该是董事会的职责。因此，人力资本的选择与管理应是企业本身的任务。

第三，如何形成良好的人力资本管理体制。在这方面，一个重要的措施是，必须取消人力资本的行政级别，绝不能再将人力资本当作公务员来对待。目前我国的国有企业是具有行政级别的，因而人力资本也具有行政级别，实际上人力资本被当作公务员的附属来管理，例如人力资本有正厅级、正县级等行政级别。在人力资本具有行政级别，并且作为公务员的附属来管理时，人力资本是不可能被管理好的，因为它们与公务员有极大的区别，人力资本受行政级别的约束，则其经济利益难以保障。例如正厅级的住房面积为 130 平方米，工资为 1 000 多元，那么正厅级的人力资本也就只能按此办理，企业效益再好，也只能如此，若超过这些规定，那就属于违法乱纪。在这种条件下，企业根本不可能充分尊重人力资本的应有经济利益，当然也就不可能管理好人力资本。因此，必须改变人力资本的管理体制，取消人力资本的行政级别，使其作为独立的阶层存在，完全按照资本的属性来确定人力资本的收益，从而充分尊重人力资本的经济利益，调动人力资本的积极性。

【作者简介】

魏杰，清华大学经济管理学院教授。

技术进步的挑战和企业生产的变化*

李新家

美国企业史学家钱德勒在论述二十世纪中叶美国企业所完成的管理革命时指出：新型运输和通信方法使进出工厂的原料和成品可以大量地和稳定地流动，使获得前所未有的生产水平成为可能。要实现这种可能，需要发明新的机器和作业方式。一旦这些发展起来，制造业者就能够把几个生产过程放在单独的一家企业内来完成，即所谓内部化。生产革命由于需要进一步的技术创新和组织创新，比销售革命晚。大量流通主要是通过组织上的革新和改善，以及运用新型运输和通信方法而实现的。大量生产除了组织上的革新外，通常还需要技术上的突破。此外，市场的扩大和用户通过市场提出的新要求，对于企业的生产及其组织和管理的完善也是极重要的推动力量。

今天，技术进步对企业生产的影响比以往任何时候都更加深远。广义的技术包括科学、工程、管理及其他与生产活动和产品发展有关的系统知识。社会技术能力越扩大、越深化，对生产过程的影响就越深刻，生产过程被分解的机会就越多，每一次分解都使生产过程产生更多的较小单元，每一个单元都要利用一种以上的专业知识。这一方面使生产过程变得更专业，另一方面使社会生产逐渐成为一个有机的整体。仅仅从生产过程来看，面对技术进步的挑战，企业的反应主要体现在如下方面。

一、生产力的提高与生产要素地位和作用的改变

邓小平指出：科学技术是第一生产力。技术进步本身就是生产力的进步。技术进步对生产力的影响包括如下方面：①劳动者本身发生了重要变化，以从事体力劳动为主的劳动者的地位和作用下降和减小，以从事脑力劳动为主的劳动者的地位和作用上升和增大，新型劳动者如信息技术劳动者不断增加。②劳动工具网络化、智能化，数控机床和

---

* 本文原载于《广东社会科学》2003 年第 1 期。

数控制造中心发挥日益重要的作用，劳动工具的信息含量急剧增加，信息网络本身也成了公用的或专用的重要劳动工具。③劳动对象范围扩大并得到更充分的利用，数据、信息、知识等都成了劳动对象。④形成新型的专业化分工，数字化创造财富的办法为企业提供了各种各样的新机会，现代化的生产体系要求一般员工都参与管理和创新。工程师和经理必须与创新者（研究人员、设计师和教师）一起工作，并从社会各界人员中得到启示。⑤整个科学技术如虎添翼，科技情报交流加强，合作研究不断发展，信息科技对社会和经济的渗透和带动作用不断加强。⑥劳动力再生产的条件包括教育发生了根本变革，远程教育、终身教育日趋重要。⑦组合、协调生产力有关要素以提高综合效率的管理，强化了生产力发展的决定作用，管理科技也成了高科技。管理信息化已经发展到内联网、外联网、互联网新阶段，并与企业业务流程信息化相融合。⑧技术进步促进了过剩生产能力的快速形成。

生产力的发展还表现在各种生产要素地位和作用的变化上。物质资源在生产和服务过程中的地位和作用相对下降和减小，知识资源的地位和作用相对提高和增大；制造业呈现利润下降的趋势，知识密集的产业包括知识密集的服务业利润呈现上升的趋势；硬件产品利润下降，软件产品特别是系统产品利润上升；企业竞争的重点从产品制造转向注重产品质量和提高为客户服务的质量并重；等等。

在技术进步环境下，突破性产品的优势不再，因为技术进步使得竞争对手几乎可以立即赶上或者超越它们。要想保持新产品的领先优势，企业必须吸引并留住最优秀的智囊人才，建立巨大的人才库。吸引和留住高知识、高技术的劳动者不只是需要高工资，还需要创造使最有才智的人能够被雇佣的文化氛围和新制度。越来越多的大公司与高等院校合作，创造了一种新的人才培养和技术开发模式。

现在，一个企业所拥有的资源可以分成如下几类：一是企业已经形成的物质资源，包括固定资产和原材料以及物质产品等；二是企业已经形成的无形资产，包括企业的品牌、形象和声誉等；三是企业已经形成的技术资源，包括专利、正在进行的科研项目和技术成果等；四是企业的文化和组织资源，包括企业文化和组织制度的凝聚力等；五是企业已经掌握的信息资源，包括有关技术、市场的信息以及和客户的联系等；六是企业拥有的人力和人才资源；七是企业可以利用的社会共同资源，包括社会制度、政策、公共信息等。企业的货币资本不过是衡量企业所拥有的上述资源的一种尺度以及使它们得以发挥作用的手段和工具。随着货币和金融电子化、信息化的发展，货币作为企业运行手段和工具的作用也在减小。哈佛大学商学院教授、商业史学家理查德·特德洛把企业的崛起归功于以下五个基本要素：一是管理，二是知识工人，三是政府的作用，四是金融市场，五是技术进步。

顾客参与生产的过程也成为企业的资源，这无疑是技术进步的结果，因为顾客参与生产需要两个基本条件，一个是用户信息系统，另一个是智能化的柔性生产系统，它们都是现代技术进步的成果。企业的用户信息系统和企业与消费者之间的电子商务的发展，使企业可以直接了解用户的需求和意见，使用户有可能提出自己的个性化需求。智能化和柔性生产体系则能够完成小批量的个性化生产，以适应用户的需要。

企业所利用的生产要素的结构及其地位和作用改变之后，随之而来的是企业价值链的变化。美国财政部原部长萨默斯说：以前，价值蕴含于生产的数量，例如一锭铁块、一桶石油或一袋小麦；而今天，正规的产品是基因组序、电脑条码或标志图案。他说，正如联邦储备委员会主席艾伦·格林斯潘时常强调的：在这个世界，商品价值取决于它们内含的知识，而非实际重量。[①]

二、生产过程时间和空间关系的变化

一方面，日益复杂的专业化分工把生产活动的开端和结尾分开了，使直接生产过程的时间有可能延长，使生产过程时间衔接的管理变得很复杂。可以用一棵树的根系作比喻：一棵树的根部系统在地下穿越和延伸，树越大，根系也越大越复杂。同样，生产方法越多越复杂，完成产品所需的时间跨度也越大，生产过程划分的阶段也越多，各种专门化知识和技能被发展起来用于完成整个任务每一个阶段上的工作。当第一阶段（任何阶段都一样）完成之后，它的结果必定要与有关阶段的结果相结合，也就影响到生产过程的第二阶段。第二阶段的结果必须再次被结合，依此类推，直至把所有阶段结合在一起，完成全部生产过程。网络越复杂，专门化的生产方法采用越多，时间衔接的管理就越复杂，引起生产时间延长的因素也越多。

另一方面，新技术的采用使生产过程和劳动时间缩短，表现在如下方面：①不断改进生产加工的工具和整个机器系统，使工具系统具有前所未有的快速加工能力。②研制各种各样的动物和植物的生长促进剂和刺激素，通过各种手段促使微生物活动加快（当然它们有可能带来一些负面的影响）。③利用各种催化剂促使生产中化学变化过程加快。④通过建筑温室之类的人工环境培育农作物，通过改良品种直至基因工程促使农作物生长加快。⑤电子计算机管理软件的应用、工序与生产流程的改变，使生产过程各个环节衔接得丝丝入扣，劳动过程的中断时间减少。⑥利用电子计算机系统管理和控制飞机、火车等交通工具的运行和通过的顺序。⑦通过改善道路和交通工具的状况提高交通运输的速度。⑧电子计算机技术和相关技术的进步使信息传播和加工的速度越来越快。⑨在商品买卖和金融活动中，用电子计算机系统来结算账目和处理其他业务。⑩人们生产了各种方便食品、方便饮品和其他便利设施，增加了各种各样的生活服务，以适应生活节奏加快的需要，为人们节省更多时间。⑪教育相关部门试图在更短的时间内使大部分人掌握更多的知识。⑫系统论、控制论、决策论、信息论、协同论等科学和技术的发展，使人们能够全面地掌握各种因素的相互影响和相互作用。⑬各种各样走向过去和未来的

① 参见《新经济须建筑在旧价值上》，《参考消息》，2000 年 5 月 23 日第 4 版。

完全不受时间限制的幻想故事层出不穷，虽然这些还没有成为科学和技术的力量，但是它们对人们的思维方式产生重大影响。

总之，不论是就全社会还是就单个企业的生产来考察，生产的时间缩短了，生产的时间形式和时间关系改变了。① 管理理论和实践中的工时研究具有极其重要的地位与作用，上述所有因素使其研究对象发生了重要变化。

与此相联系的是企业必须形成对市场变化作出快速反应的机制。技术进步促进了生产力的发展和消费水平的提高，使市场需求更快地变化。消费流行加快，产品更新换代加快，产品市场寿命周期缩短，消费个性化要求产品个性化和生产个性化。在市场交易过程中，用户普遍要求更小的订购数量、更快更可靠的交货时间。技术和市场方面的这些变化要求企业有更多的产品种类、更短的新产品开发周期，以便对顾客需要和技术进步作出更快的反应。企业必须不断吸收新技术，创新产品和技术，同时必须通过用户信息系统，广泛了解顾客的要求，把用户要求融入产品设计，加快产品设计和制造速度，提高产品质量，还要降低产品成本。

技术进步为企业对市场变化作出快速反应提供了可能。具有固定时间表并采用可互换部件的装配线生产，开始让位给个别的工作说明和模块化的安排，让位给由数控机床和数控制造中心完成的个性化生产。计算机网络的应用为企业提供了大量的用户信息和其他市场信息，计算机辅助生产系统使产品设计和生产过程及其管理和控制都发生了根本变化。

然后是企业生产空间关系的变化。在研究企业生产活动的空间组织时，有时人们研究的是现场生产活动的空间组织，即研究企业生产作业系统由哪些子系统和生产单位组成，按照什么原则加以组织以及如何在地域上合理布局等问题。② 这里所论生产过程的空间关系主要涉及企业与企业关系的变化和应用计算机网络所引起的生产地域的变化。

具有各种不同生产功能的企业与企业之间合作关系的发展、专业化生产和业务外包、计算机技术和信息技术的发展和应用以及经济全球化等因素的作用，改变了生产过程的空间形式。市场的全球化迫使工业家把设计、经营和销售等重要任务留给自己，而越来越多地将工业生产甚至装配任务交给国内外高水平的代理加工企业。法国电子管和半导体工业联合会总代表热拉尔·奥里维耶指出，（在计算机领域）“Intel 公司、NEC 公司、现代公司、摩托罗拉公司、得克萨斯仪器公司、善美微电子公司和飞利浦都与中国台湾硅谷的创办者们达成协议，后者根据严格的招标细则为上述公司生产芯片。以这种方式生产的产品到 2003 年将占市场的 50%”。除了简单地转向代理加工和在海外设厂外，还涉及把工厂变成一个机构、一个快速进行远距离生产的部门。在电子或服装行

① 《关于生产过程中时间关系变化的论述》，参见［美］亚瑟·A. 汤普森著，杨君昌、杨良译：《企业经济学》，上海：上海人民出版社，1990 年。

② 王凤彬：《现代企业的组织与再组织》，杭州：浙江人民出版社，1997 年。

业等，还出现了没有工厂的工业家。“远程工业”也就应运而生了。计算机网络使许多人远离自己的企业而为它工作。①

三、资产重组、技术和管理创新以及核心竞争力的形成

1. 技术进步使资本有机构成增加，加快折旧，资产不断重组

资本有机构成增加，一直都是因为在生产过程中科学和技术的应用增多了，往往涉及专门化的工具、机器或设备等。行使生产职能的资本投资增加还可能出于下列原因：有时生产过程不够灵活；新设备也许只能用于行使一定的功能；技术进步速度加快使生产设备无形损耗加快。有时一个企业可能发现自己被自己已经使用了的专有设备和专门生产方法所“缠住”。即使是在一般的生产经营条件下，经过一段时间后，几乎所有企业都有一些不再使用的设备、机械或车辆，都会堆积一些滞销和过时的存货或亏损的生产线。许多企业还拥有剩余的空间——多余的办公室、空闲的仓库、闲置的生产场地等。技术进步速度加快之后，多余不用的生产资料出现的可能性增加了。这迫使企业一方面加快固定资产折旧；另一方面力争通过出售和转让实现生产资本的重组。当然资产重组的动机和原因是多种多样的，重组的资产也不限于物质生产资料，还包括各种各样的无形资产。

2. 生产过程的技术创新和管理创新

互联网的广泛应用有利于企业创造新的价值和降低生产成本。在创造价值的过程中，因特网不仅能使企业提高劳动生产率，而且有利于企业不断开发和应用复杂的新技术。以跨国公司为例，它们最大的优势就是技术优势，技术创新的能力因信息化的推动而显著提高。目前，跨国公司的研究与开发投资占全球的90%，掌握全球80%的最新技术。波音公司1994年开始建立企业信息化系统，在这个系统支持下，研制生产了波音777飞机和新一代波音737飞机，实现无纸化设计，使开发周期由9～10年缩短到4年半。企业信息化可以极大地提高企业创新能力。据统计，企业创新能力的提高使新产品开发周期可缩短70%。德国宝马公司焊装厂5 000多个焊点全部都是机器人操作，总装厂是柔性生产，一条生产线可以装配所有的车型。这种生产和管理如果没有强大的信息技术支撑，是根本做不到的。目前世界500强企业都十分重视以信息技术增强企业的技术创新能力及核心竞争力。美国三大汽车公司和波音公司纷纷投身网络经济。国际数据公司（IDC）的研究报告显示，在财富500强企业中，信息技术投资超过生产设备投资的企业达65%，而企业网络投资的回报率则高达10倍以上。信息技术广泛的渗透性和关联带动作用，使得信息化成为技术创新和提高企业竞争力的关键。

生产过程的组织、协调与管理、控制、统计等都发生了变化。较高的技术等级和更

---

① 参见《虚拟工厂》，《参考消息》，2000年4月25日第4版。

加集中的专门化，必定要求更加有组织、更加熟练的管理，计算机管理软件的发展与应用改变了整个企业的管理过程。现代信息技术的发展及其在企业的运用，使生产过程和整个企业的其他活动过程密切联系在一起。根据新的管理思想和管理方法开发的管理软件，不仅涉及生产，而且涉及整个企业的资源利用、运行过程以及与外部环境的协调性。

3. 核心技术和核心竞争力的形成

由于技术进步，在企业内部的劳动组织和企业之间的分工方面可以看到两个相反的发展趋势。一是传统的生产实行了自动化，二是获取信息的便捷使企业内部的分工明显减少。这两种趋势都是对企业有利的。互联网扩大了市场，也使专业化的机会增加，因此，企业必须把精力集中在能够创造价值的特殊环节上。企业对核心能力的追求，使企业之间的分工在增加。技术进步促进了社会化大生产的发展，许多企业不可能拥有所生产的产品的全部技术，因此，企业必须形成自己的核心技术，同时把生产过程中的许多工艺或环节转包给其他企业。核心技术的形成、发展和保持要求企业不断进行技术开发和创新，不断改进生产设备、工艺流程和使用新的原材料等等，这使企业的特有资产增加，使企业的生产过程和技术研究开发过程更加紧密地结合在一起，从而对企业成本管理提出了更高的要求。

四、成本降低和新的收益模式

1. 生产成本降低

科学技术成为第一生产力使单位产品所包含的社会必要劳动减少，这从根本上创造了生产成本降低的前提。同时，科技进步所创造的巨大生产能力使卖方市场转变成为买方市场，生产过剩和竞争力量、经济全球化趋势的加强，都是企业生产成本下降的动力。

在不同生产部门，成本下降的幅度是不同的。20 世纪最后 25 年里，电子数据处理和通信成本以难以想象的幅度下降，在经济发展史上，这种成本下降是最快的，也是最持久的。与此同时，技术又使效率爆炸般地提高。它使在此之前不可能实现自动化的领域有了实现自动化的可能。自动化使生产率大幅度提高，出现了创造价值、协调分工的新形式、新产品和新市场。这些反过来又成为引起成本下降的因素。

成本下降一方面反映了资源消耗的减少、劳动生产率的提高，另一方面也说明了科技和信息等要素在价值生产中的作用未被人们充分认识，一部分劳动者劳动的价值未能实现，从而表现为产品成本的降低。我国劳动工资偏低，是生产成本低下的原因之一。这说明成本降低不能完全由科技进步来解释。

2. 规模经济和收益模式的改变

在工业生产中，随着社会分工和专业化协作的发展以及机械化、自动化和由此而来的生产流水线的发展，特别是在钢铁、汽车、石化等固定成本占总成本很大比例的产业中，规模经济即产品单位成本随着产品数量增加而降低所带来的经济性是企业提高经济效益的重要途径。迄今为止进行大批量生产和大批量流通的企业，都在获取规模经济效益方面取得巨大成功。科技进步和市场的变化使这种情况发生了重要的变化。

（1）规模经济的变化。一方面，随着经济发展水平和广大群众消费水平的提高，加上市场日益全球化，不断膨胀的市场空间在今天仍然为生产规模不断扩大提供着动力。资本密集型和技术密集型产业的发展，使资本的有机构成仍然有日益提高的趋势。这些使传统意义的规模经济仍然具有很强的生命力。同时技术进步又不断改变着生产的最佳经济规模。

另一方面，随着消费趋向多样化和个性化，产品个性化和生产个性化获得了发展。由于技术的迅速变革和信息的迅速传播，进入行业和市场的高壁垒被打破，一些原来在经营、销售及其他方面根基雄厚的拥有持久竞争优势的大公司失去优势，许多中小企业以其灵活、快速的反应能力，开始进入以前由大企业垄断的行业和市场，使传统大企业面临严峻挑战。随着技术创新和计算机系统的广泛运用，生产车间自动化程度不断提高，生产工艺越来越智能化。一些大批量、同造型的产品开始被多品种、小批量甚至单件定制的产品所代替。网络经济和虚拟企业的发展也改变了企业生产的经济规模。

规模经济的改变除了表现在部分中小企业具有了一定优势上之外，新的具有广阔前景的生产方式将二者结合，即多品种、小批量、大规模定制的生产体系将规模经济性和灵活快速的反应机制结合起来。电子计算机综合生产系统和生产工具体系的进一步变革促成了一种新的规模经济——差别规模经济。

传统规模经济可以叫作单一规模经济，是单一产品通过流水作业、大批量生产降低成本，获取规模收益。现在，企业必须满足用户个性化定制的要求，这需要企业小批量生产有差别的产品、灵活制造，而许多有差异的产品的小批量生产加在一起又形成大规模的生产，用户信息系统、电子计算机辅助设计和数控机床、数控制造中心等智能化的生产系统能够满足用户个性化定制的要求，在这样的基础上形成的规模经济可以叫作差别规模经济。当然差别规模经济的出现还需要具备经济上的合理性。伊利诺伊理工学院商学院的乔尔·戈德哈教授做过这样的比较：与产量为 100 万单位的工厂相比较，200 万单位产量的工厂总是会比较经济合算的，但是一家能制造产量 1 万个单位，却有 200 种不同类型产品的工厂，也同样经济合算。因为，为客户定制具有独特性的产品，这意味着可以垄断价格。

差别规模经济的出现，并不意味着单一的传统规模经济不复存在。单一规模经济在未来还会发挥作用，而且差别规模经济是以单一规模经济为基础的。

（2）收益模式的多样化。在技术进步条件下，尽管规模经济仍然是提高经济效益、优化资源配置的重要途径，但是，生产技术和管理技术的集成化、柔性化发展，数字化神经网络系统的建立与应用，外部市场内部化同生产外包模式的并行发展，相关业务甚至不同业务的融合，软件、多媒体、信息咨询服务、研究与开发、教育与培训、网络设备与产品等变动成本占总成本较高比例的信息产业、网络产业、知识产业在经济中发挥着越来越重要的作用，因此，提高经济效益的途径越来越多样化了，范围经济（通过产品品种或种类的增加来降低单位成本）变得更加重要了，差异经济（通过产品或服务差异性的增加来降低成本和增加利润）、成长经济（通过拓展企业内外部的成长空间来获取利润）、速度经济（通过抢先利用机遇扩大市场份额来赢得竞争优势）等各种提高经济效益的途径出现了。这些途径不仅被大企业利用，而且更有利于大量中小企业采用。

比如，信息技术的发展为企业获取范围经济提供了更多的机会。最先建立数字产品和基础设施（软件、系统或者媒体）所需费用很大，而仿造或者利用别人的成果所需的开支就会少得多。通常情况下，大批量生产和大批量流通只有在市场需求扩大时才有效。技术进步使仿制和开发类似的产品变得更加容易，使新产品市场容易饱和和分割。从事网上经营的虚拟企业甚至可以用更低的成本进入市场，经营的产品以信息形式而存在就更有可能扩大经营范围。专业化的小企业也有增加的趋势，例如提供技术和人员服务的企业，可以通过因特网在某些范围取得更多盈利，因为通过有关的合作关系可以轻而易举、灵活地发掘新的潜力。所有这些表明，规模经济作为提高经济活动效益的基本途径的相对重要性下降了，它不再是最重要的、唯一的经济收益模式。

3. 边际效益的变化

在传统的工农业生产中，物质、能量、土地等资源由于有限性或稀缺性，在技术比较稳定的情况下，随着生产要素投入的增加边际产出（边际效益）呈递减趋势。

今天生产过程中具有决定性意义的变化之一是信息成为重要的资源。它可以再生，可以重复利用，在许多情况下，一个生产者使用了某些信息，并不妨碍其他的生产者也同样使用这些信息，它的成本不随使用量的增加而成比例增加。信息技术发展快、变化大、生命周期短，其作用在生产过程中有扩大的趋势。此外，信息资源的利用不限于生产过程，它甚至更多地用于企业调整生产与市场的关系，这使企业的经济效益得到了提高。因此，有关研究认为，在使用信息资源较多的投入产出关系中出现了边际效益递增的现象，这种现象还会因网络效应而强化。

不能简单地认为在传统的工农业生产中只有边际效益递减的规律，而在较多地使用信息资源的生产中只有边际效益递增的规律。人们发现，在物质产品生产达到一定的经济规模之前也有边际效益递增的现象，而在信息产品生产中，当技术方面有问题时也会出现边际效益递减甚至为零或负数的现象。在今天的生产环境下，各种物质产品的生产，包括工农业产品的生产，也在越来越多地利用各种信息技术和信息产品，工农业生产部门也会提供信息产品。信息资源的利用已经广泛地渗透到了各个生产部门。所以，信息资源（也许还有其他类似资源）的利用，引起边际效益递增是和其他生产要素投入增加到一定程度以上引起边际收入递减交织在一起的，这种现象改变了边际效益递减规律的作用范围，使它在一定限度内的经济活动中不再成为起主导作用的规律。①

4. 生产函数的变化

技术可以看成整个社会生产知识的总和。一定时期的技术水平，决定着一定量的投入能得到的最大限度产出。或者说，一定时期的技术水平决定了从一定量的资源中能得到的产品数量和质量的极限。因此，一定时期的技术水平可以由一定的生产函数来表示。技术进步表现为能够用较少的投入生产出与以前同样多的产品。技术进步导致的生产函数的变化可以用等产量曲线的位移来说明：位移越大，说明技术进步越快。②

由于技术进步增加了许多有效的生产方法，新技术纳入生产方法之后，改变了企业的生产函数。与技术进步相关联的效率改进可以设想为几种形式：一是新技术使相同资源的投入由于组合不同，产生比以前更大的效果；二是新技术使生产与以前同种同量产品时，需要的资源投入更少；三是在生产与过去同种同量的产品时，新技术的采用可以减少某些投入，增加另一些投入，从而使总成本降低；四是一项新的生产技术，需要的投入或得到的产出是前所未有的东西。

影响和决定生产函数的因素还有：①技术熟练程度在生产相同产品的企业间并非一致；②新工厂拥有提高效率的改进技术，老工厂可能没有；③劳动效率和原材料质量的差别；④某些企业的经理、工程师和技术人员也许不能跟上目前的发展，也许不知道其他企业正在使用更好的生产过程；等等。所有这些因素结合在一起，解释了同一工业部门的企业可能会有参差不齐的生产函数的原因。③

信息和知识作为生产要素投入的增加，对于产量和产值所起的作用，与其他生产要素投入增加所起的作用有所不同，这方面的问题引起了广泛的注意。比如，信息是生产要素的特征之一，在一定的范围内、在一个企业或者企业集团内、在一定的场合内运用这些信息，并不妨碍在其他场合可以同时运用这些信息。信息共享能够带来较大经济效益的事实，也改变了生产函数。④

【作者简介】

李新家，广东省社会科学院研究员。

---

① 乌家培：《网络经济及其对经济理论的影响》，《学术研究》，2000 年第 1 期，第 4－10 页。

② 参见罗锐韧、曾繁正主编：《管理控制与管理经济学》，北京：红旗出版社，1997 年。

③ 《企业和技术变革》，参见［美］亚瑟·A. 汤普森著，杨君昌、杨良译：《企业经济学》，上海：上海人民出版社，1990 年。

④ 本文的资料来源还有：［美］W·E. 舒德尔、J. 丹尼尔·舍曼编著，绎明宇等译：《新技术开发管理》，北京：中信出版社，2001 年；毛蕴诗：《跨国公司战略竞争与国际直接投资》，广州：中山大学出版社，1997 年；何来芳：《网络改变企业结构》，《中国经济导报》，2000 年 5 月 19 日第 7 版；陈友龙：《网络经济》，北京：经济管理出版社，2001 年；《因特网经济十大典型特征》，《参考消息》，2000 年 7 月 11 日第 4 版；《智力因素对物质因素的胜利》，参见［法］罗贝尔·萨蒙著，王铁生译：《管理的未来：走向以人为本》，上海：上海译文出版社，1998 年；陈庆修：《信息化对世界 500 强意味着什么?》，《经济日报》，2002 年 8 月 27 日第 13 版。

论市场对城乡劳动力资源的重新配置*

蔡　昉

改革开放以来经济增长的经验表明，把劳动力从生产率低的部门转移到生产率高的部门，本身就是经济增长的重要源泉。为了保持经济增长的可持续性，劳动力的转移和就业具有十分重要的意义。改革开放以前劳动力资源的配置表现为一种二元结构，即城乡之间的对立和反差。这种城乡之间的对立和反差，主要表现为劳动力资源的配置不是城乡一体化的过程，而是被分割的，相应地，城乡劳动力占有的资源比例严重不均等。按照生产要素遵循提高边际报酬的逻辑流动的原则，这实际上意味着就业机会在城乡之间分配的不均等。改革开放以来，中国资源配置格局变化很大程度上反映在劳动力的流动上，即劳动力市场的形成方面。而保持中国经济增长的可持续性，同样有赖于劳动力市场发育，实现劳动力资源的进一步合理配置。

一、改革开放以来我国城乡劳动力市场的形成

改革开放以前城乡劳动力分割的格局是重工业优先发展战略及其一系列相应制度安排的结果。而随着改革的进行，城乡劳动力市场也应该有所发育。实际情况也的确如此。在城乡劳动力市场形成过程中，农村劳动力转移起到了驱动作用，推动了城乡劳动力配置格局的改变和配置制度本身的改革。大约20年的农村劳动力转移，对农村经济增长、结构变化以及城乡劳动力市场发育产生了深远的影响，具体来说产生了三种效果。

第一，居住在农村的劳动力不再局限于从事农业劳动，其就业已经广泛地分布在城乡各种行业中。农村实行家庭承包制以来，农村剩余劳动力大规模转移到非农产业中就业，并且在经历了离土不离乡的阶段之后，开始大规模地向城市部门转移。2001年农村劳动力总数约4.8亿人，超过33%的农村劳动力已经转移出农业，在第三产业、工业和建筑业等

---

* 本文原载于《广东社会科学》2003年第1期。

部门就业，其中很大部分转移到本乡以外。[1] 虽然根据中国经济结构转变的要求看，这种农村劳动力转移仍然是不充分的，但与改革开放以前的情况相比，中国农村劳动力就业结构已经发生了根本的变化。由于把城乡劳动力市场分割的户籍制度尚未彻底改革，转移到城市的农村劳动力中很多人并不在城市长期居住下来，而是形成了流动人口。

第二，城市职工现在不仅不再享受传统就业体制的“铁饭碗”，而且面临着就业岗位的竞争，特别是与外地劳动力的竞争。国有企业劳动制度的第一轮改革开始于1987年，当时是针对固定工的雇用政策改革，第一次动摇了存在几十年的终身雇用制度，即“铁饭碗”。同时，从20世纪80年代后期开始，农村中的一部分劳动力转移到城市，参与了城市就业机会的竞争。虽然这些外地劳动力大多从事那些城市居民不愿意接受的工作，但潜在的工作竞争已经出现，劳动力市场开始发挥其功能。

第三，国有经济不再是劳动者就业的唯一渠道，国有经济吸纳劳动力的比重大大下降。随着非国有经济的发展，市场对劳动力的需求越来越大，吸收了大量新进入劳动力市场的城市就业者和农村转移劳动力。而随着国有经济在整个国民经济中所占比重的下降，其就业比重也相应下降。例如，在1978—2001年，国有企业雇用劳动力比重从占城市全部就业的78.3%下降到31.9%；城市集体经济就业比重从21.5%下降到5.4%；其他城镇非国有经济的就业比重则从无到有，并于2001年达到62.7%。[2] 正是在国有经济和传统集体经济就业比重的下降中，城乡劳动力市场开始形成。

在改革中出现的非国有企业具有劳动密集型的特点。从全部非国有工业企业的产业结构中，可以观察到其具有最突出的劳动密集型特点，其中“三资”企业（外商独资、中外合资和中外合作企业）的劳动密集型也高于国有企业。把不同所有制工业企业的行业结构比重由高到低排序，并与各个行业的资本节约程度（将“固定资产净值—增加值比率”由低到高排序）作相关分析，得出国有及控股企业与资本节约程度的相关系数为-0.535，全部非国有企业为0.535，“三资”企业为0.488。[3] 可见不同所有制企业具有不同的资本节约程度，或者说各自产业结构对比较优势的反应不同。非国有企业占主导地位的，其行业的劳动密集程度就低；国有企业占主导的，其行业的资本密集程度就高。

二、人口转变与就业挑战

经过20多年的计划生育，中国人口数量得到有效控制，人口自然增长率已经连续数年低于10‰。随着中国用较短的时间实现了从“高出生率、低死亡率、高自然增长率”的人口再生产类型到“低出生率、低死亡率、低自然增长率”的人口再生产类型

① 国家统计局编：《中国统计年鉴2002》，北京：中国统计出版社，2002年。

② 国家统计局编：《中国统计年鉴2002》，北京：中国统计出版社，2002年。

③ 国家统计局编：《中国统计年鉴2001》，北京：中国统计出版社，2001年。

的转变，人口年龄结构也相应地发生着变化。人口再生产类型既是经济增长与社会发展的结果，也反过来通过一系列渠道影响经济增长与社会发展的绩效。因此，了解中国人口转变过程与结果和揭示人口再生产类型变化所包含的中长期政策意义，对于我们理解经济增长的可持续性、探讨增长源泉以及认识其对人力资本积累的影响，都具有重要性和迫切性。下面我们观察一下历次人口普查显示的人口年龄结构变化轨迹，并预测其继续变化的可能趋势，初步揭示这种人口结构变化可能通过何种途径对经济增长产生影响。

利用人口普查和人口抽样调查的数据，我们画出了几个年份的中国人口年龄金字塔（如图 1 所示）。从图形的变化可以看到，20 世纪 50 年代的人口年龄结构形成的金字塔具有宽大的底座和比较狭长的顶尖，意味着比较年轻的人口结构。而到了 80 年代以后，人口金字塔的底座已经缩小，顶尖变宽，人口结构趋于老化。通常，在人口转变阶段，人口金字塔趋向于从一个典型的金字塔状变为倒金字塔状，即典型的老龄化社会。但是，在完成这个转化之前，正如中国 21 世纪初所表现出的，人口金字塔图形接近于一个橄榄形——劳动年龄人口比重较大。

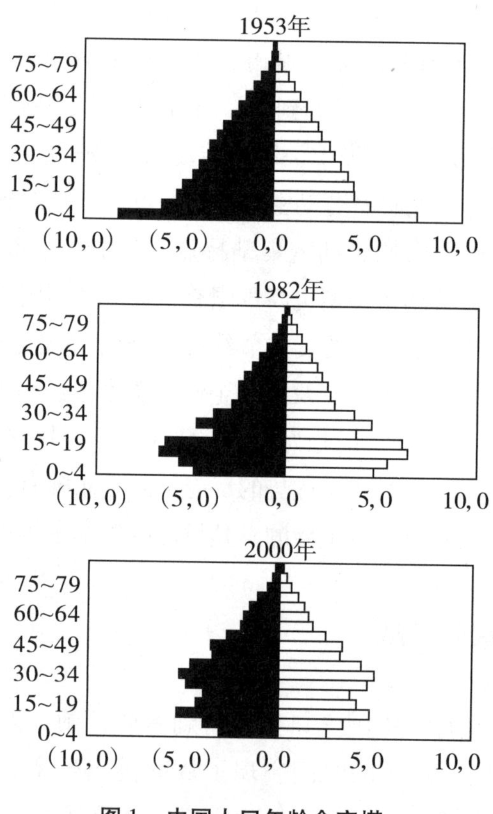

图 1　中国人口年龄金字塔

资料来源：范菁菁编：《中国人口年龄性别结构》，北京：中国人口出版社，1995 年；全国人口抽样调查办公室编：《1995 全国 1% 人口抽样调查资料》，北京：中国统计出版社，1997 年；国务院人口普查办公室、国家统计局人口与社会科技统计司编：《2000 年第五次全国人口普查主要数据》，北京：中国统计出版社，2001 年。

随着中国人口年龄结构的转变，劳动力就业市场也面临着新的变化与挑战。

1. 劳动力数量的挑战

从比较短期的趋势看，进入20世纪80年代以来，中国劳动年龄人口比重稳定中略有增大。16～59岁年龄组人口的比重，在1990—1996年一直在61%～62%之间徘徊，随后提高到1999年的63.2%。根据人口预测，这种趋势将会持续一个时期，直到老年化进程对人口年龄结构的效应超过这种趋势，劳动年龄人口的比重才会下降。即使到那时，中国劳动年龄人口的绝对数量仍然相当大，就业的压力将长期存在。中国经济长期、持续的增长为劳动者提供了大量就业机会。尤其是在改革开放的初期，如1979—1981年，每一个百分点的经济增长拉动就业增长0.44个百分点，相当于约180万个就业机会。但随着经济的发展，经济增长对就业的拉动作用逐渐减小。总的来看，20世纪80年代经济增长对就业增长的拉动较大，但90年代以来这种拉动作用逐步减小，并维持在较低的水平，2000年经济增长的就业弹性仅为0.10。经济增长的就业弹性一直有缩小的趋势，即使加入世界贸易组织（WTO）提高了就业弹性的50%，GDP每增长1%，就业也仅仅增长0.15%。就业压力仍然较大。

由于产业结构调整，一部分丧失比较优势和具有国际竞争力的部门排挤出大量劳动者。这个过程不可避免地使部分职工处于结构性失业状态。另外，随着企业自主权落实、企业改制加快和“减员增效”计划的推动，部分职工开始下岗，其中有部分被推向社会，构成失业群体。除以上两个主要原因外，20世纪90年代末期国内需求不足，也导致对劳动力的需求相应减低，从而使城市失业问题加剧。

2. 劳动力素质的挑战

劳动力素质或人力资本禀赋也在某种程度上限制了就业机会的获得从而影响人力资源的利用。从一般的教育水平看，城乡劳动力素质仍然处于较低的水平。根据2000年人口普查数据，全国15～59岁劳动年龄人口中，文盲和半文盲占5.2%，总人数达到4 300多万，初中以下的劳动力比重高达39.0%。由于城乡差距的存在，农村劳动年龄人口中，文盲和半文盲占7.1%，初中以下的劳动力比重高达91.2%。[①] 从职业要求来看，劳动力市场上的需求结构与供给结构十分不平衡，因而无法适应产业结构调整对劳动力素质的要求。

从目前城市劳动力市场上的供给、需求特征可以看到劳动力人力资本差异引起的就业机会差别。例如，城市劳动力市场供求调查表明[②]，在劳动力市场总体上需求小于供给的情况下，具有不同的人力资本特征的劳动者获得的就业机会不尽相同。例如，2002年第二季度城市总体的就业岗位需求与求职人数之比为74%，即每100个求职者只对应着74个岗位。但是，随着劳动者素质的提高，这个比例明显提高。从学历状况看，初

① 资料来源：2000年全国第五次人口普查数据。

② 中国劳动力市场网：《2002年第二季度部分城市劳动力市场供求状况分析》。

中及以下学历劳动者的该比例为72%，具有高中及中专学历的该比例提高到78%，大学为86%，具有硕士研究生及以上学历的该比例则进一步提高到98%。从职业资格看，具有初级技工职业资格的，就业岗位需求与求职者的比例为107%，具有中级技工职业资格的该比例为108%，具有高级技工职业资格的该比例为113%，具有技师资格的该比例为113%，高级技师的该比例为106%。从专业技术职务看，具有初级专业技术职务的该比例为107%，中级为131%，高级为105%。

3. 再就业的人力资本障碍

从实践看，目前下岗职工的再就业难度主要在于其人力资本较低。在下岗职工中，40～50岁年龄组所占比例最大，直接表现为平均受教育年限的减少。根据“文化大革命”前的自然趋势估算，到1982年时，15岁以上人口的平均受教育年限应该是5.6年。但由于“文化大革命”的影响，实际上，这一年15岁以上人口的平均受教育年限只有4.8年，也就是说“文化大革命”使潜在的人力资本存量减少了14.3%。1982年的时候15～25岁的人群，如今恰好是所谓的“40～50岁”下岗群体。换句话说，今天最容易遭遇下岗或失业危机并最难实现再就业的恰恰是这一群体。

我们把劳动年龄人口划分为两组——15～39岁组和40岁及以上组，发现其受教育程度构成明显不同。在劳动年龄人口年长组中，具有初中及以下教育水平的人口比例比年轻组高13个百分点。在劳动年龄人口年轻组中，具有高中或中专及以上教育程度的人口比例比年长组高13个百分点。图2显示的是不同年龄组劳动年龄人口受教育水平的不同分布情况。这种在人力资本水平上的差异，导致了两个年龄组在获得就业机会方面、下岗和失业的概率方面以及在实现再就业难度方面产生差距。

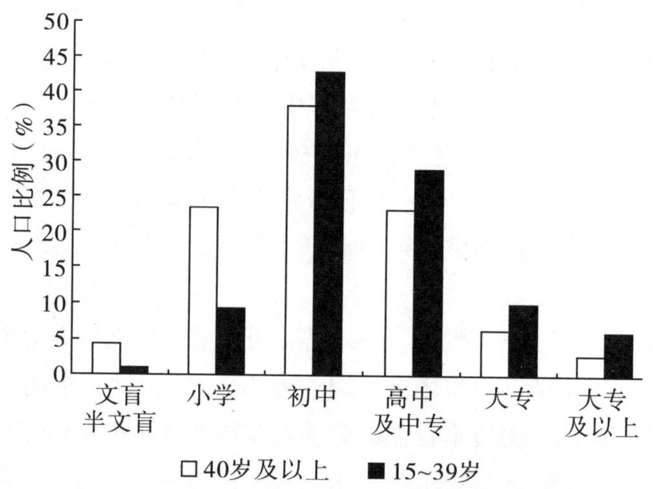

图2 分组看劳动年龄人口的教育程度

资料来源：2000年全国第五次人口普查数据。

三、城乡劳动力市场形成的制度障碍

20 世纪 80 年代以来，各种旨在分割城乡劳动力市场的若干制度都不同程度地得到了改革。家庭联产承包责任制的普遍推行，农产品市场的逐渐放开以及生产要素市场的发育，都推动了劳动和资本在农村内部和城乡之间流动。相应地，由于户籍制度有所放松，城市福利体制开始改革，劳动就业也逐渐市场化，劳动力的流动性变大，大批外来工在城市部门受雇用。到 21 世纪之初，虽然一系列不利于农村劳动力转移的政策仍然存在，但户籍制度改革在小城镇和部分大中城市已经松动。中国经济改革开放以来，一系列制度变革和资源重新配置，带动了产品和生产要素市场的发展，促进了非国有经济的发展，改善了国内的投资结构和引进了外资，扩大了对外贸易等，从而使经济以前所未有的速度增长。

有些学者把中国经济增长归结为劳动力流动、市场发展产生的效率、外贸和技术引进以及国内投资和外资引进四方面的因素。这四方面大致可以涵盖迄今为止，中国通过改革创造市场条件，以比较优势发挥作用而带来的增长效应。经济增长因素中的资本和劳动力，属于常规的生产要素，与一个经济中的生产要素禀赋有关。劳动力就是所谓的“人力资本”，其表现为劳动者的健康状况、受教育程度和技能水平等。这些可见生产要素以外的，就是所谓的“全要素生产率”。如果将这部分分解的话，其中可能包含体制变革、资源重新配置效应以及技术进步等因素。长期以来，中国的劳动力在部门之间的流动有很大障碍，改革开放之后，劳动力得以较自由地流动，生产力由此提高。中国和世界银行的经济学家通过计量经济学分析观察到，除了“资本增长”“劳动力增长”这两种常规生产要素的投入增加，对改革开放以来中国经济的国内生产总值增长率作出贡献外，还用特殊的方法估计出“劳动力部门转移”对经济增长的贡献。余下的所谓“未解释”部分，实际上就是全要素生产率对经济增长的贡献（如图 3 所示）。值得指出的是，在世界银行的估计中劳动力数量和质量（即人力资本）并到了一起，而中国经济学家则把两者区分开了。

20 世纪 90 年代中期以来，城市失业问题日益严重。城市政府由于受到本地居民要求就业保护的压力，出台了一系列保护本地居民就业、排斥外地劳动力的政策，这些政策在某种程度上又大大限制了劳动力市场的发育。现在，一方面城乡劳动力市场的一体化程度并未打破传统的二元结构，另一方面城市形成了主要在国有经济部门发挥作用的劳动力配置机制以及在非国有经济部门发挥作用的劳动力市场机制，因此实际上在中国形成了一个“双二元”劳动力市场。

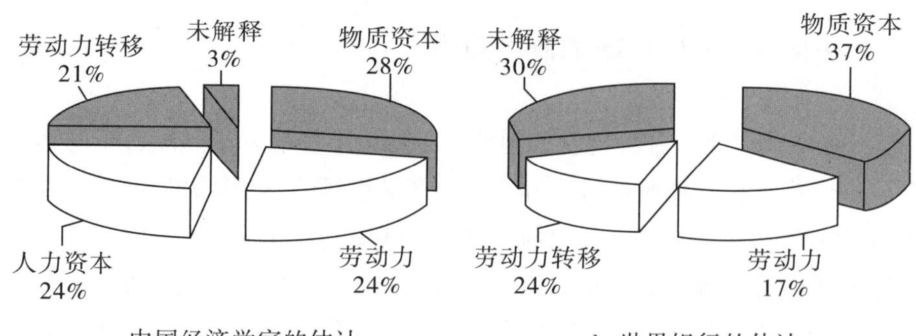

图3 改革开放以来经济增长的源泉

资料来源：蔡昉、王德文：《中国经济增长可持续性与劳动贡献》，《经济研究》，1999 年第 10 期；《2020 年的中国》编写组编，世界银行中国代表处译：《2020 年的中国：新世纪的发展挑战》，北京：中国财政经济出版社，1997 年，第 8 页。

在所有阻碍劳动力流动的因素中，尚未根本改革的户籍制度是最为基本的制度约束，是妨碍城乡劳动力市场发育的制度根源。这种户籍管理与其他国家实行的居住地登记制度不同，其目的是把城乡人口的分布和劳动力配置固定化。从 20 世纪 50 年代末到改革开放开始，户籍制度一直严格执行，人口迁移，特别是从农村到城市的迁移会受到严格的限制。除了户籍制度直接制约农村人口迁移和劳动力转移之外，一系列传统体制也会妨碍这种人口流动的发生。例如，城市全面就业和低工资制相配合，城市住房、医疗、教育和其他生活基础设施都含有排他性的补贴。

无论是从所公布的政策措施，还是从实际实施的效果看，户籍制度改革的方式和力度都有着巨大的地区差异。在实践中，每个省份甚至每个城市的改革措施都不尽相同，从比较彻底的改革举措到微不足道的改革意图，形成了一个可供分析的系列。我们可以将这个系列归纳为三种模式，可以从中看到户籍制度改革力度的依次减弱。

第一种模式以小城镇户籍管理制度改革为代表，特点是“最低条件，全面放开”。2001 年国务院批转了公安部《关于推进小城镇户籍管理制度改革的意见》，并且从当年 10 月 1 日起，小城镇户籍管理制度改革从试点走向全面实施。在全国 2 万多小城镇中，入户的基本条件降低到只需“在城镇有稳定的生活来源和合法住所”，凡符合这些条件的外地个人或家庭皆可申请获得城镇户口。这可以说是 1958 年实行户籍制度以来迈出的最大改革步伐，是比较彻底的户籍制度改革。

第二种模式以中等城市以及一些大城市为代表，特点是“取消限额，条件准入”。随着小城镇户籍管理制度改革的全面推进，许多中等城市甚至一些省会城市也进行了力度较大的户籍制度改革。其做法是放宽申请条件，大幅度降低在城市落户的门槛。例如，石家庄市最容易达到的一个条件是“具有本市 2 年以上劳动合同”。市场发育比较快、经济活跃的一些沿海地区中等城市以及中西部急于加快发展步伐的大中城市，都采取了这种模式。这种户籍制度改革模式，既符合劳动力市场发育的客观要求，又符合循序渐进的改革推进方式。

第三种模式以北京、上海等特大城市为代表，特点是“筑高门槛，开大城门”。在许多中小城市纷纷放松户籍控制的同时，北京、上海等特大城市仅仅为特殊人才的引进开了绿灯，而对广大普通劳动力的进入反倒抬高了准入门槛。例如，上海市停止实施其门槛已经很高的蓝证户口制度。因此，门槛提高的结果并不导致城门的开大。比较而言，这类城市的户籍制度改革尚没有实质性的进步。

四、劳动力市场发育展望

目前改革的目标应该是加快劳动力市场的形成和完善，这一改革最重要的两个领域是社会保障制度和户籍制度。社会保障制度的改革将会解除企业的政策性社会负担，从而按照市场原则雇用劳动力，可以更清晰地显示劳动力的实际稀缺程度以及相对价格，既有助于劳动力市场的发育，也能帮助产业结构的调整。加快和深化社会保障制度改革的重点是养老保险、医疗保险和失业保险制度的改革，同时建立和完善最低生活保障制度，由此筑起可靠的社会保障线。

20 世纪 90 年代末以来在社会保障制度改革思路日益清晰的情况下，社会保障体系逐渐得到完善。参加基本养老保险、失业保险和基本医疗保险的人数大幅度增加，值得指出的是，中国人口众多、积累不足，建立一套有效率、有保障的社会保障体系，不是短期内可以一蹴而就的。目前初步形成的社会保障体系，仅仅覆盖了城镇居民。占全国人口 64% 的农村居民，除了一些比较发达的地区开始试验外，大多数并不享受基本养老保险、失业保险、医疗保险和最低生活保障。由于农村人口占据了庞大的绝对数量，在他们未被纳入社会保障体系之前，中国的社会保障覆盖率将始终被认为处于很低的水平。在城镇基本社会保障体系建立过程中和初建之后，进一步的努力方向便是创造条件，分层次、分步骤、适时地把社会保障体系推广为涵盖城乡全体居民的体系。

户籍制度对于诸多妨碍劳动力市场形成的政策来说，是一种更为根本的制度。只有对之进行根本性的改革，才能够彻底消除劳动力市场形成的障碍。而一旦这个制度不复存在，城乡一体化的劳动力市场不仅有利于农村劳动力的流动，也有助于消除城市劳动力资源配置中的扭曲，是从根本上有利于城市居民增加就业的举措。

户籍制度改革动机通常取决于两个条件。第一，城镇的户口已经没有多少含金量。即城镇政府既不保证提供就业机会，也没有通过户口可以获得的福利。因此，增加城市人口规模不会加重城市政府的财政负担。第二，城镇的发展已经或者期望从劳动力流动中获得资源配置效益。而对于那些改革没有实质性进展的特大城市，城市户口的含金量仍然较大。例如，政府承诺实现下岗人员的再就业、居民的全面医疗保障、良好的市容甚至较低的高考录取分数线等。虽然政府也看到了劳动力流动有利于提高配置效率，但维持较低的失业率和下岗率、保持社会稳定等承诺具有更高的优先地位，因此，大步改革户籍制度的激励不足。

是否进行户籍制度改革，在什么时机进行，改革的力度和深度如何，都取决于改革主体——城市政府对于改革的成本和收益的衡量及判断。政府之所以选择改革户籍制度，是因为地方经济可以从中获得资源配置效率改善的收益。而随着改革力度的提高，城市可能出现过度拥挤的现象，政府财力不逮，失业率上升，社会不稳定程度提高，改革的边际成本提高、边际收益降低，户籍制度改革的成本就可能大于收益了。

改革的力度以及为改革付出的努力，取决于从改革获得的收益与改革本身的成本之间的均衡。而决定改革成本与收益以及两者之间均衡的因素是改革带来的资源重新配置效益的相对重要程度。由于在改革开放期间，经济增长的重要源泉之一就是劳动力流动带来的资源重新配置效应，一个地区经济增长越快，从劳动力流动获得的资源重新配置效益越明显，推进户籍制度改革的成本越小，收益越大。因此，处于不同的经济增长水平和不同市场发育阶段的地区，进行户籍制度改革的成本和收益均衡处于不同的位置（如图 4 所示）。

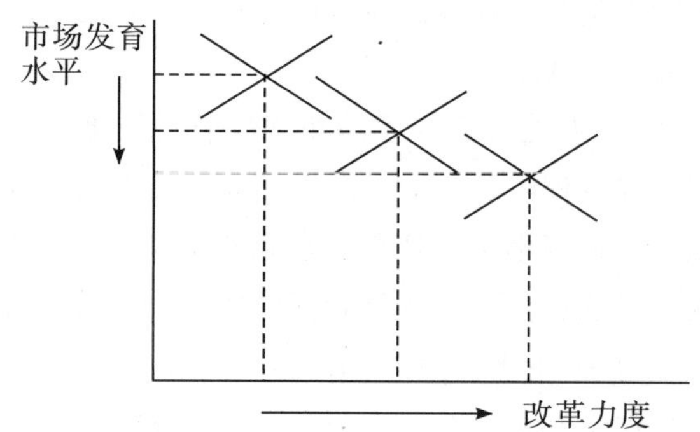

图 4　经济增长、市场化与改革动机

中国加入世界贸易组织（WTO）的最大挑战就是如何能够在国际竞争的环境下，保持就业的继续增长。总体来看，加入 WTO 后，农业中那些不具有比较优势的作物将会遇到严重的国际竞争，包括生产粮食作物和棉花等的劳动者将面临转移出来的压力。在国际竞争压力加大的条件下，农村劳动力如何顺利地实现转移，或者更一般而言，劳动力丰富形成的就业压力能否转变为经济增长的源泉，关键在于户籍制度的改革能否继续推进且最终完成。如前所述，户籍制度改革的基本条件是户口含金量的降低乃至消失。因此，推进户籍制度改革需要在更大的制度环境内做文章。首先，加快转变经济发展战略，调整产业结构，扩大和创造就业机会。加入 WTO 意味着要按照中国的比较优势调整产业结构和技术结构。由于我国劳动力资源丰富，比较优势在于劳动密集型产业，因此，按照这个方向调整的结果必然是劳动密集型产业得到更快的发展，从而为城乡劳动力提供更多的就业机会。城市就业需求旺盛了，各地政府扩大劳动力供给的愿望也就更加迫切，户籍制度改革的收益就增大，改革就更加顺理成章。其次，在过去 20 多年改革和发展的经验表明，非国有经济、中小企业和第三产业是创造就业机会和吸纳劳动力的主体。既然更多的就业需求是户籍制度改革的推动力，各级政府就需要清除各种不利于非国有经济、中小企业和第三产业发展的制度障碍，采取一切必要的政策手段加快这些部门的发展，以便为户籍制度改革创造条件。

【作者简介】

蔡昉，中国社会科学院研究员、博士生导师。

国际金融资产组合的选择*

——论短期国际资本流动的成因

李 翀

一、对短期资本流动的重新定义

1993 年，国际货币基金组织出版了《国际收支手册》（第五版），对资本项目进行了调整：把资本项目更名为资本和金融项目，下设资本项目和金融项目。考虑到长期资本和短期资本的界限不明显，取消了长期资本和短期资本的分类。虽然在国际收支的统计中难以严格区分长期资本和短期资本，但这并不意味着在金融理论和政策分析中划分长期资本和短期资本没有意义。在资本的流动过程中，不同类型的资本从流入到流出一个国家的持续时间存在很大的差异。特别重要的是，这些不同类型的资本可以对接收国的经济产生不同的影响。20 世纪 90 年代以来在世界范围内频繁发生的金融危机表明，短期资本大规模的聚集和逆转，是造成金融危机的重要原因。

因此，从接收国的角度来研究，资本流动仍有必要分为长期资本和短期资本。但是，需要重新定义原来的长期资本和短期资本。这就是说，长期资本和短期资本不应根据偿还期限来划分，而应根据跨国流动性强弱来划分。跨国流动性弱的资本称为长期资本，流动性强的资本称为短期资本。跨国流动性强弱可以从资本流动的性质来区分。从性质上来说，流入一个国家后在一年内不可逆转的资本可以看作跨国流动性弱的资本，即长期资本；相反，在一年内可逆转的资本可以看作跨国流动性强的资本，即短期资本。应该指出，尽管某一项金融资产在一年内不一定发生逆转，但只要从性质上说它是可逆转的，这项资产就是短期资本。按照这个标准来划分，长期贷款和直接投资属于长期资本；银行间的拆借、短期的存款、短期的贷款、外汇的投资、债务工具的投资、权益工具的投资、金融衍生工具的投资等，都属于短期资本。这些短期资本流动性都很

* 本文是教育部跨世纪人才培养计划的研究成果。原载于《广东社会科学》2005 年第 4 期。

强，它们在流入一个国家以后，有的可以随时流出这个国家，有的可以在短期内流出这个国家。债券和股票虽然在期限上是长期的或无期限的，但由于证券二级市场的存在，投资者可以随时出售债券和股票，其具有较高的流动性，因而债券或股票的投资仍属于短期资本。

关于直接投资等长期资本成因的研究已经形成了丰富的成果，如弗农（R. G. Vernon）的产品生命周期理论、海默（S. H. Hymer）的垄断优势理论、小岛清（Kiyoshi Kojima）的小岛清比较优势理论、巴克莱（B. J. Buckley）的市场内部化理论、邓宁（J. H. Dunning）的国际生产折衷理论等。但是，关于短期资本流动成因的成果则不多，本文试图从国际金融资产选择的角度丰富短期国际资本流动成因的研究。

二、国际金融资产组合的收益

短期资本流动，是进行跨国贷款或进行各种债务工具、权益工具、金融衍生工具的投资。但是，不论是信贷资产还是金融工具，都是金融资产。所以，短期资本流动的过程，就是选择一个外国的金融资产组合的过程。为方便起见，在短期资本流动成因的讨论中，本文把投资方称为本国，把接受投资方称为外国。

设某个外国的金融资产组合在某个时期初期的价值是 W_0，期末的价值是 W_1，外国金融资产持有期间收益率是 r_p，可以得到：

$$W_0(1+r_p) = W_1,\ r_p = (W_1 - W_0)/W_0 \tag{1}$$

投资者在初期选择金融资产组合的时候，只能对持有期间的收益率进行预期。由于金融资产组合可能由多种金融资产组成，要计算金融资产组合的预期收益率，需要计算它所包含的每一种金融资产的预期收益率。设 r_p 是金融资产组合的预期收益率，r_i 是第 i 种证券的预期收益率，x_i 是第 i 种证券在初期的价值占金融资产组合价值的比例，n 是金融资产组合中包含的证券的种类，那么有：

$$r_p = x_1 r_1 + x_2 r_2 + \Lambda\Lambda + x_n r_n = \sum_{i=1}^{n} x_i r_i \tag{2}$$

这就是马科维茨提出的预期收益率。

外国金融资产预期收益率是以外国货币表示的收益率。由于投资者需要把收益汇回本国，它还不是投资者最终得到的收益率。预期的外国收益率和预期的本国收益率的差异，取决于两个国家货币汇率的变化。假设以 1 单位外国货币兑换本国货币的数量来表示即期汇率 E_0，以同样的标价法表示的把外国得到的收益汇回本国的预期汇率是 E_t，那么投资者预期得到的以本国货币表示的收益率即预期的本国收益率 R_p 为：

$$R_p = (E_t W_1 - E_0 W_0)/E_0 W_0 \tag{3}$$

比较公式（1）和（3）可以看到，预期的本国收益率与预期的外国收益率的关系存在三种可能性：当 $E_t = E_0$、$E_t > E_0$ 和 $E_t < E_0$ 时，预期的本国收益率等于、大于和小

于预期的外国收益率。如果投资者按照公式（3）的方式进行投资，他实际上是进行两种投资：一种是对外国的金融资产组合进行投资，另一种是对外汇进行投资。预期的本国收益率可以分解为外国金融资产组合的收益率和外汇的收益率。设预期的外汇收益率是 r_c，那么有：

$$r_c = (E_t - E_0)/E_0 \tag{4}$$

$1 + R_p = (1 + r_p)(1 + r_c)$，即：

$$R_p = r_p + r_c + r_p r_c \tag{5}$$

这就是说，预期的本国收益率取决于预期的外国金融资产组合的收益率和预期的外汇收益率。

上面分析的预期的本国收益率是承受汇率风险条件下的收益率。在对外国金融资产组合进行投资时，投资者通常采取套期保值的方式避免汇率风险，即利用远期外汇、外汇互换、外汇期货、外汇期权等交易来避免汇率风险。由于套期保值要支付额外的成本，设套期保值的成本率即对 1 单位外国货币以不变的汇率兑换为本国货币所支付的费用是 C，那么折算的预期本国收益率、预期的外国金融资产组合的收益率、预期的外汇收益率三者的关系是：

$$R_p = r_p + r_c + r_p r_c - C \tag{6}$$

根据上面的分析可以发现，如果仅从收益率的角度考虑，短期资本流动的成因可以进行如下推导：设预期的本国金融资产组合收益率是 R_p^h，同样期限的预期的外国金融资产组合收益率是 R_p^f，E_0 表示以外国货币为基础货币的即期汇率，E_f 表示同样以外国货币为基础货币的远期汇率，那么把 1 单位本国货币用于投资本国的金融资产组合，获得的收益是 $1 + R_p^h$；把 1 单位本国货币按照即期汇率兑换为外国货币，可得到 $1/E_0$ 单位外国货币，然后用于投资外国的金融资产组合，获得的收益是 $(1 + R_p^f)/E_0$，再把该收益按照远期汇率折算为以本国货币表示的收益是 $E_f(1 + R_p^f)/E_0$。这意味着如果 $1 + R_p^h = E_f(1 + R_p^f)/E_0$，则不会发生短期国际资本的流动；如果 $1 + R_p^h < E_f(1 + R_p^f)/E_0$，则本国的短期资本将流向外国；如果 $1 + R_p^h > E_f(1 + R_p^f)/E_0$，则外国的短期资本将流向本国。这就是说，如果两国的投资者对本国和外国金融资产组合收益率的预期是相同的，那么短期资本流动的条件是：

$$1 + R_p^h \neq E_f(1 + R_p^f)/E_0 \text{或} 1 + R_p^f \neq E_0(1 + R_p^h)/E_f \tag{7}$$

前面所分析的收益率是指一个国家的投资者到外国进行投资所得到的以外国货币表示的收益率，以及到外国进行投资所得到的以本国货币表示的收益率。但是，在现实的短期国际资本流动中，投资者既可以在本国进行投资，也可以到多个国家进行投资。因此，还需要计算投资者在世界范围内所选择的整个金融资产组合的收益率。设 r_p 是投资者在本国投资的收益率，x_p 是本国投资的数额占总投资额的比例，R_i^p 是某个外国金融资产组合折算为本国货币的收益率，x_i 是某个外国金融资产组合占总投资额的比例，

n 为投资者所选择的外国金融资产组合的数目，那么总投资组合的预期收益率 R 是：

$$R = x_p r_p + \sum_{i=1}^{n} x_i R_i^p \tag{8}$$

三、国际金融资产组合的风险

首先分析在一个特定国家进行金融资产组合投资的风险，这是不论该国的投资者还是外国的投资者都会遇到的风险。金融资产组合的风险以金融资产组合的实际收益率与预期收益率之间可能的偏离程度来表示。偏离程度越大，表示风险越大；偏离程度越小，表示风险越小。在数理统计中，实际值与期望值的偏离程度以标准差来表示，因而投资组合的风险也可以用标准差来表示。

对于一个离散型随机变量 X 来说，设 $E(X)$ 为期望值，该随机变量的分布律为 $P\{X = x_k\} = p_k$ （$k = 1, 2, \Lambda$），那么 $D(X) \sum [x_k - E(X)]^2 p_k$ 称为对随机变量 X 的方差，方差的平方根 $\sqrt{D(X)}$ 称为标准差 σ_p。如果金融资产组合由 n 种证券组成，那么它的收益率的标准差的计算公式为：

$$\sigma_p = \left(\sum_{i=1}^{n} \sum_{j=1}^{n} x_i x_j \sigma_{ij} \right)^{1/2} \tag{9}$$

这就是马科维茨所提出的风险。

在上式中，σ_{ij}表示第 i 种证券和第 j 种证券收益率的协方差，它描述第 i 种证券和第 j 种证券的收益率相互之间的互动性。协方差为正值表明两种证券的收益率倾向于向相同方向变动，协方差为负值表示两种证券的收益率倾向于向相反方向变动，协方差为零意味着两种证券的收益率之间没有互动关系。协方差的绝对值越大，表示两种证券的收益率之间的互动关系越强。协方差的计算公式为：

$$\sigma_{ij} = \rho_{ij} \sigma_i \sigma_j \tag{10}$$

ρ_{ij}是第 i 种证券的收益率与第 j 种证券的收益率之间的相关系数，它表示两个变量之间的相关程度。相关系数大于或等于 -1，小于或等于 1。相关系数为负值表示两个变量变化方向相反，相关系数为正值表示两个变量变化方向相同。相关系数的绝对值越大，表示两个变量相关程度越高。σ_i 和 σ_j 分别是第 i 种证券和第 j 种证券的收益率的标准差。

再来分析跨国金融资产组合投资的风险。这种风险除了在特定国家投资的人即东道国投资者也同样面临的风险以外，还包括外国投资者到一个国家进行投资面临的风险。外国投资者的风险除了前面已经分析过的金融风险以外，主要还有政治和政策风险，如东道国政权的更迭、社会的动荡，对货币的兑换实行限制，因外汇储备不足而暂停货币的兑换，对投资收益汇出该国实行限制，对投资收益汇出该国征收赋税等。它不是东道国的投资者会遇到的风险，仅外国投资者会遇到。跨国金融资产组合投资的风险包括国内投资者的风险和外国投资者的风险。设 σ_p^2 是表示跨国投资风险的方差，σ_d^2 是表示国内投资者风险的方差，σ_f^2 是表示外国投资者风险的方差，ρ_{df}是国内投资者和外国投资者收益率的相关系数，那么，

$$\sigma_t^2 = \sigma_d^2 + \sigma_f^2 + 2\rho_{df}\sigma_d\sigma_f \tag{11}$$

如果 σ_f^2 是正数，则跨国金融资产组合投资的风险大于国内金融资产组合投资的风险。

索尼克（B. Solnik）和洛埃茨林（B. Noetzlin）曾收集 1970—1980 年多个国家或地区的资料，分析了在这些国家或地区进行金融资产组合投资的国内投资者风险、外国投资者风险和跨国投资风险。根据索尼克和洛埃茨林的研究结果，中国香港、新加坡和美国是高度开放的地区和国家，跨国和国内风险的比例约等于 1，即跨国投资风险约等于国内投资者风险。但是，对于其他国家来说，跨国投资风险都大于国内投资者风险。这意味着如果投资者不是选择在本国而是到外国进行金融资产组合的投资，他们将面临更大的风险。① 这样，就从经验上证实了公式（11）。

前面所分析的国内投资者风险和跨国投资风险都是在一个国家进行金融资产组合投资的风险，它可以用于解释下述三种情形：第一，本国投资者在本国投资的风险。第二，本国投资者到外国投资的风险。第三，外国投资者到本国投资的风险。但是，在现实的短期资本流动中，还有第四种情形，即投资者在包括本国在内的世界范围内选择金融资产的组合。

在世界范围内选择金融资产组合与在某个国家选择金融资产组合相比，虽然会增加外国投资者风险，却可以降低在一个金融市场内的系统风险和非系统风险。系统风险是一个金融市场共同存在的风险，只能通过选择 β 值不同的金融资产来调整一个组合的系统风险，但不能消除这个投资组合的风险。但是，当一个国家的金融市场发生波动时，另一个国家的金融市场不一定发生波动，或者不一定发生同样幅度的波动。例如，当一个国家提高利率水平导致证券价格普遍下降时，另一个国家的利率并不必然进行调整，证券价格不一定下降。又如，当一个国家陷入经济衰退而导致股票价格普遍下降时，另一个国家不一定也陷入经济衰退，证券价格也不一定下降。因此，如果在世界范围内选择金融资产，可以降低系统风险。然而，由于存在金融全球化的趋势，一个国家的金融市场与另一个国家的金融市场或多或少存在着联系，在世界范围内选择金融资产可以降低系统风险但不能完全消除系统风险。非系统风险是一种或一组金融组合存在的风险，它可以通过金融资产投资的分散化来消除。在一个金融市场内，非系统风险已可以降到较低的程度。如果在世界范围内选择金融资产，更能降低非系统风险。

在世界范围内选择金融资产究竟能在多大程度上降低系统风险取决于金融全球化的

---

① B. Solnik & B. Noetzlin, Optimal International Asset Allocation, *Journal of Portfolio Management*, 1982, 9（1）: p. 13.

程度。布莱克（F. Black）和利特曼（R. Litterman）曾经研究美国股票和债券与外国股票和债券的相关关系。结果表明，除了加拿大的股票与美国的股票、加拿大的股票与美国的债券、英国的股票与美国的股票具有较为密切的关系以外，其他国家的证券与美国的证券相关程度不高。这表明，在世界范围内选择金融资产可以降低系统风险。[①]

在布莱克和利特曼之后，不少学者继续这方面的研究，例如，尤恩（C. Eun）和雷斯尼克（B. Resnick）根据1980—1992年的资料，研究了11个主要股票市场收益变化的相关关系。另外，他们还利用1978—1989年的资料，分析了7个主要债券市场收益率的相关关系。结果同样表明，这些国家的股票和债券的收益率只存在较低的相关系数。[②] 由于在世界范围内选择金融资产可以降低系统风险，外国金融资产收益率的标准差要小于公式（11）中的 σ_t。设考虑到降低系统风险后的外国金融资产收益率的标准差是 σ_T，增加外国金融资产导致的标准差的减少是 σ^*，那么，

$$\sigma_T = \sigma_t - \sigma^* \tag{12}$$

为简单起见，假设各国金融资产的收益率之间没有互动性，投资者在世界范围内构造的金融资产组合将由两部分组成：一部分是本国的金融资产组合，另一部分是在其他各个国家选择的 n 种金融资产的投资组合，那么整个金融资产组合的标准差就是1个国内金融资产组合的标准差和 n 个外国金融资产组合的标准差的加权平均数。设 σ_p 是根据公式（9）得到的本国金融资产组合的标准差，X_p 是本国金融资产组合的价值占总投资额的比例，σ^d 是某个外国金融资产组合的标准差，σ^f 是到外国投资所遇到的外国投资者风险，x_i 是某个外国金融资产组合占总投资额的比例，σ^* 是增加一个外国金融资产组合所带来的系统风险的下降，那么在世界范围内构造的金融资产组合的总风险是：

$$\sigma = X_p\sigma_p + \sum_{i-1}^{n} [X_i(\sigma_i^d + \sigma_i^f) - \sigma_i{}^*] \tag{13}$$

四、短期国际资本流动的成因

金融资产的投资者总是追求收益和厌恶风险的。因此，投资者在选择投资组合时遵循下述两个原则：第一，在风险为一定的条件下得到最高的预期收益率；第二，在预期收益率为一定的条件下承受最小的风险。符合这两个条件的投资组合称为有效集或有效

---

① F. Black & R. Litterman, Global Portfolio Optimization, *Financial Analysts Journal*, 1982: pp. 30 - 31.

② C. Eun & B. Resnick, *International Financial Management*, New York: McGraw Hill, 2001: p. 258; C. Eun & B. Resnick, International Diversification of Investment Portfolio: US and Japanese Perspectives, *Management Science*, 1994, 40 (1).

边界。[1] 在以横轴表示预期收益率，以纵轴表示预期收益率标准差即风险的坐标系里，如果描出在世界范围内可以选择的各种金融资产及其组合的预期收益率和标准差的对应点，那么位于最靠近左上方的点构成有效边界，它是一条上凸的曲线，如图 1 中的曲线 *EF* 所示。如果考虑到投资者可以选择无风险资产如国库券，或者可以无风险利率借入资金进行风险资产的投资，那么就可以得到夏普（William F. Sharpe）的资本市场线，它是从纵轴的无风险利率出发并且与风险资产有效边界相切的直线，如图 1 中的曲线 *CML* 所示。

投资者在资本市场线上选择哪一点进行投资，取决于他们对待风险的态度，即取决于无差异曲线。无差异曲线表示在投资者对投资组合的收益和风险的偏好为一定的条件下，投资组合的各个收益和风险的组合对于投资者来说是无差异的。由于投资者偏好于较高的收益率和厌恶风险，在以横轴表示预期收益率，以纵轴表示预期收益率标准差即风险的坐标系里，无差异曲线表现为下凸的曲线，如图 1 中的 I_1、I_2、I_3 曲线所示。如果投资者高度厌恶风险，他们的无差异曲线将比较陡峭，这意味着投资者愿意为减少一定的风险放弃较多的收益；如果投资者轻度厌恶风险，他们的无差异曲线将比较平坦，这意味着投资者为减少一定的风险只愿意放弃较少的收益。由于无差异曲线表示投资者的主观意愿，它在实际的操作中只能用风险容忍度的概念来近似地模拟。所谓风险容忍度表示投资者要多得到 1% 的预期收益率所愿意接受的最大风险。如图 1 所示，无差异曲线与资本市场线的切点表示的是投资者满意程度最高的金融资产组合，即最优的金融资产组合。

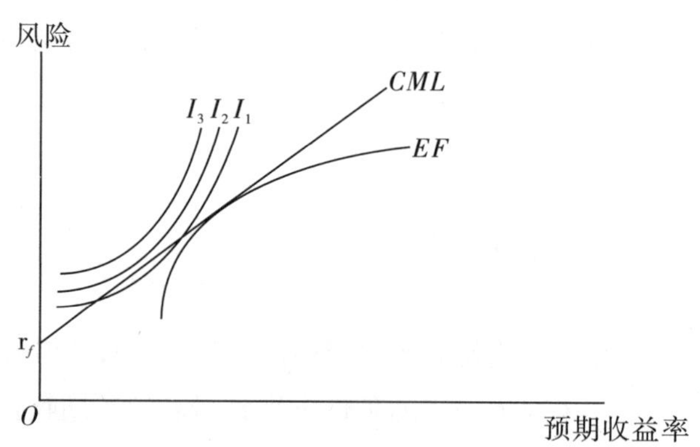

图 1 最优的金融资产组合

在马科维茨之后，部分金融学家致力于构建国内外证券的有效边界。例如，格鲁贝尔（H. G. Grubel）根据 13 个国家的股票指数的收益和风险的相关关系构建了有效边界。列维（H. Levy）和萨纳特（M. Sarnat）则把格鲁贝尔的方法推广到 28 个国家，

---

① H. G. Grubel, International Diversified Portfolio: Welfare Gains and Capital Flows, *American Economic Review*, 1968 (2).

计算了从1951—1967年股票指数以美元表示的收益和风险，并估算了相关系数矩阵，得到了在不同利率条件下由不同比例的各国股票指数收益和风险组成的有效边界。[①] 另外，索尼克和洛埃茨林根据1970—1980年的资料，计算了涉及17种货币的30种主要金融工具的收益和风险。这些金融工具覆盖17个股票市场、8个债券市场、8个货币市场、3种以黄金为基础的证券，并构建了有效边界。[②]

最优国际金融资产组合的分析可以清楚地揭示短期资本流动的成因。在现实的经济活动中，存在许许多多的投资者。假设各国金融市场的信息是对称和充分的，投资者对金融资产投资具有足够的专业知识，那么各个投资者所面对的世界各国金融资产的有效集是一样的。然而，投资者对待风险的态度是不同的。虽然投资者在风险为一定的条件下努力获得最高的预期收益率，或在预期收益率为一定的条件下尽量承担最小的风险，但是他们愿意承担风险的程度是不同的。有的投资者愿意承担更大的风险以获取更大的收益，他们的无差异曲线群将变得比较平坦。有的投资者则愿意获取较少的收益以避免承担较大的风险，他们的无差异曲线群将变得比较陡峭。这样，投资者将根据他们的无差异曲线与资本市场线的切点选择不同的最优国际金融资产组合，从而导致短期国际资本的流动。

实际上，各国金融市场的信息是不对称和不充分的，投资者有关金融资产投资的知识和经验也是不同的。因此，各个投资者所构建的国际金融资产的有效集是不一样的。他们将根据自己所掌握的信息及自己的知识和经验来寻找自己的有效集，然后根据自己对待风险的态度选择最优金融资产组合。对于某个国家的投资者来说，一旦外国金融资产在风险相当的条件下预期收益率较高，或者在预期收益率相当的条件下风险较小，金融资产收益率将是构成有效集的重要组成部分，该国投资者将选择外国的金融资产，从而发生了短期国际资本的流动。随着金融全球化的发展，各国金融市场的信息趋向于相对的对称和充分，这意味着各个投资者所面对的金融资产收益和风险的有效集逐渐趋向于相同，也就意味着各个投资者对各国金融资产的选择逐渐趋向于相同，这就可以在一定程度上说明为什么20世纪90年代以来经常性地发生大规模的短期资本聚集和逆转。

由此可见，短期资本流动是投资者在对世界范围内各种可能的金融资产组合的预期收益和可能发生的风险进行分析，然后寻求最优金融资产组合的情况下发生的。这是短期资本流动最基本的动因。虽然资本的本质是追求最大的收益，但是仅从各国名义收益率的差异来分析并不能真正和深刻地解释短期资本流动的成因。

另外，最优金融资产组合的分析还可以揭示许多短期资本流动的现象。首先，从本

---

① H. Levy & M. Sarnat, International Diversified Investment Portfolio, *American Economic Review*, 1970 (12).

② B. Solnik & B. Noetzlin, Optimal International Asset Allocation, *Journal of Portfolio Management*, 1982, 9 (1).

国的角度来看，只有当外国的金融资产处于有效集上，才会发生从本国到外国的短期资本流动。在现实的经济里，不少国家的金融资产与本国的金融资产相比预期收益率相似但风险较大。这意味着这些国家的金融资产虽在可行集内但不在有效集上，本国的投资者不会选择这些国家的金融资产，因而不会发生从本国到这些国家的短期资本流动。这意味着只有当外国的金融资产处于有效集上时，才会发生从本国到外国的短期资本流动。其次，如果有效集发生了有利于或不利于某个国家金融资产的变化，这个国家将会发生短期资本的聚集和逆转。在本国和外国的金融资产的预期收益率和风险为一定的条件下，存在一定的有效集。但是，随着一个国家政治和经济情况的变化，这个国家金融资产的预期收益率和风险也会变化，有效集将发生调整。例如，当某个国家的金融资产在风险不变的条件下预期收益率提高时，原来与该国金融资产同处有效集的部分其他国家的金融资产已不在有效集上，投资者将选择更多的这个国家的金融资产，短期资本将向这个国家聚集。相反，当某个国家的金融资产在预期收益率不变的条件下因政策的变化风险迅速增加时，这个国家的金融资产将退出有效集，投资者将卖出这个国家的金融资产以避免风险，聚集在这个国家的短期资本将会逆转。

本文以马科维茨的投资组合理论为基础，借鉴了多位经济学家的研究成果，解释了短期资本流动的成因。从表面上看，本文的分析似乎只适合于表现为证券投资形式的短期资本流动，但它同样适合于表现为外汇投资和短期信贷形式的短期资本流动。以存款形式存在的外汇和短期信贷实际上也是一种金融资产，投资者在进行外汇投资、贷款者在发放短期贷款的时候同样会考虑收益和风险，他们实际上也在进行最优收益和风险组合的选择。因此，最优国际金融资产组合的选择适用于各种形式的短期资本流动的成因。

【作者简介】

李翀，中山大学经济学系教授。

中国经济增长模式转变的微观机理研究*

沈坤荣　田　伟

中国经济增长一直令人喜忧参半。一方面，作为一个正在经历着社会、经济、政治、文化等多方面转型的发展中国家，中国经济自 1979 年以来的 30 年间维持着平均 10% 左右的增长速度，这无论从西方主流的经济学理论还是从发展中国家的增长实践来看，都可以说是一个"奇迹"。另一方面，中国经济增长一直难以摆脱粗放型的特征，高速增长以"高投入、高能耗、高物耗、高污染、多占地"为代价。受资源和环境可承载能力的约束，这种粗放型增长模式对中国经济增长的可持续性带来了相当不利的影响。为什么中国经济一直难以实现增长模式的转变？已有的研究大多认识到制度及其所提供的微观激励在决定一国经济增长模式中的关键作用（吴敬琏，2006），因此，改变制度环境、培育与现代经济增长模式相适应的微观行为主体已成为当前阶段推进实现增长模式转变的必然选择。

本文通过考察转型期中国制度环境的内生形成过程，以及这种制度环境如何影响着微观行为主体的决策，试图为中国经济增长模式的形成及转变提供一个微观机理的分析框架。我们认为，制度或体制的特殊性具体体现于微观主体行为的特殊性之中，因此，欲理解转型期中国宏观经济所特有的某些现象，对其中微观机理的考察具有十分重要的现实意义和理论价值。

与主流宏观经济理论有所区别，转型期中国经济微观行为基础的构成具有一定的特殊性。经典内生增长模型所考察的微观行为主体主要包括家庭、企业及中央政府，较少涉及对地方政府行为的分析。但我们认为，欲理解转型时期的中国经济增长，对地方政府行为的考察是一个关键。一方面，中国自 20 世纪 50 年代开始的行政性分权改革使得

* 此项研究得到国家社科基金重大招标项目（07&ZD009）、国家自然科学基金（70473036）资助，也是教育部哲学社会科学创新基地"南京大学经济转型和发展研究中心"子课题"经济增长与结构转型研究"项目的阶段性成果。原载于《广东社会科学》2009 年第 1 期。

各个地区之间存在着相当程度的独立性，中国的行政结构具有“M 型”的组织特征（Qian & Xu，1993；Maskin，Qian & Xu，1997），地方政府从事实上成为区域经济增长的主导者和执行者。另一方面，行政性分权将原先由中央政府所拥有的部分重要资源的配置权、部分财政税收权及一些重要的行政审批权力下放给地方。地方政府利用这些权力，从很大程度上影响着地区内其他微观行为主体，如企业和居民的决策过程。田伟（2007）认为，随市场化进程的推进，虽然企业越来越倾向于以利润最大化为目标，但地方政府通过资源配置权以及行政审批权力对企业的约束条件产生了很大的影响，这可以认为是“经济转型”这个特殊制度背景在企业行为中的突出表现。因此，可以说，对地方政府行为以及受地方政府因素所影响的企业等微观主体行为的分析是将转型期中国的体制背景纳入主流增长理论的一个重要途径。

基于上述考虑，本文在进行微观机理分析时，主要以分析地方政府行为为中心，并结合地方政府对企业生产决策过程的影响，对企业行为进行考察。

一、中国经济粗放型增长的微观机理

（一）晋升制度环境、地方政府行为与中国经济的粗放型增长

1. 行政性分权、官员治理机制与地方政府激励

中国地方政府之所以成为一个独立的微观行为主体，源于中央政府向地方政府的分权（行政性分权）。为调动地方的积极性，在 1978 年正式实施市场化改革之前，中国已经多次进行了行政性分权改革的尝试。如 1958 年向各级地方政府放权让利，包括计划制定权、企业管辖权、物资分配权、投资和信贷管理权、财政权和税收权、劳动管理权等多项权力均由中央下放给地方（吴敬琏，2004）。行政性分权改革使中国形成了一种“分权型”的经济体制，地方政府在事实上成为各自区域经济增长的主导者。

1979 年以前的行政性分权改革由于仅仅限于“体制内改革”，难免出现一放就乱、一收就死的情况。在经历了多次从分权到集权再到分权的循环之后，中国的行政部门之间形成了一种具有“M 型”特征的行政组织结构（Qian & Xu，1993），这对中国 1979 年后的改革产生了深远的影响。“M 型”结构是指以区域“块块”原则为基础的多层次、多地区的组织结构（区别于苏联以“条条”原则为基础的“U 型”结构特征）。在“M 型”组织结构下，由于信息的不完备，上级对下级的管理将从“规则管理”转向“目标管理”。而在实施目标管理时，上级政府又倾向于采用那些比较容易测量的、可观察的重要指标如经济增长率等来评价下级政府的业绩（王珺，2004）。此外，由于在“M 型”组织结构下，资源配置是水平的，为激励官员努力工作，相对绩效考核（relative performance evaluation）方式成为中国上级政府治理下级官员的一种重要手段（Li & Zhou，2005）。

在以“政绩”作为衡量地方官员工作业绩主要标准的同时，相对绩效考核方式为地方政府带来了类似于标尺竞争（yardstick competition）所能提供的激励——事实上我们可以观察到中国的政府统计部门每年会公布大量的有关“GDP 排名”“百强县排名”的情况，而中国的省、地区乃至县级政府为提升自己在“排行榜”中的名次，具有充分的激励去参与所谓的“GDP 竞赛”等。这对中国经济增长产生了正反两方面的效应：一方面，政绩竞赛有力地推进了地区经济增长；另一方面，容易导致地区相互封锁、市场分割及恶性竞争现象的出现（沈立人等，1990；银温泉等，2001；白重恩等，2004）。此外，在目标管理中，GDP 增长率等经济指标最有可能也最为自然地构成了政绩考核的核心要素。地方官员在政绩竞赛中具有强烈的动机进行过度投资，拉动地区 GDP 的增长，以营建“形象工程”和“政绩工程”，这容易导致地区经济粗放型增长特征的形成。

虽然现有的相对绩效考核方式具有上述弊端，但这是在“M 型”组织结构下显示信息以及考核官员行为的一种次优途径（王永钦、丁菊红，2007），与之相关的诸多改革有可能带来交易成本的上升。例如，虽然我们可以从理论上通过改变传统政绩考核指标，设计出某种新的政绩考核体系以引导官员追求经济的可持续增长，但在实际操作中，对于诸如经济增长对环境质量的影响、资源使用中的浪费程度等指标却很难进行观测和度量——中国在前几年曾经设想的“绿色 GDP”考核指标体系因为具有核算成本过大的缺点而一直难以真正推行。

在上述“M 型”的行政组织结构下，中央政府对于地方政府的相对绩效考核方式属于一种“显性治理机制”（Huang，2002；张军、高远，2007），行政性分权使得地方政府拥有相当程度的资源控制权，为防止地方官员腐败以及地方违背中央意志等现象发生，中央政府还通过许多的“隐性治理机制”对地方官员行为进行治理——主要包括官员异地交流制度、任期限制制度以及官员的异地任职制度等。这些隐性治理机制的实施对中国地方官员的激励与行为产生了相当程度的影响。如，Li（1998）认为，任期限制制度的实施有利于更新官员结构，使得那些支持改革并接受过良好教育的年轻干部成为干部队伍的主流。官员异地交流制度不仅可以使官员的素质得到全面的拓展，而且有利于发达地区向落后地区传授发展经验（张军、高远，2007）。

虽然官员隐性治理机制对于经济增长大多提供了正面的激励，但在绩效考核方式的引导下，有些机制也可能在无形中放大中国粗放型经济增长的特征。以官员异地交流为例，徐现祥等（2007）发现，中国省级官员异地交流效应是在被交流地大力发展第二产业、重视第一产业和忽视第三产业的产业发展取向基础上实现的。这表明官员在被交流地具有强烈的追求“绩”的倾向，这容易导致粗放型经济增长模式从一个地区向另一个地区转移。再比如官员任期限制制度，在 1982 年官员任期限制制度获得党章与宪法的保证后，由于缺少具体文件规范，许多地方官员任期极短，这导致了官员追求“绩”时的“短视”行为，对地区资源的长期优化配置产生了极为不利的影响。

2. 行政性分权与地方政府的“约束集”

官员治理机制主要影响到地方政府的激励结构与追求的目标内容（追求政绩、追求短期政绩、追求以 GDP 增长率为核心的短期政绩）。为全面考察地方政府的行为，我们还有必要了解制度环境对地方政府“约束条件”的影响。地方政府的约束条件主要包括地方政府为追求自身激励所拥有的获取“经济收入”的权力、资源的控制权力以及行政权力的大小（这更多是一种“权力约束”，类似于影响企业和居民行为的“预算约束”），这种由诸多权力所构成的“约束集”影响着地方政府追求自身目标的经济或行政的能力。具体而言，行政性分权改革为地方政府提供了三种重要的约束，即财政税收权、地区国有资源的支配权以及重要的行政审批权力。

地方政府拥有适当的财政税收权是政府实现其职能的必要保障。但由于在以经济指标为核心的相对绩效考核方式的引导下，地方政府具有直接干预“经济建设”的动机，这导致地方政府会扩大财政支出的要求，使得从事经济建设的“事权”远远超过获取收入的“财权”。其结果是政府为追求财政收入往往不惜以牺牲经济的长远发展潜力为代价。国有资源的支配权则决定了地方政府在追求政绩时可能采取怎样的途径或拥有怎样的手段。地方政府当拥有诸如资本、土地、能源、矿藏等重要生产资源的支配权时，往往会通过直接干预经济运行的方式追求政绩激励。而若地方政府不具有这些资源的支配权，即便其激励是为了追求政绩，也只可能通过提升公共产品和公共服务质量等间接手段影响地区经济增长。由此可见，拥有国有资源的支配权为中国“经济建设型”地方政府的形成营造了一个“软”的约束环境，许多地方政府会利用诸如土地优惠等手段吸引外部资金的进入，最终造成资源使用上的极大浪费。地方政府拥有的行政审批权则决定了企业等微观主体在大多程度上“受支配于”政府追求政绩目标的影响。如刘小玄（2003）以及赵志君等（2005）通过对企业行为的考察发现，由于地方政府拥有着相当大的行政审批权力，企业的目标函数在很大程度上受到政府激励的影响，企业因此难以内生出与现代市场经济相适应的生产经营机制，其生产决策过程难免具有粗放型特征。

（二）地方政府行为与企业的粗放型生产特征

地方政府拥有相当程度的资源配置权以及行政审批权力，这导致企业的生产过程或多或少会受到地方政府因素的影响，企业从而难免具有“低生产效率、高资源投入（低效率、高浪费）”的生产特征。由于已有相当多的文献考察了地方政府因素的存在如何导致中国企业的行为模式与经典微观模型产生偏离（赵志君、金森俊树，2005；田伟，2007），我们不再重复。这里要侧重考察的是地方政府对企业技术创新以及整体经济全要素生产率（TFP）的影响。

地方政府通过资源支配权追求政绩激励的过程会对企业的技术创新造成不良的影响。对照先行工业化国家的经验，在一个产权界定清晰、竞争环境公平的市场经济中，以利润最大化为目标的企业会在价格信号的引导下，选择合适自身的技术、努力提升产品质量以及改进产品生产工艺，从而可以成为推动技术创新和产品创新的主体（吴敬琏，2006）。这里，企业能否培育出技术创新的内在动力，关键的制度条件除了对产权的清晰界定外，还必须有一个公平的市场竞争环境。随着市场化改革进程的推进，产权的界定逐渐清晰。然而，地方政府拥有资源的支配权，并通过资源优惠的方式追求自身的目标，这导致企业面临一个相对不公平的市场竞争环境（如政府偏好于高税收、高产出的重型产业，这使得那些低税收、结构较轻的企业面临一个不利的要素获取环境）。此外，当地方政府拥有相当程度的资源支配权时，企业能否在激烈的市场竞争中取胜，往往取决于其所拥有的“社会关系”“政府背景”等“软环境”的情况。在这个背景下，企业会将大量的资源投在向地方官员“寻租”等非生产性领域，而非用于改善产品质量和生产工艺，通过技术进步在竞争中取胜。

除限制了企业内部的技术进步之外，就整体经济而言，在追求政绩激励之下，拥有资源配置权的地方政府对于某些产业的偏好还会导致资源的错误配置（misallocation of resources across firms），这对于整体经济的技术效率以及技术革命都将产生极为不利的影响：①从静态技术效率来看，资源的错误配置会使得 TFP 下降（Restuccia & Rogerson，2007）。以一个拥有着两个相同技术水平厂商的经济体为例，假设 A 厂商由于与政府有着密切的联系或者受政府产业政策的偏好而可以获得相对廉价的资本要素，而 B 厂商却只能通过市场价格取得资本，这必然导致 A 厂商在生产过程中投入更多的资本以替代劳动，从而造成资本的边际产出低于 B 厂商。在这种情况下，如果将资本部分地从 A 厂商转移给 B 厂商，必将带来社会总产出的增加。因此，Restuccia 和 Rogerson（2007）认为，资源的错误配置无疑降低了单位劳动的产出水平，会对 TFP 产生不利影响。②从动态技术进步来看，由于技术革命的最终突破往往需要由大量同行业以及其他相关行业的渐进型技术改良为补充，地方政府对某些高税收产业的偏好也会导致技术改良出现“结构性失衡”，从而难以实现技术革命的最终突破。

二、转变经济增长模式：制度变革的政策建议

对中国经济粗放型增长模式所形成的“微观机理”的考察表明，与经济增长模式转变相关的制度变革是一个系统工程，而其中最为根本的变革途径在于推进实现地方政府职能的转型。只有将地方政府的角色定位为市场公平竞争的维护者以及公共产品的供给者，限制政府干预经济的权力，才有可能真正培育出与现代经济增长模式相适应的企业等微观行为主体。地方政府的职能能否转变，最终将取决于一系列配套改革的施行，这主要包括官员治理体制、资源配置体制以及财政税收体制等方面的改革。我们以下分别考察：

（一）官员治理机制以及国有资源配置体制的配套改革

为实现政府职能的转变，我们必须首先了解 1979 年以来的中国地方政府之所以以“经济建设”为其主导职能的原因。根据前文所述，这主要源于中国地方政府在两个方面受到的制度引导：一方面，从激励的角度来看，相对绩效考核方式以及中央在实施目标管理过程中侧重以经济指标考核官员业绩的方法都会导致地方官员为追求政治晋升而产生干预地区经济建设的强烈动机。另一方面，就约束条件而言，“M 型”行政组织结构下的地方政府在很大程度上拥有着地区国有资源的配置权，这为经济建设型地方政府的形成提供了物质和权力的保障。由此，为实现政府职能的转型，关键在于对这两方面的制度环境作出相应的变革。

1. 官员治理机制的改革

我们发现，现行的官员考核方式在“M 型”组织结构下具有节约交易成本的内生性，相关的改革会带来一定的成本：实践证明，试图构建一个能全面反映经济发展质量的指标体系是相当困难的，这类似于在计划经济体制下要实现对所有个体在所有方面的监督，那必定会面临非常大的信息处理成本问题。也就是说，欲从官员考核机制的角度实现经济增长方式的转变会遭遇相当大的困难。那么，应该怎么做才既能够有利于经济全面发展，又能够确保经济增长质量的提高呢？对此我们提出以下几点政策建议：①大力推进党内民主。党的十六大和十七大特别强调的党内民主制度有利于发挥党员的监督功能，可以有效抑制地方官员腐败。同时，党内民主制度的推进减少了制度变革带来的成本，在政绩考核难以全面衡量官员行为的情况下，可以有效减少相关的信息显示成本。此外，党内民主制度的推行还可以使地方政府的行为更为“连续”，从而可以有效避免官员任期限制造成的地方政府的“短视”行为。②减少政府层级、缩短行政管理中的委托—代理链也是弱化中央—地方信息不对称问题的一个重要途径。随着通信技术的改善以及管理的信息化与现代化，现有的中国五级政府层级体制（中央、省、地方、县、乡镇）逐渐显示出管理链过长的缺陷。政府层级过多不仅容易形成财政的“漏斗效应”，还增大了代理人从事机会主义行为的空间。③培育地方官员的科学发展观与执政为民的新型政绩观，以思想观念的变革促进科学发展。虽然如前所述，通过改变政绩考核内容，从客观上促进官员行为的转变会面临相当大的信息处理成本问题，但由于改变旧的经济增长模式下官员的思维方式对于转变政府职能具有认识层面（认知论）的重要意义，其作用不可忽视。因此，在官员政绩考核方面，应努力使政绩体现出以人为本、改善民生，官员晋升也应该更多地体现民意。

2. 国有资源配置体制的改革

由于资源配置权为“经济建设型”地方政府提供了一个“软”的约束环境，即使不对官员晋升机制加以改革，取消地方政府的资源配置权（实现要素的市场化配置）对于经济增长方式的转变也具有极为重要的意义：一方面，这种情况下的地方政府不具有直接干预地区经济的物质保障。即便其目标在于追求政绩（经济增长率）最大化，也只可能通过提高公共产品与公共服务的质量，以培育市场“软环境”这种较为间接的手段来实现自身政绩最大化的目标。因此，取消地方政府的资源配置权可以提供一种类似于“外力”推动的作用，促使地方政府内生地、自发地向“公共服务型”角色转变。另一方面，实现要素的市场化配置也有利于企业等微观主体基于要素比较优势选择资源投入，并且有利于公平竞争市场环境的构建。

虽然取消地方政府的资源支配权、推进要素市场化改革对于经济增长方式的转变十分关键，但因为在与之相关的利益调整过程中，权力或利益丧失最多的可能是地方官员本身（吴玉宗，2004），所以地方政府作为改革主体（“M型”行政结构下，地方政府必定构成改革的主体）以及改革对象，有可能使得要素市场化改革陷入两难的困境。另外，要素市场化改革还涉及如何处理好社会主义国家对资源的所有权与具体的企业及法人对资源的使用权之间的矛盾，这决定了相关的改革可能会是一个漫长的过程。面对这种困难很大但改革又势在必行的情况，目前阶段的可行选择包括：①更多地引入对地方政府在配置国有资源上的监督机制与惩罚机制（如发挥人大监督、党内监督作用，加强审计工作的力度），以规范地方政府的资源配置行为。②进一步完善国有资源使用权招标制度，努力实现招标过程公平化以及招标信息透明化。招标竞争方式的引入，可以从一定程度上矫正要素价格的扭曲，让定价权回归市场，使得价格可以渐进反映出资源的真正稀缺程度。

（二）财政税收体制的配套改革

地方政府拥有财政税收权本身并不会造成经济的粗放型增长，事实上，拥有适当的财政税收权是地方政府实现其职能（包括“公共服务”职能）的一个必要保障。中国地方政府的财政收支行为之所以会“短视化”并由此而放大了经济增长的粗放型特征，主要是由于在晋升机制的引导之下，地方政府被赋予了过多“经济建设”的事权。不难发现，如果地方政府追求财政收入的动机仅仅是弥补地区经济建设（政绩）的支出，这一方面会如前文分析的那样导致地方政府在获取财政收入时出现“短视化”行为；另一方面还会引导地方政府财政支出结构的失衡——地方政府偏重于与“经济建设”相关的支出，如投入大量财政资金甚至以“财政担保”的方式为高速公路等基础设施建设融资，却忽视了诸如教育、医疗等有关居民福祉的公共产品与公共服务的供给，这会使得中国的公共品供给出现严重的失衡现象，从而增加城镇居民预期支出的不确定性，抑制内需的增长。

据此，有关财政体制改革的关键并不在于财政的再次“集权”，而在于转变政府“经济建设”的角色以及进一步规范地方政府有关财政收入支出的行为。具体而言，在财政收入方面，必须转变政府获取财政收入的动机。必须明确，地方政府获取财政收入是为公共服务提供财政支撑，而不是为了更多地追求地区经济增长。在财政支出方面：

①调整和优化支出结构，减少地方政府从事经济建设的事权。同时，增加财政支出中用于改善企业生存环境以及增加居民福利的公共产品或公共服务的比重，这不仅有利于培育与现代市场经济相适应的企业微观行为主体，对于扩大内需、转变投资驱动型增长模式也至关重要。②在调整支出结构的基础上，科学合理地界定各级政府公共财政支出的范围。在多层级政府管理体制下，以经济建设作为主要职能的地方政府往往职能划分模糊，容易出现财政的"漏斗效应"。而将地方政府定位为地方公共产品与公共服务供给者的角色则有利于财政支出职责的明确划分。具体而言，在财政支出范围的界定过程中，应首先根据收益原则和效率原则，区分全国性公共服务、地方性公共服务以及跨区域公共产品与服务的供给职责；其次，中央或上级政府应根据区域均等原则以及职责与财力相匹配的原则，在尽量保证下级政府公共服务支出与收入相匹配的基础上，确定出区域补偿的标准或范围；最后，对于上述划分应本着法制原则，在法律上作出正式界定，使各级政府依法履行自己的职责（沈荣华，2007）。

参考文献

［1］白重恩、杜颖娟、陶志刚等：《地方保护主义及产业地区集中度的决定因素和变动趋势》，《经济研究》，2004 年第 39 卷第 4 期。

［2］刘小玄：《中国转轨过程中的企业行为和市场均衡》，《中国社会科学》，2003 年第 2 期。

［3］沈立人、戴园晨：《我国"诸侯经济"的形成及其弊端和根源》，《经济研究》，1990 年第 3 期。

［4］沈荣华：《各级政府公共服务职责划分的指导原则和改革方向》，《中国行政管理》，2007 年第 1 期。

［5］田伟：《考虑地方政府因素的企业决策模型——基于企业微观视角的中国宏观经济现象解读》，《管理世界》，2007 年第 5 期。

［6］王永钦、丁菊红：《公共部门内部的激励机制：一个文献评述——兼论中国分权式改革的动力机制和代价》，《世界经济文汇》，2007 年第 1 期。

［7］吴敬琏：《当代中国经济改革》，上海：上海远东出版社，2004 年。

［8］吴敬琏：《中国增长模式抉择》，上海：上海远东出版社，2006 年。

［9］吴玉宗：《服务型地方政府：缘起和前景》，《社会科学研究》，2004 年第 3 期。

［10］徐现祥、王贤彬、舒元：《地方官员与经济增长——来自中国省长、省委书记交流的证据》，《经济研究》，2007 年第 42 卷第 9 期。

［11］银温泉、才婉茹：《我国地方市场分割的成因和治理》，《经济研究》，2001 年第 6 期。

［12］赵志君、金森俊树：《一个中国私营部门发展模型》，《经济研究》，2005 年第 40 卷第 4 期。

［13］张军、高远：《官员任期、异地交流与经济增长——来自省级经验的证据》，2007 年第 42 卷第 11 期。

［14］Huang Yasheng，Managing Chinese Bureaucrat：An Institutional Economics Prospective，*Political Studies*，2002，150（1）：pp. 61 – 79.

［15］Li David D.，Changing Incentives of the Chinese Bureaucracy，*American Economic Review*，1998，88（2）：pp. 393 – 397.

［16］Li Hongbin & Zhou Li-an，Political Turnover and Economic Performance：The Incentive Role of PersonNel Control in China，*Journal of Public Economics*，2005（89）：pp. 1743 – 1762.

［17］Eric Maskin，Qian Yingyi & Xu Chengang，Incentives，Information and Organizational Form，*The Review of Economic Studies*，2000，67（2）：pp. 359 – 378.

［18］D. Restuccia & R. Rogerson，Policy Distortions and Aggregate Productivity with Heterogeneous Plants，*NBER Working Paper*，2007（4）.

【作者简介】

沈坤荣，南京大学经济学院副院长、教授、博士生导师；田伟，南京大学经济学院博士研究生。

气候变化与低碳经济、绿色经济、循环经济之辨析*

杨 志 张洪国

一、问题的提出

1. 低碳化：逐鹿世界“绿色话语体系”制高点

观念决定行为、思路决定出路、话语权决定投票权，在全球性金融危机尚未走出谷底的时刻，应对气候变化与发展低碳经济悄然成为最热门的世界级话题。2008 年，美国奥巴马政府上台后一反布什政府在气候变化问题上拒绝与国际社会合作的态度与做法，声称应对气候变化有助于恢复经济、走出金融危机；奥巴马政府还利用各种机会积极推动与联合国气候的谈判，其国务卿希拉里·克林顿在多个场合一再说“美国已准备好在哥本哈根全球气候变化谈判中起主导作用”。欧洲和日本由于自然和人文的原因，一直是《联合国气候变化框架公约》（1992）及其工作方案《京都议定书》（1997）的积极推进者。如果没有这场金融危机，他们很愿意也很有可能成为第四次工业革命的倡导者和生产方式全球性转变的举旗者。英国作为老牌工业化国家，也高举起“低碳经济”旗帜，同美国一起成为“绿色经济”的推手。

2. 我国在应对气候变化问题上做得多说得少

我国是最早把保护环境作为基本国策的发展中国家，是《联合国气候变化框架公约》（1992）和《京都议定书》（1997）的缔约国和推动者。进入 21 世纪以来，我国把建设生态文明、发展循环经济、节能减排、走新工业化道路、建设资源节约型和环境友好型社会，作为保护环境的具体行动。近几年来，我国发布了《气候变化国家评估报告》（2006）、成立了“应对气候变化国家领导小组”（2007）、制定了和实施了《中国应对气候变化国家方案》（2007），在国家“十一五”规划中明确规定从 2005 年到 2010

* 本文原载于《广东社会科学》2009 年第 6 期。

年降低单位国内生产总值能耗20%、主要污染物排放10%以及提高森林覆盖率和可再生能源比重等有约束力的国家指标。应该说，这些行动对遏制全球性气候变暖作出重大贡献，因为仅通过降低能耗一项，中国5年内可以节省6.2亿吨标准煤，相当于少排放15亿吨二氧化碳，这个指标比《京都议定书》附件1中所有国家在2012年前减排总量的1/5还要多。但是，这些行动在我国话语体系上很少和应对气候变化联系在一起。

不过，近来这种情况有所改观。2009年8月12日，温家宝总理在国务院常务会议上说，我国"把应对气候变化纳入国民经济和社会发展规划。把控制温室气体排放和适应气候变化目标作为各级政府制定中长期发展战略和规划的重要依据。培育以低碳排放为特征的新的经济增长点，加快建设以低碳排放为特征的工业、建筑、交通体系，强化应对气候变化综合能力建设。制定应对气候变化的科技发展战略与规划，开展低碳经济试点示范，推动形成资源节约、环境友好的生产方式、生活方式和消费模式"。[①] 8月27日，我国第十一届全国人民代表大会常务委员会第十次会议通过了《关于积极应对气候变化的决议》，从立法的高度指出："积极应对气候变化，事关我国经济社会发展全局和人民群众切身利益，事关人类生存和各国发展""要立足国情发展绿色经济、低碳经济。这是促进节能减排、解决我国资源能源环境问题的内在要求，也是积极应对气候变化、创造我国未来发展新优势的重要举措"。9月22日，国家主席胡锦涛在联合国气候变化峰会开幕式上发表了题为《携手应对气候变化挑战》的重要讲话，指出："全球气候变化深刻影响着人类生存和发展""各国领导人汇聚联合国，共商应对气候变化大计，这对推动国际社会有力应对气候变化这一全球性挑战具有十分重要的意义"。[②]

3. 气候变化成为全世界最热门的话题有其深刻而复杂的原因

其一，以气候变暖为主要特征的气候变化已成为21世纪人类面临的最重大的环境发展问题。其二，应对气候变暖已成为当前及今后相当长时期内全人类最紧迫的任务。其三，全人类生存环境在空间上分布在世界各国，并深受世界各国在科学认知、文化传统、政治意愿、经济利益、技术水平等实际状况方面的巨大差异的制约。其四，以"遏制气候变暖"为题展开的世界各国"博弈"，不仅直接影响广大发展中国家的现代化进程，如中国"构建和谐社会"的进程，而且直接影响发达国家在全球生存环境和生态资本再分配方面的角逐，如美国的"绿色金融与绿色新政"的实施、欧盟和日本在新一轮"低碳经济"竞争中占据"制高点"的行动。其五，以"绿色经济""低碳经济"为特征的生产方式、交换方式、分配方式、消费方式、生活方式、行为方式、信息沟通方式的全球性转变及其效果，既受制于发达国家和发展中国家之间在资金和技术上方面

---

① 国务院办公厅：《国务院常务会议研究部署应对气候变化有关工作等》，http://www.gov.cn/ldhd/2009-08/12/content_1390129.htm。

② 胡锦涛：《携手应对气候变化挑战》，http://www.gov.cn/wszb/zhib0356/content_1473796.htm，2009年9月22日。

的真诚合作，还受制于各国由生产力水平实际状况支撑的国家整体运行能力。

4. 当前亟待研究的问题

首先需要提醒的问题是，不知从何时开始，气候变化被理解为环保主义的“矫情”、生态社会主义的“批判”、政治家的“博弈手段”；也不能忽略现在依然有人把“全球变暖”说成一场“毫无由来的恐慌”或“陷阱”。因此，当前亟须思考的问题是：①如何理解发达国家包括美国非常强调气候变暖是最大的环境问题，而发展中国家则非常强调气候变暖归根结底是发展问题？②如何理解造成气候变暖的人为因素发端于西方的工业化活动？③为什么西方发达国家在应对气候变暖问题上异常积极地行使他们极具影响力的“话语权”，从而推出与应对气候变暖密切相关的概念和话语？④这些概念和话语，在世界各国利益博弈中，特别是在推进低碳经济活动中起到什么作用？⑤中国作为必须对气候变暖负起责任的大国，是否需要构建能够承载自己历史和现实的可持续发展的绿色文化体系？⑥如何辨析低碳经济与绿色经济、循环经济、生态文明之间的联系？

二、如何理解气候变化归根结底是发展问题

1. 从地球成因、“活物质”与“死物质”互动的视角认识环境问题

气候变化根源于自然与人类之间的交互运动。从自然角度看，大气是构成地球自然环境的最重要因子。自然环境本身是复杂系统，其构成要素（子系统）是地球表层上由空气、水、岩石（包括土壤）构成的大气圈、水圈、岩石圈，以及在这三个圈交汇处演化出来的生物圈。自然环境系统在太阳能的作用下以自组织形式进行以物质、能量、信息为主要内容的各种形态的循环；人类连同其他生物就是在这样一种相互作用的超复杂循环系统中生存、繁衍、演化。在这里需要强调：空气（大气）既是创造地球自然环境系统的第一要素，也是创造和维持生命、生物系统的第一要素；如果没有大气圈，就没有水圈、岩石圈，更不会有生物圈，从而也绝对不会有人类。[①] 正是基于这样一种事实和关系，全世界最卓越的地球化学家、生物圈学说的创立者、苏联科学院院士维尔纳茨基主张：首先从“地球形成”“地球化学”“地质学”的角度研究生命的起源，然后再从生命系统与环境系统之间的互动过程研究它们之间的互动关系，最后才从生命

① 宇宙爆炸学告诉我们：在大约46亿年前，地球是星尘与陨石的集团；而后经过数百万年绕太阳运行，逐渐演化成一个由98%的二氧化碳、1.9%的氮、0.1%的氩构成的“原生大气泡”；随着它不断冷却以及不断发生地质作用，地球表面就形成一个类似今天“温室效应”的“大气层”；当大气层中的原子和简单分子掉进海里融入水中，生命的主要化学基础——核酸、蛋白质、脂肪和碳水化合物等也就产生了；因此，空气是创造和维持生命的第一个要素。参见［英］史蒂芬·霍金著，许明贤、吴忠超译：《时间简史：从大爆炸到黑洞》，长沙：湖南科学技术出版社，2002年；［英］约翰·D. 巴罗著，卞毓麟译：《宇宙的起源》，上海：上海科学技术出版社，1995年。

和生物学演化的角度研究人类本身的产生、生存和繁衍。[①]

人类活动作为“活物质”具有足以改变“地球和太阳之间关系”的力量。[②] 按照维尔纳茨基的意见，所谓“活物质”，是能够以重量、化学成分、能量、空间特征来表示的所有有机体的总和；活物质与死物质相比，具有独特的新陈代谢功能。由此：①它是地壳（岩石圈）不可分割的一部分，是地壳变化的机制；②它的地质作用完全可以同河流、风、火山及其他物质的地质作用相比，所以它是统一地壳过程的表现形式；③它是生物圈的统一整体，因而也是把宇宙辐射转化为地球能——电能、化学能、机械能、热能的转换器；④它与自然环境系统间的互动是影响生物圈的巨大力量；⑤人是同类活物质的一部分；⑥人类这种活物质，由于具有其他种类活物质无法比拟的“能动性”和“社会组织性”，所以人的智慧——发展观和科学技术——使生物圈演化为智慧圈；⑦智慧圈的出现使人类活动系统与自然环境系统间的交互作用发生“质变”，即“生物圈发展的自然过程受到破坏……人首次成为巨大的地质力量”，这种力量足以改变“地球和太阳之间关系”，因而也足以改变气候及自然环境系统。

2. 气候变暖作为环境问题与走工业化发展道路紧密相关

毋庸置疑，气候变暖是最大的环境问题。所谓环境问题指的是由人类活动引起的环境质量变化及其给人类的生产、生活和健康带来的不良影响。联合国政府间气候变化专门委员会（IPCC）实证报告指出：目前从全球平均气温和海温升高、大范围积雪和冰融化、全球平均海平面上升的观测中可以看出气候系统变暖是明显的，近百年来全球地表平均温度上升了 0.74 ℃。如果温度升高超过 2.5 ℃，那么全球所有区域都可能遭受不利影响，发展中国家所受损失尤为严重。如果升温 4 ℃，则可能对全球生态系统带来不可逆的损害，造成全球经济重大损失。[③] 2006 年我国情况与世界大略相同。2008 年春天我国南方广大地区的“冻雨”、2009 年我国南北方大部分地区同时发生的持续性“大旱”都使我们不仅感受到“地球生病了”“气候变暖了”，而且还体验到我国农业生产不稳定性增加、南方地区洪涝灾害加重、北方地区水资源供需矛盾加剧、森林和草原等生态系统退化、生物灾害频发、生物多样性锐减、台风、风暴潮、沿海地带灾害加剧以及有关重大工程建设和运营安全受到影响等状况。

气候变暖作为人类最重大的环境问题产生于 18 世纪中叶的工业化活动，并伴随工业化在全球的发展而日趋严重。对此，美国橡树岭实验室研究报告给出证据：自 1750 年以来，由于人类活动，全球累计排放了一万多亿吨二氧化碳（其中发达国家排放量约占 80%），目前大气中二氧化碳浓度已从工业革命前的 280 ppm（百万分之一单位）上

---

① 参见［苏联］В. И. 维尔纳茨基著，余谋昌译：《活物质》，北京：商务印书馆，1989 年。

② “我们向地球环境中排放了过多的碳氧化物，以至于改变了地球和太阳之间的关系”。参见［美］阿尔·戈尔著，环保志愿者译：《难以忽视的真相》，长沙：湖南科学技术出版社，2007 年，第 10 页。

③ 参见 IPCC：《气候变化 2007：综合报告》，政府间气候变化专门委员会，2007。

升到2005年的379 ppm，已远远超出了根据冰芯记录测定的工业化几千年前的浓度值，甚至超过了近65万年以来的自然变化范围。这是一个令人深思的问题：占全世界人口20%的发达国家由于“工业化”而发达，但带给不发达国家的却是全球大气环境容量的“淤塞”、温室气体的“累积”；占全世界人口80%的发展中国家对工业化梦寐以求，如今却要为“工业化”付出惨痛的代价！

3. 气候变暖作为环境问题与其说是工业化问题不如说是经济发展模式问题

工业化的进程从根本上看取决于发展观和发展模式。众所周知，西方国家一直以来就有非常明确的发展观，构建以资本为资源配置主体、以市场为资源配置和运行机制、以获取高额利润为目的、以在全世界享有经济霸权为目标、以工业化为发展手段和发展道路的发展模式。他们在工业化进程中借助一次又一次的工业革命，在国内改变了企业和产业的技术基础，建立了以重工业体系为主导的国民经济结构；在国外获得了以非工业化国家为资源供应市场和产品销售市场的外围体系，重塑了全球经济地图。

气候变暖作为环境问题率先在发达国家发展的黄金时代爆发，然而从历史上看，西方工业化“黄金时代”实际是“高碳产业获得高额利润的时代”。例如，曾经发生的震惊世界的“八大公害事件”，其中四个事件就发生在“二战”后以惊人速度重新崛起的日本。日本著名环境哲学和伦理学家岩佐茂（2006）如是评价：“从20世纪50年代后期开始的经济高速增长，由于企业偏重追求利润积累资本，轻视废物处理，其后果……爆发了产业公害，出现了深刻的社会问题。……相继有四大公害（疼痛病、四日市的哮喘病、熊本和新潟的水俣病）被起诉”“日本在战后……成了‘公害的先进国家’”。他还说：“20世纪是环境破坏的世纪。”①

三、为何在金融危机中应对气候变暖与发展绿色经济和低碳经济的“话语”火速升温

1. 以美国为代表的主流话语体系一直忽视或冷淡气候变暖等环境问题

“主流话语体系”是占有主导地位并利用地位优势操纵或引导舆论走向和倾向的文化体系。20世纪70年代，以美国为代表的西方主流社会面临内部的“经济滞胀”和外部的“石油危机”，因此决定将主流话语体系从凯恩斯主义向新自由主义转移。新自由主义不仅与凯恩斯主义话语不同，与20世纪60年代兴起的反对重化工业污染环境、关心人类发展前途的“绿色话语”更是不同，其所表达的主题只是与“资本积累率”相关的“经济增长率”。更有甚者，还把与地球承载力以及相关的气候变暖、环境退化和恶化、资源流失和缺失等问题，归结为形而上学的、在现实生活中无解的“价值判

① ［日］岩佐茂著，韩立新等译：《环境的思想：环境保护与马克思主义的结合处》，北京：中央编译出版社，2006年。

断”。例如，新自由主义掌门人米尔顿·弗里德曼著名的“经济学不需要价值判断”的论断（1966；1967）就是直接批判鲍尔丁教授“地球像个宇宙飞船”的说法（1966），因而经济学不能将“资源无限供给”作为理论假设观点。[①] 又如，新自由主义的另一位祖师爷哈耶克，索性把第一次从科学视角展示在一个有限的地球上追求增长带来的恶果的《增长的极限》讽刺为“似乎有知识”的报告。[②] 再如，拒绝在《京都议定书》上签字的布什政府使用的就是占舆论主导地位的新自由主义的话语体系。

2. “联合国共识”取得了日本与欧盟的“话语形态”

1983 年联合国成立了世界环境与发展委员会（WCED）。该委员会于 1987 年向联合国提交了《我们共同的未来——从一个地球到一个世界》的报告。这个报告作为“联合国共识”代表，以人类共同福祉为发展目标的可持续发展观，要求各国政府一定要从环境保护和经济发展两个方面为人类世世代代的发展负起历史责任。这个发展观表明一种“新话语体系”的诞生。从此，环境与发展便成为全人类的“地球安全”问题，而不仅仅是少数国家的“国家安全”问题；而发展则主要是为了“人类共同福祉”，而不仅仅是为了“资本增值”。在这种共识和话语的推动下，1992 年联合国可持续发展委员会首次会议在《地球宪章》和《21 世纪议程》框架下，通过了《联合国气候变化框架公约》和《联合国生物多样性公约》。

3. “华盛顿共识”与《京都议定书》的角逐

“联合国共识”提出不久，主流话语体系便提出“华盛顿共识”（1989）与之“抗衡”。“华盛顿共识”的主旨是：反对所有国家主要是发展中国家的政府，以任何理由干预经济活动；模糊掉发达国家和发展中国家在经济社会发展上的区别，提倡所有市场主体无条件进行平等竞争；不考虑经济发展中任何“价值判断”问题，包括不考虑自然环境的“承载力”问题；主张把所有国家的国有企业私有化、所有国家都最大限度地开放市场，市场竞争决定一切，资本增值决定一切。主流话语体系本质上是主流社会的理论体系，因此“华盛顿共识”本质上是以美国为代表的资本帝国的话语体系。这个话语体系的影响力在反对和阻碍《京都议定书》生效的过程中得到淋漓尽致的彰显。值得指出的是，《京都议定书》是在《联合国气候变化框架公约》缔约方第三次会议上，由 149 个国家和地区代表共同制定的一个旨在把全球范围内有效开展环境保护的工作机制与经济运作机制结合起来的创新机制。

---

① 参见［美］米尔顿·弗里德曼著，胡雪峰、武玉宁译：《弗里德曼文萃（上册）》，北京：首都经济贸易大学出版社，2001 年。

② 参见柳适等编译：《诺贝尔经济学奖得主演讲集：1969—1997》，呼和浩特：内蒙古人民出版社，1998 年。另外，对以新自由主义为代表的西方主流话语经济学本质与特征的分析参见杨志：《对循环经济研究的理论思考——基于马克思主义经济学视角》，《教学与研究》，2007 年第 11 期，第 22 - 31 页。

4. 欧盟和日本率先发展“循环经济”和推行“清洁生产机制”

与美国不同，欧盟和日本对气候变暖等环境问题的感受和反应极为敏感和深切。因此，他们不仅在话语上“改弦更张”，而且在行动上“自行其是”。例如，德国率先动用法律强行推行环境保护政策，在 1994 年 9 月就颁布《循环经济与废物管理法》并在 1996 年 10 月实施，这是发达国家第一次正式就发展循环经济问题立法。再如，日本在经历了可怕的环境污染之后，其政府也采取立法的强制手段在企业中推行“清洁生产机制”；另外，欧盟与日本在应对气候变化问题上一直走在国际前列。实在地说，没有欧盟与日本的努力，就不会有《京都议定书》的制定、补救和实施。《京都议定书》把《联合国气候变化框架公约》转化为第一个可操作的行动纲领，不仅使日本和欧盟站在了关心人类命运的道德高地，而且使他们构建和强化了自己的话语体系。进入 21 世纪以来，以气候变暖为特征的环境问题已不需要论证。“绿色话语体系”开始成为“主流话语体系”引导下的技术创新活动和市场创新活动。欧盟和日本不仅是《京都议定书》中联合履行机制（JI）、清洁生产机制（CDM）、国际排放贸易机制（ET）三个经济机制的主要制定者，而且是绿色技术装备、绿色贸易壁垒、绿色技术标准的最早制定者。在金融危机发生之前（2008 年 1 月），欧盟敦促将 2009 年设为全球主要发达国家承诺减排的最后期限。因为他们早在 2008 年 1 月就制订了包括各成员国减排目标等配套措施在内的欧盟能源气候一揽子计划。日本在 2008 年 6 月提出新的防止全球变暖对策——“福田蓝图”，明确提出 2050 年该国温室气体排放量比目前减少 60%～80%，2008 年 7 月还公布了“福田蓝图”具体化行动计划草案，指明争取 2020 年前使碳封存技术实用化。

5. 英国最早提出“低碳”概念并以发展“低碳经济”应对气候变暖

2003 年，英国颁布《能源白皮书》（《我们的能源未来——创建低碳经济》），明确提出发展低碳经济的概念和目标：2010 年二氧化碳排放量在 1990 年水平上减少 20%；到 2050 年减少 60%，建立低碳经济社会。2007 年英国公布了全球首部《气候变化法案》草案：明确承诺到 2020 年，削减 26%～32% 的温室气体排放；2050 年英国的二氧化碳等温室气体的排放量比 1990 年削减 60%；为确保企业和个人向低碳科技领域投资，《气候变化法案》还提供一个明确的《英国气候变化战略框架》。2009 年英国政府又公布了一个具有重要战略意义的《英国低碳转型计划》，这是迄今为止发达国家应对气候变化最为系统的政府白皮书。显然，英国是通过一系列法规和计划力图巩固其在全球应对气候变化行动中的地位。最重要的是，在过去 10 年间，英国实现了其 200 年来最长的经济增长期，经济增长了 28%，但温室气体排放量减少了 8%，为世界各国发展低碳经济提供了环境与发展双赢的最好案例。

6. 美国“急变脸”借清洁能源法为“绿色新政”定调

美国在应对气候变暖问题上一直扮演“反角”。我们知道，应对气候变化，需要对现有工业化的物资技术基础，包括能源工艺基础进行结构性的替代和创新，以及对由此决定的经济社会组织包括企业、产业、国民经济和政府与家庭进行系统性的调整和创新。这种创新既需要技术上的积蓄又需要经济上的积蓄，而一旦启动，带来的将是全球性绿色工业革命。美国很清楚无论在技术、经济还是在文化、舆论上自身均未做好准备，因此，如果绿色工业革命启动，那么拥有绿色话语权或有所准备的国家和地区就可以抢占先机成为“第四次工业革命”的领航者。其实，这才是美国拒绝在《京都议定书》上签字的最主要的原因之一。然而，一场大规模的金融危机几乎打乱所有国家原来的战略谋划。面对金融危机引发的经济、社会、文化、话语、生态等全面危机，2009年6月26日，美国众议院经过数小时激烈辩论后，《美国清洁能源安全法案》最终以219票对212票涉险过关，这为美国历史上首个温室气体减排法案的诞生奠定了坚实的基础。从某种意义上说，金融危机给了美国一张绿色的“变脸”。

四、如何理解绿色经济、低碳经济、循环经济之间的内在联系

1. 金融危机使绿色和低碳成为“主流话语体系”中的亮点

绿色经济作为一个概念，最早见于英国环境经济学家皮尔斯的《绿色经济蓝图》(1989)，但是作为一种新的能够引领世界经济活动走向的话语，却最早出自联合国原秘书长潘基文之口。在2007年底联合国巴厘岛气候会议上，潘基文高瞻远瞩地指出：“人类正面临着一次绿色经济时代的巨大变革，绿色经济和绿色发展是未来的道路”“绿色经济正在为发展和创新产生积极的推动作用，它的规模之大可能是自工业革命以来最为罕见的”。同样，低碳经济作为一种话语，也是由英国人发明的，但作为一种能够聚集全世界“注意力”的应对气候变暖的战略对策，它也作为联合国环境日口号“转变传统观念 推行低碳经济”而被全球所接受。联合国对绿色经济和低碳经济的全力推广，标志着“联合国共识”已经从一种可持续发展观（1987）、一种应对气候变化的思路或公约（1992）、一种可操作的经济机制（1997）转化为一种切实可行的生产方式和生活方式。应该说，“联合国共识”经22年的推广终于有了真正的认同。

《美国清洁能源安全法案》在众议院的通过标志着奥巴马政府为应对金融危机和气候变化而积极推行的“绿色金融”和“绿色新政”取得了美国法律的支持。由此，美国也完成了从遏制气候变暖的异议者向推动绿色经济发展的领袖的转变。面对美国方略的调整，英国不甘坐视自己的地位被取代，2009年7月颁布的《英国低碳转型计划》欲将英国打造成世界绿色能源及制造业中心，在海岸风能、海洋能、低碳建筑、超低碳汽车等方面引领世界绿色革命大潮，同时还计划在2020年提供120万个“绿色经济”就业岗位。英国原商务大臣曼德尔森说：“我们决定通过制定清晰的政策，使英国在经济和环境两方面同时受益。”欧盟和日本对美国“急变绿脸”及英国“领衔低碳”也极其不爽。因此试图借“气候变化拯救人类共同家园”这一道德高地，使自己成为全球致力于解决气候变化问题的领袖，并由此掌握制定新国际规则的“话语权”和“制定

权”，即掌握与低碳、减排、绿色、环保等方面相关的指挥权、支配权、定价权，这是欧盟和日本心中的算盘。然而，由金融危机引起的利益冲突致欧盟内部在发展绿色经济问题上出现了极度不和谐的话语。例如，在2008年12月的欧盟峰会上，德国总理默克尔明确表态说，德国“反对任何危及德国就业和投资的措施”；意大利总理贝卢斯科尼说：“如果保护本国制造业的要求得不到满足，我将对欧盟一揽子计划行使否决权。”由此，欧盟失去对其他主要工业国家产生影响的地位。日本在波兹南会议上遇到的情况与欧盟内部差不多。

2.“低碳经济”和“绿色经济”在不同话语体系中有不同的含义

如果说在美国的话语体系中，绿色能源和绿色金融是绿色经济的代名词，那么在欧盟和日本的话语体系中，绿色经济是以绿色技术体系为物质基础、以改善环境问题为价值基础的经济形态。它要求企业从生产原料的选择到加工生产的每一个工艺阶段再到销售场地的每一个环节，都要考虑用绿色技术体系来处理。绿色技术是能减少污染、降低消耗、治理污染或改善生态的技术体系，是由相关知识、能力和物质手段构成的动态系统。绿色技术的结果是承载环境价值的绿色产品，其功能特色是保护环境和改善生态。绿色产品价值包括：一是内部价值，即绿色技术开发者或绿色产品生产者获得的价值，如绿色技术转让费，清洁生产设备、环保设备和绿色消费品在市场获得的高占有率等；二是直接外部价值，即绿色技术使用者和绿色产品消费者获得的效益，如用高炉余热回收装置降低能源消耗、用油污水分离装置清除水污染、食用绿色食品降低人们的发病率等；三是间接外部价值，指未使用绿色技术（产品）者获得的效益，这是所有社会成员均能获得的效益（如干净的水、清新的空气），也是绿色技术负载的最高经济价值。需要指出的是，在欧盟和日本，绿色贸易及其壁垒也是其绿色经济的重要组成部分。在英国话语体系中，绿色经济和低碳经济首先是一种绿色的生产方式，是那种与“碳捕获与封存技术（CCS）”相关的生产方式；英国早已充分意识到碳捕获与封存技术对于在世界范围内实现温室气体控制目标所起的关键作用。因此，低碳经济与绿色经济之间有着紧密的内在联系：如果说低碳经济是实体经济领域中的绿色经济，那么绿色经济就是能够降低能耗、减少温室气体排放、改变对化石能源依赖的新能源经济，包括新能源技术和新能源技术装备等基础经济。例如，英国为达到2020年比1990年减少34%的温室气体排放量的目标，届时发电量的31%将来源于风能、潮汐能等可再生能源，8%来源于核能。在生活方式方面，英国还要发展超低碳汽车和发展支持家庭自我发电的设备。

需要强调，用绿色金融引导绿色经济和低碳经济的发展，是发达国家特别是美国振兴经济和提高其在全球的竞争力的主要政策手段。绿色经济有两种含义：一是变金融“危机”为发展低碳经济的“机会”，例如，奥巴马曾把石油暴政比作法西斯主义，他在就职演说中指出，“我们利用能源的方式助长了我们的敌对势力，同时也威胁着我们的星球”；二是不仅把“绿色金融”作为引导“新能源技术（设备）贸易”和“绿色产品贸易”的令旗，而且把它作为重构未来世界金融体系的突破口。当然，在奥巴马那里，作为绿色金融典型形态的“碳交易市场”是以“自愿减排”为特征而区别于联合国和欧盟“强制减排碳市场”的；作为绿色经济主体的新能源技术（设备）和绿色产品贸易市场是由“绿色知识产权”和“绿色环境壁垒标准”来保驾护航的。2009 年 9 月美国对中国轮胎实行“碳关税”就是例证。

3. 循环经济是绿色经济和低碳经济的生产方式

循环经济起源于 20 世纪 60 年代兴起的环境保护活动。作为一种话语，循环经济一词来源于前面我们提到的美国那位把地球比作宇宙飞船的鲍尔丁。在他看来，循环经济的要义是在人、自然资源和科学技术的大系统内，在资源投入、企业生产、产品消费及其废弃的全过程中，把传统的依赖资源消耗的线型增长经济，转变成为依靠生态型资源循环来发展的经济。因此，循环经济作为一种新的经济形态，其特征在于它是节约型经济和环境保护型经济。

循环经济还是一种新的生产方式，它是那种运用生态学规律和经济规律来指导人类社会的生产方式。这种生产方式以资源的高效利用和循环利用为核心，以“减量化、再利用、再循环”为资源配置原则，以“低消耗、低排放、高效率”为基本特征。从技术层次上看，循环经济是一种新的物质流动、能源流动、信息流通、活劳动流动的模式。它是将传统的“资源开发—产品生产—废物排放”的开放型流动模式转变为“资源能源开发—产品生产—废物再生资源”的闭环型流动模式。从经济层面上看，循环经济的实质是以尽可能少的资源消耗和尽可能小的环境代价实现最大的经济效益和社会发展福利的生产方式，也是符合以人类共同福祉为本的科学发展、可持续发展的经济模式。从国际角度看，循环经济在德国、日本、丹麦、加拿大均有很好的前景。

应当说，循环经济是绿色经济和低碳经济可持续发展的经济方式。如果说低碳经济是应对气候变暖最有效的经济方式，也是高碳工业化时代最具有特征的可持续发展的经济方式，那么循环经济作为以资源节约型和环境友好型为特征的经济方式，就成为即便在低碳经济时代也能适应可持续发展的经济方式。如果说绿色经济是应对高碳工业化时代灰色经济的一种最适合人类生存的生态经济，那么循环经济就是构建这种绿色生态经济的方法或实现这种环境的路径。的确，人类经济在经历工业化、信息化之后，正在走向“以低碳为核心”的“绿色经济”。具体地说，除了要构建以低碳为主的经济结构，加速传统产业转型和新产业崛起，实现能源产业的清洁绿色之外，还需要整个制造业特别是资源加工业，全面推广循环经济的生产方式，否则低碳经济和绿色经济就不能实现。

五、结语

在话语体系上，循环经济是我国在 20 世纪 90 年代后期引进的；作为我国科学发展理论体系的一个重要组成部分，循环经济最早见于 2005 年 10 月 11 日中国共产党第十六届中央委员会第五次全体会议通过的《中共中央关于制定国民经济和社会发展第十一个五年规划的建议》之中；作为我国经济发展的一种“硬约束”，中华人民共和国第十一届全国人民代表大会常务委员会第四次会议于在2008年8月29日通过《中华人民共和国循环经济促进法》并决定自2009年1月1日起正式施行。现在的问题是，中国作为一个社会主义大国应如何看待发展循环经济与发展低碳经济和绿色经济的内在联系？现在是考虑构建具有中国特色的应对气候变化话语体系的时候了！

【作者简介】

杨志，中国人民大学经济学院教授、博士生导师，中国人民大学国际学院副院长；张洪国，中国人民大学经济学院博士生。

中国经济的发展阶段、企业组织与金融体制改革*

王　珺

正确地判断我国经济发展中的阶段性变化，对于把握发展中的问题、趋势以及制定下一步的发展与改革政策具有重要意义。本文首先从工业发展的一般理论与国际经验分析了我国现阶段经济发展所处的阶段性，其次从比较的视角考察了我国与世界其他国家在重化工业发展与大企业成长之间的互动异同，最后在分析了这种互动对我国经济发展与结构所产生的影响的基础上找出我国下一轮经济体制改革的重点领域与推进方向。通过分析，本文认为，现阶段我国处于重化工业的发展阶段，重化工业发展与大企业成长之间的互动是这个发展阶段的共同特征。鉴于我国金融与资本市场的发育与金融体制的改革滞后，进入这个行业的大企业组织主要是国有企业及国有控股公司，这种发展与经济转轨相结合就形成了我国现阶段以竞争为主的轻纺工业和以国有企业及国有控股企业垄断为主的重化工业并存的经济体制特征。显然，这意味着我国基于市场取向的经济转轨尚未完成。下一步的重点在于将市场竞争引入重化工业领域，为了实现这个目标，市场化并购是一条基本途径。要推进市场化并购的大量发生，资本市场的培育与金融体制的改革势在必行。

一、重化工业的发展阶段

经济学对发展阶段有许多分类的方法，按照人均收入水平划分阶段较为常见。世界银行（2009）根据各国收入水平差距，把人均国内生产总值在996美元以下的国家看作低收入国家，人均国内生产总值在996～3 945美元的为下中等收入国家，人均国内生产总值在3 946～12 195美元的为上中等收入国家，在此之上的为高收入国家。2011年，

---

* 本文受中山大学985第三期学科建设工程“产业集聚与区域发展”研究平台的资助。原载于《广东社会科学》2012年第4期。

我国人均国内生产总值达到了 5 500 美元，广东为 7 990 美元左右。这种方法直观、简洁，不过，如果离开了结构性指标的支撑，那就不能有效地反映在一个国家和地区收入增长中的质量变化，因为结构指标反映的是一个国家和地区在市场经济下要素资源从低收入部门转向高收入部门的结果，通过资源再配置，结构会发生变化。在这种结构的变化中，人均收入得到提高。所以，一般把人均收入水平与结构变动结合起来作为衡量地区发展阶段的基本指标。结构性指标主要包括产业结构、就业结构、要素结构以及工业结构等。配第—克拉克定理揭示了随着人均收入水平的提高，劳动力从第一产业转向第二产业，再从第二产业转向第三产业的过程。库兹涅茨的经验研究不仅证明了配第—克拉克定理，而且提出了产业结构变动受人均国民收入变动的影响。波特根据所考察国家的发展历程，从推动增长的要素结构角度将经济发展分成了资源推动、资本推动、创新推动与财富推动四个阶段。钱纳里在考察了主要工业国家制造业内部各部门的地位与变动机理的基础上，将经济发展分为准工业化阶段（初级产品生产阶段）、工业化实现阶段（包括工业化初级阶段、工业化中级阶段、工业化高级阶段）和后工业化阶段（包括发达经济初级阶段、发达经济高级阶段）。霍夫曼根据近 20 个国家工业内部结构的时间序列计算分析，指出了消费资料工业的净产值与资本资料工业的净产值之比，即霍夫曼比例是不断下降的，据此将工业化进程划分成四个发展阶段等。

根据以上的阶段划分理论，特别是工业化阶段分期的理论，国内一些学者对我国当前的工业化阶段进行了测算，并得出如下的结论：与其他同等收入水平的国家相比，我国工业比重是偏高的，但是还没有到下降的转折点。其中，工业内部的重化工业比重上升具有合理性（金碚等，2010）。这表明，工业内部的结构变化是判断与解释我国产业结构变动的特点与阶段的一个基本依据。本文也用我国轻重工业结构比重变化对当前的工业发展阶段做一个简要的判断。

30 年来，我国轻重工业结构比重的变化大约经历了三个阶段。第一阶段是 1978—1991 年，我国轻重工业的比重从 43：57 调整为各占一半的格局。这主要是党的十二大确定的扶持轻纺工业、矫正重化工业过重政策推动的结果。第二阶段是 1992—2000 年，我国重化工业占工业总产值的比重经过了两年的快速上升，然后总体稳定在 60% 左右。这种调整主要是随着人均收入水平的提高，居民对耐用消费品的需求增加，从而导致以家用电器为核心的机电工业迅速发展以及突破基础设施和基础工业瓶颈制约的基础工业拉动的结果。第三阶段是 2000—2010 年，我国轻重工业比重出现持续向重化工业倾斜的趋势。我国重化工业比重已达到了 72.4%，又比 2000 年上升了 10 个百分点以上。

之所以出现重化工业比重的快速上升，一种观点认为，这是资源要素结构相对价格变化的结果，诸如劳动力短缺与资本相对过剩引起的两种要素的相对价格变化推动了资本替代劳动力的大量发生。这种相对价格的变化并不完全反映资源禀赋的变化，而是价格相对扭曲的结果，因而我国重化工业的发展条件并不成熟（陈佳贵，2007）。我认为，这种观点一方面只强调了供给因素的作用，而忽视了需求结构变动的影响。事实上，自20世纪90年代中期我国经济进入以买方市场为特征的发展时期以来，非耐用消费品和日常工业制品市场相对饱和，需要创造新的市场需求来推动增长。除了扩大出口之外，国内市场需求结构已发生了三个明显的变化：一是轻纺工业中机器与设备的更新改造；二是汽车与房地产市场对钢铁、机械设备等重化工业产品的需求增加；三是交通、运输等基础设施整体推进造成重型机械装备制造业等的全面增长。这种需求结构的明显变化成为重化工业快速发展的重要动力。如果缺少这种需求结构的转变，即使资本与劳动力的相对价格发生了变化，重化工业也不一定能快速发展。一些学者（金碚等，2010）计算发现21世纪头10年我国重化工业中企业利润率高于轻纺工业，这支持了这一判断。另一方面，即使从供给视角来看，把21世纪以来的重化工业快速发展看成相对要素价格扭曲的结论还需要进一步商榷。因为我国劳动力价格已开始转入上升的通道。2002—2010年，我国职工平均工资每年增长率达到了15%，特别是在2008年应对国际金融危机之后，这个指标增长得更快。在一定意义上说，这反映了我国劳动力资源供求结构的变化。具体来说，2004年以来，我国取消了农业税，农民收入有所提高，这带动了进城打工的农民工工资预期上升，农民工工资预期上涨又拉动了城市职工工资收入增长。相对于资本价格来说，整个社会的工资水平持续上涨又导致了资本与劳动要素价格的相对变化。所以，不能简单地将解释计划经济时期重化工业超前增长的理由用于21世纪头10年的重化工业的发展。

从21世纪头10年的重化工业的生产周期来看，大多数项目处在规划、布局与开工阶段，诸如钢铁、能源、石化、汽车、造船、机械装备制造业等，这意味着我国重化工业的发展还处于成长阶段。随着这些重化工业项目的正常生产与运营，我国以重化工业为特征的工业化发展还将持续10年甚至更长的时间，这将成为我国各地区可持续发展的产业基础，也成为地方间经济竞争的重要领域。

二、大型企业的国际比较

随着重化工业阶段的推进，企业组织结构也发生了明显的变化。其中最基本的一个变化就是大企业作为主要的推动者在这个阶段中扮演着日益重要的角色。从近200年来的世界工业化历史来看，企业史学家钱德勒所说的具有大量生产与配送的资本密集与规模依赖的大企业是在与第二次产业革命的互动中登上经济舞台、扮演领导者的角色，并产生日益重要的经济影响的。大企业之所以没有在第一次产业革命中产生而出现在第二次产业革命中，这主要与两次产业革命之间的差异有关。第一次产业革命是蒸汽机的出现与使用，使生产动力由人力转向了机器。这些机器主要用于纺织、服装等轻纺工业。到19世纪后期，以电力为基础的交通和通信系统的完善带来了新一轮的生产工艺与产品的技术创新。这些技术所带来的发展潜力主要体现在前所未有的产品质量与配送能力上，而新的铁路、轮船和电报以及有线网络使得这种配送成为可能。按照钱德勒的说法，第二次产业革命所带来的经济影响要比第一次产业革命更为广泛。由于第二次产业革命主要发生在化工、钢铁、机械以及仪器仪表等重化工业部门，所以，进入这类行业的企业资本规模往往比服装、纺织等轻纺行业的企业组织要大得多。对于我国来说，重化工业阶段也需要大企业充当主角，但是，与经历了重化工业阶段的市场经济国家相比，我国进入重化工业领域的大企业在发展动力、融资机制与企业经济性质三个方面都存在着明显的不同。

首先是发展动力的差异。兴起于 19 世纪中后期的重化工业是大企业技术创新推动的结果。钱德勒明确指出，大企业聚集的产业集团是由第二次产业革命的资本密集、规模依赖的新技术创造转变过来的。经历了 100 多年的发展，世界范围的重化工业体系已进入技术水平较成熟时期，而我国正处在重化工业的成长阶段，这就决定了在资本密集、规模依赖的重化工业发展中，我国是跟随者而不是领导者和推动者。与技术进步的领导者和推动者相比，跟随者的技术创新风险较少，只要有足够的资本规模，就可以通过对标准化技术的引进、吸收、模仿与改良等手段，推动重化工业的发展。因此，跟随者的重化工业发展动力主要来自需求结构的变化，而不是技术进步的推动。钱德勒通过对第二次产业革命中的美国与欧洲等国家的比较研究发现，作为推动者的美国在创业者与公司的数量上远远比作为跟随者的欧洲大多数国家要多得多，与美国相比，作为跟随者的法国、意大利和西班牙等国家更多地以国有企业的形式直接投资这些重化工业领域。之所以如此，是跟随者降低了在技术创新中的不确定性，因此，当他们的企业进入资本密集的产业领域时，政府就起了更为重要的作用。对于我国来说，虽然一些国有控股公司技术创新动力与意识不强，但是，这并不妨碍他们进入重化工业领域，他们只要能够获得足够的融资规模就够了。2006 年 12 月，我国国有资产监督管理委员会公布，将维持对诸如国防、电力电网、石油化工、电信、煤炭、民航和航运七大行业的绝对控制，以及保持对基础性和支柱产业领域的较强控制力，包括机械、汽车、信息技术、建筑、钢铁、冶金和化工等。

其次是融资机制的差异。公司发展史表明，企业仅靠自我积累是无法适应重化工业项目对集聚资本与分散风险的巨大需求的，而股份公司则是一种扩大融资、降低风险的有效组织方式。最早的股份公司产生于 17 世纪初的海上贸易，为降低海上贸易风险、避免过度的商业竞争而通过募集股份资本成立的荷兰东印度公司就具备了一定的有限责任公司特征，诸如具有法人地位、成立董事会、股东大会是公司最高权力机构、按股分红、实行有限责任制等。但是，股份公司的大规模发展发生在 200 年后的第二次产业革命时期。为筹集铁路、公路以及通信设施建设资金，美国产生了一大批靠发行股票和债券筹资的筑路公司、运输公司、采矿公司和银行，股份公司逐步进入了主要经济领域，并成为经济活动中的主要组织方式。世界 500 强企业成长的历史经验表明，几乎所有的大企业都不是靠自我积累扩张，而是在资本市场上通过并购与重组实现的。在资本市场上的并购与重组是加速资本流动与转移、实现企业扩张的有效机制。① 如果缺少资本市场，在没有其他的资本动员渠道可选择的体制下，企业的成长就不适应重化工业的发展需求。对于我国来说，现阶段的金融体制与制度环境还不能为不同所有者之间在资本市场上发生的大量的资产并购与重组提供低交易成本的支持：一方面，产权界定与转让的交易成本过高，定价标准、交易程序转让手续与法律依据等方面的规则都存在着不清晰、不确定的环节与盲点，这使产权并购与重组困难重重，特别是基于代理人控制的国有及国有控股公司在产权交易与转让方面更加复杂，这在相当程度上制约了国有与民营企业之间的产权重组。另一方面，以国有及国有控股的银行信用体系为主、以间接融资为基本特征的金融体制在动员大量的民间资本通过并购重组，把分散的企业构筑成大型企业方面也存在着诸多的限制与障碍。换句话说，这种金融体制主要支持信贷规模更多地流向各级政府以及国有和国有控股企业。事实也是如此，30 年来，我国全社会固定资产投资额年均增长率为 20% ~25%，其中，各级政府直接投资和以各级国有项目公司为名义的间接投资作出了重要的贡献。一项研究表明，2000—2007 年，国有及国有控股企业融资利息率为 1.6%，而民营企业从银行获得的贷款的利率为 4.68%。② 虽然后者比前者高出了两倍以上，但是，民营企业从银行获得的信贷额累计不足 20%，这意味着 80% 以上的信贷资源流向了国有及国有控股公司。③ 一项研究结果显示，自 20 世纪 90 年代后期以来，国有企业单位员工资本占有量大幅增加，目前几乎是民营企业的 4 倍以上。④ 北京大学国家发展研究院与阿里巴巴集团在 2011 年 10 月对珠三角地区上万家中小企业融资的问卷调查结果显示，53.03% 的中小企业完全依靠自有资金的周转，而无任何外部融资。46.97% 的中小企业有借贷历史，但这些借贷还包含了信用卡与房贷项目。其中，经营规模在 500 万元以下的企业在银行与信用社贷款的比重占 23.13%，经营规模在 3 000 万元以上的企业在银行与信用社贷款的比重达到了 66.30%，这意味着规模越大的企业，在银行的贷款比重也越大。

最后是企业经济性质的差异。在资本市场发育有限条件下，政府的引导作用对于重化工业而言是不可缺少的。这种作用主要体现在政府用信贷与财政津贴等杠杆手段来引导企业将更多的资源投入自己确定的产业目标领域。日本与韩国重化工业发展的历史实践提供了这个方面的案例。20 世纪 50 年代和 70 年代，日本与韩国在以家族企业为主的基础上分别提出了重化工业的发展目标。由于非银行的金融机构相对较弱，这给了政府

---

① Glovanni Dosi：《组织能力、公司规模与国民财富：从一个比较视角的几点评论》，参见［美］A. D. 钱德勒主编，柳卸林主译：《大企业和国民财富》，北京：北京大学出版社，2004 年，第 475 - 486 页。

② 天则经济研究所：《国有企业的性质、表现与改革》，2011 年 4 月 12 日，第 46 页。

③ 刘小玄、周晓艳：《金融资源与实体经济之间配置关系的检验：兼论经济结构失衡的原因》，《金融研究》，2011 年第 2 期，第 57 - 70 页。

④ 参见 OECD：*Economic Survey*：*China 2010*，第 110 页。

用信贷与财政津贴等杠杆手段来引导私有领域完成重化工业发展规划的空间。家族企业面对这种难以抵制的信贷与津贴激励，更多地采取了适应重化工业发展的行动。当然，“二战”以后采取这种引导机制的国家有很多，诸如西班牙、阿根廷等，但是成功的不多，而日本与韩国是少数成功的案例，究其原因，与他们把国际市场竞争力作为目标的激励体制有关。对比日本与韩国的发展经验，两者也是有差异的。与日本财阀相比，韩国的大企业集团内部没有自己的银行，因而韩国政府比日本政府有更大的权力范围，[①]因而对企业激励与规范的影响力会更大一些。与日本和韩国相比，我国各级政府在发展重化工业中所动员与引导企业的经济性质是不同的。1998—2007 年，我国国有工商企业从 23.8 万家降至 10.6 万家，而实现的利润从 850 亿元上升为 1.3 万亿元，[②] 这意味着单个企业实现的利润额从 35.7 万元上升到了 1 226.3 万元，9 年增长了 33 倍以上。如果以 10% 的净资产收益率计算，净资产的规模大约从单个企业平均 350 万元上升到 1.23 亿元，再假设每个企业负债率为 50%，每个企业的总资产规模大约从 700 万元升至 2.5 亿元。相比之下，民营企业的资产规模就小得多。目前中国 970 万家民营企业，注册资本 25 万亿元，平均每家不到 300 万元。具体以广东为例，2010 年，广东民营企业数量占全国的比重达到了 11% 以上，而广东重化工业占工业总产值的比重比全国平均水平低了 10 个百分点以上。2000—2010 年，广东民营企业数量从 18.4 万户增至 94.82 万户，增长了 4.15 倍，每年平均增长率为 16.5%，而平均每个民营企业的注册资本规模从 102 万元增至 196 万元，年均增长率为 6.7%。这表明，现阶段广东的民营企业对经济的贡献主要是靠企业数量的增加来实现的，而不是靠企业规模的扩大推动的。2009 年广东民营企业注册资本在 1 000 万元以上的有 30 224 户，占私营企业总量的 3.7%；2010 年上升为 37 775 户，占 4%。与 2005 年相比，这个指标仅提高了 1.5 个百分点。2010 年，广东民营企业注册资金上亿元以上的有 2 081 户，占私营企业的比重为 0.2%。两种所有制企业规模的比较表明，相对于民营企业来说，国有企业及国有控股企业更容易进入技术门槛和资本密集度都比较高的行业。一项对国有企业改革的研究显示，我国国有企业在石油石化、电力、通信、航空运输、钢铁、机械设备制造与造船等行业占据主导地位，这个事实印证了这一点（天则经济研究所，2011）。而民营企业进入的行业领域则具有明显的差异，再以广东民营企业进入的行业为例，2010 年，工业、批发零售和贸易业两大行业实现增加值分别为 7 865.75 亿元、3 670.94 亿元，占整体民营经济的比重分别为 40.1%、18.7%。而建筑业，交通运输、仓储和邮政业，金融业增加值占民营经济的比重分别为 2.6%、3.7% 和 0.8%，这比 2009 年分别下降了 0.3、

---

① Alice H. Amsden:《韩国：企业集团和企业家型政府》，参见［美］A. D. 钱德勒主编，柳卸林主译:《大企业与国民财富》，北京：北京大学出版社，2004 年，第 369 页。

② 国家统计局:《改革开放 30 年我国经济社会发展成就系列报告》，http://www.sydsw.net/Archive/view.aspx?sort=0001。

0.5 和 0.1 个百分点。

总之，在重化工业发展需求日益增长的过程中，现阶段的金融体制使国有企业及国有控股企业更有条件进入规模依赖、资本密集型的重化工业，而跟随者的角色又降低了国有企业对创新的压力，因此，重化工业阶段创造了国有企业组织扮演重要角色的机会。

三、经济改革的深化思路

分析表明，国有企业及国有控股企业成为近年来我国重化工业发展的主要经济主体，而民营企业并没有完全适应这种产业发展的需求。这主要是由现有的行政垄断、以国有企业为主的金融体制性质与资本市场发育不足所决定的。这种行政垄断主要体现在政府通过制定正式的产业清单使不同所有制企业在进入所谓的基础性、战略性等重化产业的差异上，如鼓励国有企业在这些行业中要保持绝对或较强控制力等（World Bank，2012），这就意味着民营企业在进入这些部门的规模不允许“过大”。而以国有银行为主的金融体制保证了大量的金融资源以较低的成本流向这些行业中的大型国有企业。虽然国有企业经营绩效低于民营企业，但是，在这种行政垄断与金融体制的信贷偏好下，国有企业及国有控股企业能持续发展且规模不断扩大。如果这种格局进一步持续，这种行政垄断会转化为以国有企业及国有控股企业为主体的行业垄断，并不断地强化这种垄断的部门利益，打破这种垄断就会变得越来越困难。因为打破重化工业的垄断毕竟不同于轻纺工业。在轻纺工业中，只要放开市场准入，民营企业凭借自己的积累与亲朋好友的借款以及“星期六工程师”的帮忙就可以较容易地进入，而重化工业即使放开了市场准入，在技术门槛与资本规模限定下，民营企业也未必能有效进入。正如钱德勒在分析美国大型企业在重化工业中的变动特征时指出的，这些行业的进入壁垒是如此之高，以至于很少有公司可以打破它们的垄断。①

概括地说，30 年来，当我国的大部分轻纺工业已跨入竞争性行业时，相当一部分的重化工业却具有垄断性特征。这种垄断主体主要是国有经济。这种以竞争为主的轻纺工业和以国有垄断为主的重化工业并存的局面构成了我国现阶段的一个经济体制特征。这个体制特征是我国经济改革滞后于发展的结果。1997 年党的十五大就提出了“有进有退”地实现国有经济布局的战略性调整，即国有经济要从一般竞争性领域退出，投入“涉及国家安全的、自然垄断的、提供公共产品的行业以及支柱产业和高新技术产业”，并成为其中的重要骨干企业。但是，在“执行了一段时间的十五大方案后，大概到了

---

① 参见［美］A. D. 钱德勒主编，柳卸林等译：《大企业和国民财富》，北京：北京大学出版社，2004 年，第 76 页。

2003 年、2004 年，改革就停止了”①。而各地区为追求 GDP 增长而上项目、重投资的发展动机依然十分强劲，由此导致了在重化工业快速增长的同时，体制改革没有相应地跟上。显然，按照有效竞争的市场经济运行逻辑来看，这种经济体制是没有改革到位的，接下来，如何在重化工业引入市场竞争机制，这就是经济体制改革的重点。如果不及时推进以此为重点的经济改革，正在扩展中的垄断力量会逐步固化为一种垄断性利益群体，这将使改革变得越来越困难。这也需要加速推进重化工业部门引入市场竞争机制的市场化改革。

首先，要持续地推进国有经济在产业结构中的战略性调整，破除国有企业和国有控股企业在一些重化工业中的垄断。1999 年党的十五届四中全会通过的《中共中央关于国有企业改革和发展若干重大问题的决定》提出了“从战略上调整国有经济布局和改组国有企业”的指导方针。2005 年国务院颁布了允许私营企业进入国有企业垄断行业、基础设施领域与社会公益性行业等的原则。2006 年，把战略性产业明确地确定为军工、电网电力、石油石化、电信、煤炭、民航和航运七个部门，并指出了国有经济对这些部门实行绝对控制力，也要对一些基础性、支柱性产业实现相对控制，诸如装备制造、汽车、信息技术、建筑、钢铁、基础金属和化工产业等。这样，民营企业进入这些重化行业就面临着各种障碍与限制。其结果是国有经济在这些行业中的垄断变得不可避免。所以，面对现阶段一些重化工业的垄断格局，还是要沿着党的十五大提出的对国有经济布局进行战略性调整的道路持续地走下去。事实上，2010 年 7 月 1 日，国务院常务会议确定了鼓励民资通过兼并重组进入垄断行业的竞争性业务领域的基本原则，其目的是放宽民营企业进入重化工业的市场准入，强化重化工业领域的竞争，通过并购与重组，淘汰落后产能，推进产业升级，提高企业竞争力。正如世界银行在《2030 年中国》中所指出的，诸如电信、电力与电网等曾作为战略性的行业，随着技术进步，已变为竞争性行业了；一些基础性行业，诸如煤炭和航空运输等也有一些民营经济参与其中了。那么，收缩到什么范围呢？一般来说，只要民营企业有动机进入的行业，那么，就应以民营经济进入优先，只有民营企业不愿意进入的、社会发展又离不开的公共性行业，国有经济才必须进入。所以，不与民争利是国有经济推动市场经济发展的基本要求。除非一些改制后的国有经济已变为一种预算硬约束的独立经济实体，这样，在割断了与政府的特殊联系后，就可以与民营企业处于平等的市场竞争平台上了。

其次，要大力培育资本市场，推动市场化的企业并购与重组。资本市场是加速企业存量资产流动与重组的基本机制。如果资本市场发育缓慢，企业之间的资产并购与重组就不可能大量发生。到 2011 年底，我国 2 400 多家上市公司的总市值达到了 24 万亿元，占当年 GDP 的 51.2%，已经成为全球市值排名第三的股票市场。但是，仔细观察可以发现，以关联性、资产套现和再融资等为主的重组较多，而以控股权转让为主的并购并

① 吴敬琏：《政治不改革，经济改革也落实不了》，《中国经济周刊》，2012 年 2 月 28 日。

不多，这意味着我国通过市场并购形成的企业集中还没有大量的发生。在资本市场发育有限的情况下，如果企业重组可能发生，那就只能在相同的所有制企业范围内产生，这就非国有企业范围莫属，因为每个民营企业都是一个独立的不同所有制的组织，在缺乏一个有效的产权明晰及产权转让的交易费用较高的条件下，诸如定价机制以及转让手续复杂等，民营企业之间的并购也不容易大量发生。对于国有企业来说，虽然不同层次的政府不容易用行政手段随意捏合，但是，同一层次内不同部门之间，诸如在省属和市属的不同行业国有资产之间，政府用行政手段实现整合就容易得多。虽然未来不可能排除这种整合方式与机制，但是，如果资本市场并购与重组发展缓慢，那么，大量的企业重组都在国有企业之间实现，国有部门垄断就不可避免。所以，要抑制这种方式的大量出现，一方面要用好2008年发布的《反垄断法》，以法律为准绳，对所有的企业合谋要有限定；另一方面要鼓励以资本市场为主的企业并购与重组的快速发展。而要做到这一点，就必须鼓励与引导更多的民营企业进入资本市场，如果民营企业不能进入资本市场，就不容易利用资本市场产生大量的并购行为。同时还要大幅度地降低企业进入与退出资本市场的门槛，增加资产的流动性，为资本市场上的企业并购创造有利的市场环境。

最后，要加快以间接融资为主的银行体制的变革，创造公平竞争的金融市场环境。资本市场的成长是一个长期的过程。在短期内还需要着眼于现存的以间接融资为主的银行体制。在我国高储蓄率长期存在的条件下，以国有银行为主的银行体制通过低利率将储蓄资源更多配置到了国有及国有控股部门，而民营企业所受到的各种贷款限制较多，融资机会少且融资成本较高。而民营企业已成为我国多种经济成分中的一个重要组成部分，如果民营企业不能从正规渠道获得必要的贷款，那就只能从民间市场获得资源。而民间市场的借贷行为缺乏合法性保障，交易费用就会很高。一般来说，正规银行借贷的门槛越高，民间交易费用也就越高，风险也越大。显然，其作为一种典型的金融抑制体制已经不适应我国收入水平不断提高、对投资需求不断增大以及企业与消费者个人的资产流入与流出日益频繁的开放需求。要适应这种新需求，需要在以下几个方面加速改革。第一是加速利率市场化。利率市场化不仅有助于金融机构按照企业来运行，促使金融提供多样化的金融产品与服务，而且有利于改变目前的金融抑制体制下储蓄与贷款利率偏低、国有企业获得贷款利率偏低、民营企业融资成本偏高的不合理现象，从而促进资金更多地向高效率部门流动，提高资金的配置效率，推动经济结构优化。第二是发展多层次的金融体系，拓展民间融资渠道。现有的以大型国有银行为主的银行体制并不适应大量中小企业的市场化资产流动与重组，基于社会资本的社区银行、村镇银行、城市商业银行和农村信用社、小额贷款公司以及以会员信用为支撑的网上信贷平台等对拓展中小企业的融资是必不可少的。这就要大力鼓励这些机构与组织的发展，推动民间融资合法化，从而降低中小企业在民间融资的风险与成本。第三是大力推进债券市场，加速资产流动。经过多年发展，我国债券市场已初步形成了包括国债、央行票据、金融债、地方城市投资建设债券、企业债券、公司债、短期融资债、中期票据、非金融企业债务融资工具等多种类型的市场体系，但是，现有的资产转移与分散风险能力距离债券市场的发展目标还有相当的差距，下一步的发展重点应大力推进信贷资产证券化通过，大幅度地降低不同资产类型之间相互转换的交易成本，加速资产的有效流动、转移与分散风险。

参考文献

[1] 陈佳贵等：《中国工业化进程报告：1995—2005 年中国省域工业化水平评价与研究》，北京：社会科学文献出版社，2007 年。

[2] 金碚、吕铁、李晓华：《关于产业结构调整几个问题的探讨》，《经济学动态》，2010 年第 8 期。

[3] [英] 林重庚、[美] 迈克尔·斯宾塞编著，余江等译：《中国经济中长期发展和转型：国际视角的思考与建议》，北京：中信出版社，2011 年。

[4] World Bank, *China 2030*: *Building a Modern*, *Harmonious*, *and Creative High-Income Society Edition*, 2012.

【作者简介】

王珺，广东省社会科学院研究员，中山大学岭南学院教授、博士生导师。

中国低劳动成本优势再认识*

姚先国　钱雪亚

改革开放之初，我国面临资金短缺、技术落后、人才匮乏、百废待兴的严峻局面，唯有劳动力资源特别丰富。“以经济建设为中心”及相关的改革措施调动了人民群众的积极性，解放了生产力。但生产要素禀赋的客观制约，使得劳动密集比较优势战略成为我国的必然选择。研究证明，劳动密集产业的低劳动成本比较优势确实支撑了我国30年的高速增长（江小涓，2008）。时至今日，我国正经历经济发展方式的重大转变，《中华人民共和国国民经济和社会发展第十二个五年规划纲要》提出要“努力提高居民收入在国民收入分配中的比重，提高劳动报酬在初次分配中的比重”，党的十八大报告进一步明确，到2020年要实现“城乡居民人均收入比2010年翻一番”，并缩小“收入分配差距”、扩大“中等收入人群”。利益结构的调整，势必对原有低劳动成本优势形成冲击。事实上，近几年最低工资标准不断上调，劳动者工资增长加速，已让许多企业叫苦不迭。

在这一背景下，重新审视我国的低劳动成本优势很有必要。本文基于最近三次投入产出普查数据、来自工业企业成本费用调查的抽样数据、来自第二次经济普查的工业企业抽样数据，结合文献提供的有关数据资料，就低劳动成本优势的评判与再造问题作初步研究。

* 本文系浙江省劳动保障与社会政策重点研究基地成果，同时也是国家自然科学基金重点项目“城乡劳动力市场整合机理与实现机制研究”（项目号：70933001）、教育部人文社科项目“促进我国就业的路径和对策：人力资本结构视角的研究”（项目号：10YJA790148）、浙江省自然基金项目“劳动供给与人力资本积累：结构视角的研究”（项目号：Y12G030133）、国家社科基金重大项目“收入分配制度改革的总体框架与具体路径研究”（项目号：11&ZD013）的阶段性研究成果。原载于《广东社会科学》2013年第2期。

一、相对劳动成本优势的评价基准

我国的劳动密集产业之所以在改革开放初期得到迅速发展，一是由于极其丰富的劳动力资源，二是由于这类企业对劳动力素质要求不高（魏杰等，2005）。劳动力市场的供需匹配、短缺经济的背景，使得以乡镇企业为代表的农村工业化迅速推进，无限供给的农村剩余劳动力成就了中国产品的绝对低劳动成本。成本的低廉带来了商品的低廉，义乌小商品市场等专业市场的价格之低，让人难以置信。正是这种价格优势造成了“中国商品卖到哪里就便宜到哪里”的国际态势，而背后的农民工低工资也长期为人们所诟病。

然而，绝对劳动成本低并不等于劳动成本优势。劳动成本国际比较的基准是相对劳动成本，即单位产出劳动力成本（ULC）。根据国际劳工组织和经济合作与发展组织（OECD）专家合作完成的“劳动力市场关键性指标”（KILM）体系，“单位产出劳动成本”等于“名义劳动力成本/实际产出增加值”，也等于“单位小时劳动力价格/劳动者每小时创造的增加值”或“劳动报酬水平/劳动生产率”。

用“单位产出劳动力成本”衡量，我国是否仍然具有低劳动成本优势呢？研究文献表明，1980—2002 年中国制造业的 ULC 仅为美国的 25% ~ 40%（Ceglowski J., et al., 2007），1995—2004 年中国各省市 ULC 均表现为持续下降，且相对落后省区 ULC 的下降态势比相对发达省区更为显著（Vivian W., et al., 2009）。国内研究的结论也认为尽管劳动力价格在持续上升，但中国制造业 ULC 从 2002—2007 年处于持续的下降之中（都阳等，2009）。2006 年中国规模以上制造业的 ULC 只相当于美国的 8.61%、德国的 6.53%、日本的 11.42%（贺聪等，2009）。与贸易竞争国比较，① 2008 年中国的 ULC 仅高于墨西哥，是墨西哥的 1.84 倍，但只有马来西亚的 0.64 倍、菲律宾的 0.50 倍、韩国的 0.22 倍、泰国的 0.61 倍、越南的 0.25 倍，表现出显著的低劳动成本优势。

从投入产出核算数据看，1997、2002、2007 三年，我国制造业 ULC 分别为 0.418 3、0.402 3、0.335 6，十年间持续下降。与发达国家比较，② 2005 年制造业 ULC 美国 0.581 3、德国 0.685 6、英国 0.719 6、日本 0.497 4，我国制造业的相对劳动成本显著

---

① 选择每年出口比重占到 50% 以上的 9 目出口商品（HS 四位码分别为：6110、8443、8471、8473、8504、8517、8528、8541、8542），观察可知这 9 目商品的主要进口国（组织）为美国、日本、欧盟，分析这些进口国（组织）市场的上述 9 目商品的进口国别结构，据以筛选出中国出口商品的主要竞争对手国为：墨西哥、泰国、菲律宾、越南、韩国和马来西亚 6 个国家。详见王燕武、李文溥、李晓静：《基于单位劳动力成本的中国制造业国际竞争力研究》，《统计研究》，2011 年第 10 期，第 60 - 67 页。本文所述贸易竞争国，均指这一口径和数据来源。

② 根据 OECD 发布的相关国家投入产出数据计算，数据来自 OECD 官方网站：https://www.oecd.org/。

低于发达国家水平。

从浙江工业企业成本费用调查数据[①]看2007—2009年的情况，全部制造业样本企业单位总产值劳动成本[②]分别为0.033 8、0.043 0和0.039 8，三年间相对劳动成本并没有显著上升。跟踪样本企业的情况也基本一致，2007—2009年单位总产值劳动成本分别为0.037 1、0.045 4和0.041 5。总体而言，相对劳动成本并不高，并且在这三年内的上升也不快，证明我们仍然拥有低劳动成本优势。

但是，我们不能因为相对低劳动成本优势的存在而高枕无忧，还要关注这种优势的基础所在及其发展趋势。

二、低劳动成本优势的基本特征

ULC取决于劳动报酬和劳动生产率两方面的比较，因此，劳动报酬的低水平或劳动生产率的高水平都可以成就低劳动成本。低工资并不等同于低劳动成本，更不等同于产品竞争力。德国技术工人的工资成本是中国技术工人的15倍，但并不妨碍德国成为强大的制造业中心（戴维·赫尔德等，2005）。对贸易竞争具有决定意义的劳动优势不是工资水平而是劳动效率，低劳动成本是否成为“优势”，关键看其源自何方。因此，需要回答的是，我国的相对低劳动成本靠低工资水平支撑还是高劳动生产率支撑？

1. 劳动生产率水平

将制造业雇员的人均增加值按当年汇率换算为美元，1998年我国规模以上制造业企业的全员劳动生产率为3 604美元，只有美国（1995年）的3.7%、日本（1993年）的3.5%和德国（1994年）的4.2%。[③] 纺织业作为我国的优势产业，是劳动生产率在国际比较中差距较小的部门，2000年我国纺织业全员劳动生产率为1 600美元/人·年，而美国为22 100美元/人·年，世界平均水平4 300美元/人·年，我国是美国的

---

① 我们从“浙江省工业企业成本费用调查”数据库中选取样本企业，原则是：①选取全部大中型企业；②选取小型企业主营业务收入在行业小类内排前三位的企业；③删除原行业小类内企业总数仅有三家或不足三家的被选企业；④选出在①~③基础上形成的每年样本企业中均存在的企业，构成三年连续的跟踪样本。这样，2007年样本包括4 884家企业，其中制造业企业4 796家；2008年样本包括5 098家企业，其中制造业企业4 999家；2009年样本包括5 001家企业，其中制造业企业4 909家。2007—2009年三年跟踪的样本企业3 316家，其中制造业企业3 247家。

② “工业企业成本费用调查”中没有各企业的增加值数据，只有企业总产值数据。考虑到制造业企业生产经营的附加值率水平短期内一般不会有大的变动，我们用单位总产值的劳动成本代替ULC观察相对劳动成本水平的变动，这种替代不会对趋势判断产生大的影响。单位总产值的劳动成本=（直接人工+生产单位管理人员工资+销售部门人员工资+行政部门人员工资）/工业总产值。

③ 计算自郭克莎：《制造业生产效率的国际比较》，《中国工业经济》，2000年第9期，第40-47页。

7.24%，世界平均水平的37.21%。①

进入21世纪以来，我国制造业劳动生产率快速上升，然而直到2006年，我国劳动生产率仍然只有美国的12.9%、日本的12.7%（如表1所示）。与贸易竞争国比较，中国的劳动生产率始终高于越南，从2002年起高于菲律宾，2003年起高于泰国，但始终低于马来西亚、墨西哥和韩国。

从浙江工业企业成本费用调查的跟踪样本企业数据看劳动生产率的最新变化，劳动生产率增长已出现放缓的迹象（如表2所示）。从制造业整体看，2008年劳动生产率水平比2007年增长7.13%，2009年比2008年增长3.03%；从行业分类看，2008年劳动生产率比上年增长2%以上的企业占全部企业数的57.37%，而2009年则只有48.66%，相反的是，劳动生产率比上年下降2%以上的企业比重从2008年的33.48%增加到2009年的42.10%，更多的企业出现了劳动生产率停滞甚至下降。纺织业作为重要的支柱产业，2008年和2009年比其上一年劳动生产率的增长均在6%左右，2009年与2008年比较，劳动生产率增长超过2%的企业比重减少而劳动生产率下降超过2%企业比重则增加。服装鞋帽、皮革皮毛等其他行业的情况几乎一致。

可以预见，我国的劳动生产率相对于欧美日等发达国家的水平较低，短期内仍然难有本质上的改变。与贸易竞争国相比，我国劳动生产率的相对水平正在提高，与马来西亚、墨西哥和韩国的差距正趋于缩小，但差距仍显著存在。同时浙江的数据显示，以传统劳动密集型为主的浙江企业，最近两年来劳动生产增长正在趋缓，企业间出现了很大的分化。

表1　2002—2008年中国制造业劳动生产率与部分国家比较

	2002年	2003年	2004年	2005年	2006年	2007年	2008年
中国相当于美国的百分比（%）	7.21	8.52	9.11	10.70	12.90	—	—
中国相当于日本的百分比（%）	8.35	8.79	8.78	10.20	12.70	—	—
各国与中国比（中国=1）							
越南	0.2083	0.1743	0.1598	0.1650	0.1447	0.1242	0.1080
菲律宾	0.8333	0.6634	0.6107	0.6523	0.6296	0.5739	0.5136
泰国	1.0298	0.9346	0.8607	0.8978	0.8649	0.7950	0.6652
马来西亚	1.7619	1.5569	1.5922	1.6444	1.4324	1.3429	1.1289

① 计算自王述英、蓝庆新：《我国产业劳动生产率与产业利润率的国际比较》，《学术研究》，2003年第7期，第60-62页。

（续上表）

	2002 年	2003 年	2004 年	2005 年	2006 年	2007 年	2008 年
墨西哥	3. 601 2	2. 765 1	2. 329 9	2. 567 8	2. 375 2	1. 919 3	1. 401 1
韩国	3. 931 5	3. 571 4	3. 623 0	4. 127 7	3. 837 8	3. 411 2	2. 366 6

注：与美、日的比较计算自贺聪、尤瑞章、莫万贵：《制造业劳动力成本国际比较研究》，《金融研究》，2009 年第 7 期；与其他国的比较计算自王燕武、李文溥、李晓静：《基于单位劳动力成本的中国制造业国际竞争力研究》，《统计研究》，2011 年第 10 期。

表 2　浙江制造业样本企业劳动生产率水平及变动

同比增长	劳动生产率（万元/人）			企业比重（%）	
	2007 年	2008 年	2009 年	2008 年	2009 年
制造业平均	54. 85	58. 76	60. 54	—	—
>2% 的企业	—	50. 77	63. 45	57. 37	48. 66
-2% ~2% 的企业	—	67. 43	69. 77	9. 15	9. 24
< -2% 的企业	—	66. 92	54. 56	33. 48	42. 10
纺织业平均	43. 91	46. 52	49. 35	—	—
>2% 的企业	—	43. 12	53. 39	55. 67	53. 07
-2% ~2% 的企业	—	50. 60	50. 07	11. 73	10. 61
< -2% 的企业	—	50. 81	42. 94	32. 58	36. 31
服装、鞋、帽制造业平均	24. 98	25. 78	27. 71	—	—
>2% 的企业	—	23. 29	27. 37	55. 28	44. 31
-2% ~2% 的企业	—	35. 86	35. 95	8. 13	13. 00
< -2% 的企业	—	26. 38	26. 08	36. 58	42. 68
皮革毛皮羽毛（绒）及制品业平均	28. 33	30. 19	30. 74	—	—
>2% 的企业	—	29. 23	35. 81	58. 75	48. 75
-2% ~2% 的企业	—	32. 73	31. 80	10. 63	10. 00
< -2% 的企业	—	30. 61	23. 28	30. 63	41. 25

2. *劳动报酬水平*

在次级劳动力市场，国家统计局的数据表明，2004 年全国农民工月均工资为 539 元，同期的城镇职工月均工资水平 1 335 元，暂且不论城镇职工工资水平的高低，2 亿农民工比城镇职工的工资低得多，尽管城镇职工的工资水平也并不高。这一工资水平差距意味着，2004 年全国因为雇用农民工一项节省了 11 462 亿元的工资开支，因此有人质疑“少开 11 462 亿民工工资就是所谓的劳动力优势吗”①。即便剔除教育水平等人力资本因素差异，农民工工资水平相对于城镇职工显著偏低的现象事实上长期持续存在。

在相对高层次的劳动力市场同样存在低工资现象，2005 年上海首次发布的软件业工资指导价中，从事基本编程工作的程序员年平均工资为 4.8 万元，远比印度低。据美国 *Information Week* 杂志对中国软件工程师薪水的调查，在北京、上海、深圳等一级城市中，一个软件程序员的平均月工资为 600 ~ 960 美元，这个数字大约相当于印度程序员的一半，而在大连等其他城市，程序员的月工资甚至低于 500 美元。②

从制造业整体数据看，2006 年中国制造业的小时劳动报酬为 0.81 美元，③ 与国际劳工局《劳动力市场关键指标》提供的其他国家当年数据比较，相当于美国的 2.70%、日本的 3.33%、韩国的 4.88%、菲律宾的 66.94%。2002—2006 年，制造业名义劳动力所得水平只有美国的 1/30 ~ 1/25、日本的 1/25 ~ 1/20（如表 3 所示）。与贸易竞争国比较，中国劳动力的工资高于越南，2008 年超越墨西哥，但始终低于马来西亚、菲律宾和泰国，是韩国的 1/10。

最近几年，中国劳动力价格确实出现了明显的上涨，根据《中国统计年鉴》提供的数据，2009 年全国城镇单位制造业平均工资水平 26 810 元，以 CPI 消除价格因素后，比 2006 年增长了 35%，比 2008 年增长了 10.86%。以此增长率按表 3 口径推算，2009 年我国制造业劳动报酬水平相当于美国 2006 年的 5.84%、日本 2006 年的 7.90%、韩国 2008 年的 10.39%、马来西亚 2008 年的 63.01%，与泰国 2008 年水平持平，略高于菲律宾 2008 年水平。如果考虑到全部单位制造业的劳动报酬水平低于“城镇单位”，且上述比较国的劳动报酬同样也处在上升之中，则中国劳动力价格的相对水平仍然显著偏低。

表 3　2002—2008 年中国制造业劳动报酬水平与部分国家比较

	2002 年	2003 年	2004 年	2005 年	2006 年	2007 年	2008 年
中国相当于美国的百分比（%）	3.02	3.29	3.52	3.78	4.32	—	—
中国相当于日本的百分比（%）	3.84	4.06	4.12	4.68	5.85	—	—

① 张贵峰：《少开 11 462 亿民工工资就是所谓的劳动力优势吗》，《东方早报》，2005 年 11 月 11 日。

② 胡滨、颜珲：《对中国劳动力价格比较优势的思考》，《商场现代化》，2009 年第 27 期，第 78 – 79 页。

③ Lett E. & Banister J., China's Manufacturing Employment and Compensation Costs: 2002—2006, *Monthly Labor Review*, 2009 (4): pp. 30 – 38.

（续上表）

	2002 年	2003 年	2004 年	2005 年	2006 年	2007 年	2008 年
各国与中国比（中国 =1）							
越南	0.500 0	0.488 1	0.516 1	0.546 4	0.530 4	0.475 5	0.433 2
菲律宾	1.540 5	1.392 9	1.290 3	1.340 2	1.321 7	1.244 8	1.021 4
泰国	1.648 6	1.547 6	1.440 9	1.474 2	1.356 5	1.230 8	1.096 3
马来西亚	3.094 6	2.797 6	2.645 2	2.494 8	2.252 2	2.035 0	1.759 4
墨西哥	1.878 4	1.511 9	1.311 8	1.474 2	1.278 3	1.021 0	0.764 7
韩国	14.648 6	14.821 4	16.215 1	18.123 7	18.365 2	15.958 0	10.673 8

注：与美、日的比较计算自贺聪、尤瑞章、莫万贵：《制造业劳动力成本国际比较研究》，《金融研究》，2009 年第 7 期；与其他国的比较计算自王燕武、李文溥、李晓静：《基于单位劳动力成本的中国制造业国际竞争力研究》，《统计研究》，2011 年第 10 期。

因此，我国的低劳动成本优势的基本特征可以概括为“双低”：低劳动生产率水平和更低的劳动报酬水平。

三、低劳动成本优势面临的挑战

在新的发展阶段，面对新的发展目标，这种“双低”特征的传统低劳动成本优势正面临着环境与民生目标的双重约束。

1. 传统低劳动成本优势依赖高投资规模得以实现，面临环境容量的强约束

传统的低劳动成本比较优势如何转变为现实的贸易利益？我们运用结构分解技术（SDA）（Wolff E. N.，1985；Skolka J.，1989）分析制造业各部门增长的来源。

设 j 部门的增加值 $n_j = e_j x_j$，其中 e_j 为 j 部门的增加值率，x_j 为 j 部门的总产出，则国民经济系统的增加值为：$N = EX = E(I-A)^{-1}Y = E(I-A)^{-1}YsYv$。其中 N 为各部门增加值的列向量，E 为各部门增加值率形成的对角矩阵，X 为各部门总产出的列向量，A 为直接消耗系数矩阵，Y 为最终使用的列向量，Ys 为各部门最终使用占总最终使用比例的列向量，Yv 为总的最终使用。

设 $S=(I-A)^{-1}$，有：

$$\Delta N = N_1 - N_0 = E_1X_1 - E_0X_0 = E_1S_1Ys_1Yv_1 - E_0S_0Ys_0Yv_0 = \Delta ES_0Ys_0Yv_0 + E_1\Delta SYs_0Yv_0 + E_1S_1\Delta YsYv_0 + E_1S_1Ys_1\Delta Yv$$

式中：$\Delta ES_0Ys_0Yv_0$ 表示由于增加值率变动对本部门增加值增长的贡献，它反映了技术水平和技术层次变动对产业部门发展的影响；$E_1\Delta SYs_0Yv_0$ 表示部门间技术联系的变动对本部门增加值增长的贡献，它反映着产业部门与国民经济其他部门之间的关联，从中间投入的角度表达了国民经济运行结构变动对该产业部门发展的影响；$E_1S_1\Delta YsYv_0$ 表示

最终需求结构变动对本部门增加值增长的贡献，它反映最终投资结构、最终消费结构的变化对该产业部门发展的影响；$E_1S_1Ys_1\Delta Yv$ 表示需求总规模的变动对增加值增长的贡献。

运用最新的投入产出模型分解增长的来源（如表 4 所示），除石油加工炼焦及核燃料加工业外，无论是以提供生产性产品为主的部门，如化学工业、非金属矿物制品业、通用专用设备制造业等，还是以提供消费性产品为主的部门，如食品制造及烟草加工业、纺织业、服装鞋帽皮革羽绒及其制品业等，均没有从技术水平或技术层次的提升中实现显著的增长。我国制造业部门最终需求的增长，90% 以上基于总需求扩大所形成的贡献。

表 4 经济增长的来源和贡献分析

2002—2007 年中国经济增长来源			2000—2005 年 $\Delta ES_0Ys_0Yv_0$ 贡献比较		
行业名称	$\Delta ES_0Ys_0Yv_0$	$E_1S_1Ys_1\Delta Y_v$	行业名称	日本	中国
食品制造及烟草加工业	-0.170 8	0.971 0	食品饮料烟草	↑（+）	↓（+）
纺织业	-0.176 9	0.992 6	纺织皮革服装鞋帽	↑（-）	↓（+）
服装鞋帽皮革羽绒及其制品业	-0.062 8	0.909 7	木材及制品	↑（-）	↓（+）
木材加工及家具制造业	-0.090 5	0.922 3	造纸印刷及出版	↑（-）	↓（+）
造纸印刷及文教用品制造业	-0.585 5	1.627 8	石油炼焦及核燃料	↑（+）	↓（+）
石油加工炼焦及核燃料加工业	0.013 7	0.751 5	化工	↓（-）	↓（+）
化学工业	-0.205 5	1.002 0	橡胶塑料	↑（+）	↓（+）
非金属矿物制品业	-0.072 1	0.779 4	非金属矿物制造业	↑（-）	↑（+）
金属冶炼及压延加工业	-0.091 6	0.790 4	钢铁制造业	↓（+）	↓（+）
金属制品业	-0.075 3	0.881 3	金属制品	↓（-）	↑（+）
通用专用设备制造业	-0.118 6	0.903 7	机械装备	↑（+）	↓（+）
交通运输设备制造业	-0.167 0	0.894 0	办公用品	↓（-）	↓（+）
电气机械及器材制造业	-0.173 8	0.862 3	电气设备	↓（+）	↓（+）

（续上表）

2002—2007 年中国经济增长来源			2000—2005 年 $\Delta ES_0 Ys_0 Yv_0$ 贡献比较		
行业名称	$\Delta ES_0 Ys_0 Yv_0$	$E_1 S_1 Ys_1 \Delta Y_v$	行业名称	日本	中国
通信计算机及其他电子设备制造业	-0.142 9	0.904 3	广播电视通信设备	↓（-）	↓（+）
仪器仪表及文化办公用机械制造业	-0.128 9	0.935 8	医疗精密光学仪器	↑（-）	↓（+）
			机动车挂车及半挂车	↑（+）	↓（+）
			船类修造	↓（+）	↓（+）

注：表中“↑”（或“↓”）代表 $\Delta ES_0 Ys_0 Yv_0$ 部分对最终产出总变动有正向（或负向）贡献；“（+）”［或“（-）”］代表观察期的最终产出总变动是增加（或减少）。

为了同口径比较，进一步运用 OECD 投入产出数据，比较我国与日本的增长差异。表 4 显示：2000—2005 年，我国 17 个制造业行业的最终产出均是增长的，但除了非金属矿物制造业和金属制品制造业外，其他行业均没有从附加值水平的提升中获得增长；而日本的食品、石油炼焦、橡胶塑料、机械装备、汽车等行业附加值水平的提高直接推动了最终产出的增长，同期纺织皮革服装、木材、造纸印刷、非金属矿物、精密仪器等行业的最终产出总量是减少的，但这些行业附加值水平的提高仍然对行业产出变动产生了正向贡献，最终产出总量的减少主要是市场需求总规模减小所致。

来源于市场总规模扩张的增长，本质上就是依赖于投资驱动，表现为以高强度资源投入为基本手段、低价格获取市场为主要竞争策略，由此导致人与自然关系失衡、各种社会矛盾累积。这种传统的低劳动成本优势代价高昂。

2. 传统的低劳动成本优势以低劳动报酬为前提，面临民生目标的强约束

目前居民的收入结构是，工资性收入占城镇居民全部收入的 70% 左右，工薪收入[①]占农村居民总收入的 90% 左右。这样的收入结构下，要实现城乡居民收入倍增、扩大中等收入群体，必须提高劳动者的劳动报酬水平。然而，现有“双低”特征的传统劳动成本优势，难以支撑收入倍增目标的实现。

首先，在传统低劳动成本策略下，企业低水平工资支付决定了劳动者的低收入分布。运用 2009 年浙江省制造业企业成本费用调查的数据，我们计算各企业所支付的劳

---

① 按目前的统计口径，农民家庭的人均纯收入也分为工资性收入、经营性收入、财产性收入和转移性收入，其中的经营性收入包括从事农林牧渔业经营的收入和从事其他行业经营的收入。从 2000 年到 2009 年的统计数据看，农民家庭从事农林牧渔业经营的收入占全部经营收入的比重基本为五分之四，而这部分作为经营性收入统计的收入本质上是农民的劳动报酬。因此这里的农民家庭工薪收入是指现有统计中农民家庭工资性收入与经营性收入之和。

动报酬水平（人均工资），依据这一报酬水平高低将全部样本企业排序①，并按向上累计法分别计算累计企业数、累计从业人数、累计支付的劳动报酬总额，以此观察劳动者的劳动报酬水平分布。图1显示，50%的劳动者在劳动报酬水平分布低端的37.31%企业里就业，这些企业所支付的最高报酬水平为16 181元/人·年；50%的企业支付的劳动报酬水平低于20 741元/人·年，有62%的劳动者在这些企业中就业。与此相对应的是图2，50%在劳动报酬水平低端企业就业的劳动者，他们获得的劳动报酬总额只有全部观察对象报酬总额的22.52%；而77.79%在劳动报酬水平高端企业就业的劳动者，他们获得的劳动报酬总额则占到全部观察对象报酬总额的50%。

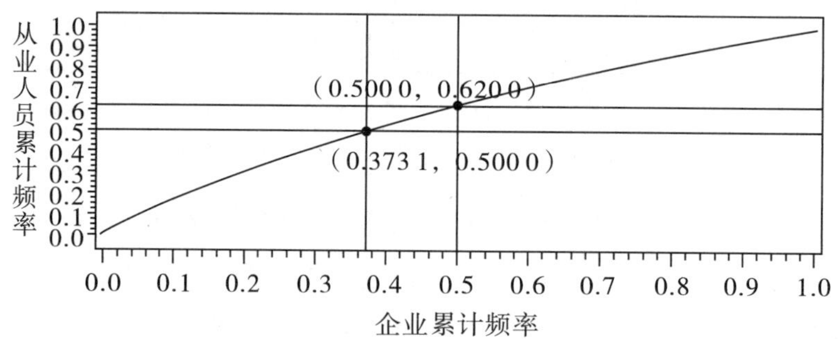

图1 从业人员依企业报酬水平的分布

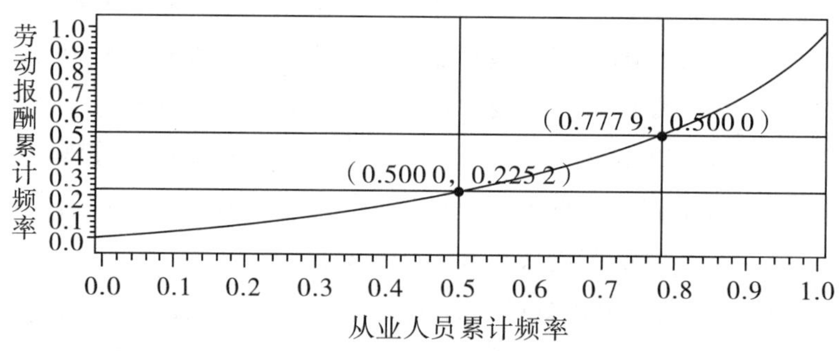

图2 劳动报酬依从业人员报酬水平的分布

其次，在传统低劳动成本策略下，企业低水平生产率决定了劳动者报酬提升缺乏潜力。同样观察浙江省工业企业成本费用调查2009年度制造业样本企业的数据，从业人员平均劳动报酬为2.88万元/人·年，在这样的劳动报酬水平下，制造业平均利润率为6.38%，亏损面为7.23%。纺织业作为浙江的支柱产业，平均劳动报酬为2.43万元/人·年，平均利润率为5.13%，亏损面为8.63%。根据这一样本企业数据测算（如表5所示），假设劳动生产率保持不变，当劳动报酬水平上升10%，制造业样本企业的亏损面将扩大8.47个百分点，其中农副食品加工业、饮料制造业、纺织业、纺织服装鞋帽

① 我们对基础数据作如下处理：将企业样本按劳动工资水平高低排序，删除劳动工资水平最低和最高各10%的企业个体，观察相对集中分布的区域，避免极端变量的影响。

制造业、家具制造业、工艺品及其他制造业亏损面大约或超过1/5；当劳动报酬上升20%，制造业样本企业有近1/4的企业将面临亏损，其中纺织业有近1/3的企业亏损，纺织服装鞋帽制造业有近一半的企业亏损，工艺品及其他制造业、文教体育用品制造业、皮革毛皮羽毛及其制品业等也均出现大面积亏损。

表5　劳动报酬上升时模拟的企业亏损面

行业名称	劳动报酬上升（%）		行业名称	劳动报酬上升（%）	
	10	20		10	20
全体制造业	15.70	23.83			
农副食品加工业	20.97	27.42	化学纤维制造业	10.00	13.75
食品制造业	16.13	24.19	橡胶制品业	9.09	16.36
饮料制造业	24.49	28.57	塑料制品业	10.56	17.39
纺织业	19.59	30.00	非金属矿物制品业	15.44	19.46
纺织服装鞋帽制造业	27.64	43.17	黑色金属冶炼及压延加工业	26.42	30.19
皮革毛皮羽毛及其制品业	13.92	29.54	有色金属冶炼及压延加工业	15.38	21.15
木材加工及木竹藤棕草制品业	6.38	10.64	金属制品业	8.47	18.64
家具制造业	21.77	27.42	通用设备制造业	11.49	20.05
造纸及纸制品业	13.40	17.53	专用设备制造业	10.43	16.56
印刷业和记录媒介的复制	16.22	16.21	交通运输设备制造业	12.07	18.28
文教体育用品制造业	16.82	30.84	电气机械及器材制造业	11.63	18.40
石油加工炼焦及核燃料加工业	33.33	33.33	通信设备计算机及其他电子设备制造业	18.14	21.86
化学原料及化学制品制造业	10.92	15.52	仪器仪表及文化办公用机械制造业	11.03	25.74
医药制造业	8.60	13.98	工艺品及其他制造业	21.53	34.72

考虑到这些样本企业并不是企业总体的随机样本，而是全部大中型企业和小型企业主营业务收入在行业小类内排前三位的企业，这些企业在销售和盈利方面无疑优于全部企业平均水平，可以认为，目前企业的整体经营状况，难以支撑劳动工资水平的大幅度提高。

最后，在传统低劳动成本策略下，中等收入群体难以迅速扩大。中等收入群体的扩大，本质上就是居民收入的密集分布区（统计学意义上的众数区间）实现向全部居民收入分布中心（平均收入水平）的位移，实现收入分布密集分布区与中心位置的重合。观察浙江省工业企业成本费用调查样本中2007—2009年跟踪的制造业样本企业，计算每家样本企业的平均报酬水平、全部样本企业平均的报酬水平以及报酬水平分布的变异水平，并据以将报酬水平标准化，计算各从业人员的标准化报酬①，观察全体从业人员标准化报酬的分布（如图3所示），2007—2009年，最低报酬水平始终分布于 -1.4 ~ -1.3 个标准差位置，而最高报酬水平则分布于2.6 ~ 3.1个标准差位置，在 -1 ~ 0 个标准差之间的区域，聚集着40%以上的劳动者个体，呈现显著的右偏态分布。三年间这种显著的右偏态分布呈现极为稳定的状态，我们没有观察到从业人员报酬分布的众数水平（大部分劳动者获得的报酬水平）向分布中心位移的趋势。

同时观察跟踪样本的劳动生产率分布②，如图4，2007—2009年，分别有41.69%、40.29%和41.07%的从业人员分布在 -1 ~ -0.5Sr 区间，有25.99%、26.90%和25.74%的从业人员分布在 -0.5 ~ 0Sr 区间。劳动生产率分布的显著右偏态特征以及这种右偏态分布的高度稳定性，与从业人员报酬水平的分布几乎一致。劳动生产率的低端分配，决定了从业者劳动报酬水平的低端分布，三年间上述工资水平和劳动生产率水平的稳定的低端分布，反映出传统低劳动成本优势策略，几乎将劳动者锁定于收入水平的低端密集分布，中等收入群体事实上难以形成。

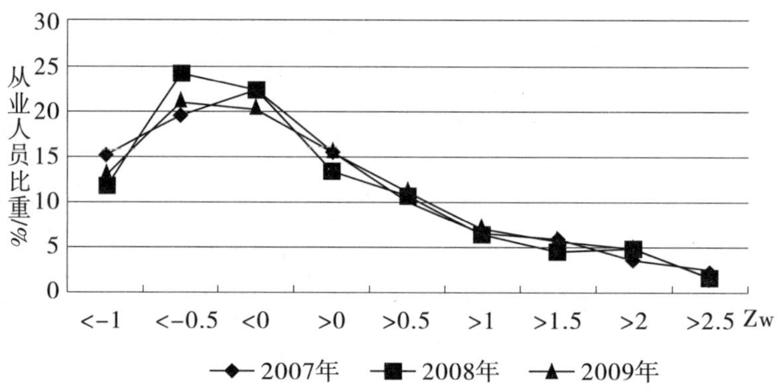

图3 跟踪样本从业人员的工资报酬分布

---

① 考虑到极端变量值对整体分布的影响，我们首先将跟踪样本企业按劳动报酬水平高低排序，删除报酬水平最低和最高各10%的企业个体，其次对剩余样本按劳动生产率高低排序，最后删除劳动生产率最低和最高各5%的企业个体。在此基础上计算每家企业支付的劳动报酬水平 x_i，x_i = 该企业支付的报酬总额（直接人工 + 生产单位管理人员工资 + 销售部门人员工资 + 行政管理人员工资）/企业平均从业人员数；全部样本企业全体从业人员的平均报酬水平 $\bar{x}$，$\bar{x}$ = 全部企业劳动报酬总额之和/全部企业从业人员之和；劳动报酬分布的变异水平 s_w，$s_w = \sqrt{\sum_{i=1}^{n} m_i(x_i - \bar{x}) / \sum_{i=1}^{n} m_i}$，$n$ 为企业数，m_i 为第 i 企业的从业人员数；标准化报酬水平 z_x，$z_x = (x_i - \bar{x}) / s_w$。

② 计算每家企业劳动生产率水平 R_i，R_i = 该企业总产值/企业平均从业人员数；全部样本企业平均的劳动生产率 $\bar{R}$，$\bar{R}$ = 全部企业总产值之和/全部企业从业人员之和；劳动生产率分布的变异水平 s_r，$s_r = \sqrt{\sum_{i=1}^{n} m_i(R_i - \bar{R}) / \sum_{i=1}^{n} m_i}$；标准化劳动生产率 z_r，$z_r = (R_i - \bar{R}) / s_r$。

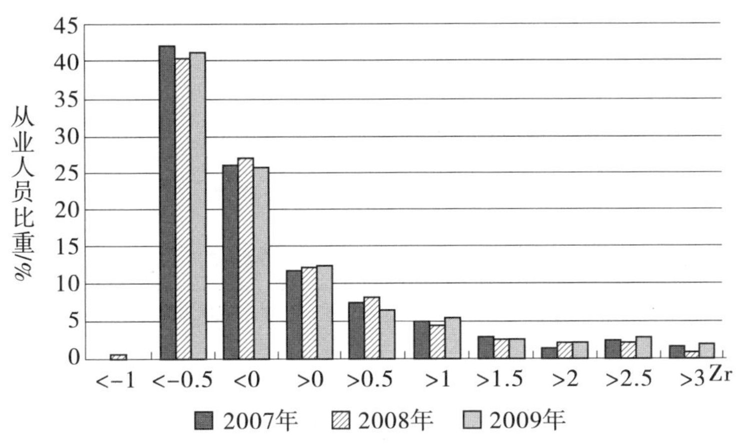

图 4 跟踪样本从业人员的劳动生产率分布

四、调整成本结构，重塑成本优势

影响企业市场竞争力的成本，本质上不是劳动成本，而是企业全部成本。面对新的经营环境、新的发展目标，中国的企业需要从劳动生产率和成本结构两方面着眼、从人力资本积累着手，重塑成本优势。

1. *劳动生产率提升*

早在 1953 年，里昂惕夫分析美国 1947 年进出口商品的要素消耗比例，发现资本实力雄厚的美国，进口资本密集型产品而出口劳动密集型产品，即“里昂惕夫之谜”。里昂惕夫对此解释，由于美国工人的劳动生产率三倍于外国工人，美国这样一个劳动力资源稀缺、劳动力价格昂贵的国家从而具备了劳动密集的要素优势（Leonlief W.，1953）。以“劳动报酬/劳动生产率”体现的相对劳动成本优势，取决于劳动报酬水平和劳动生产率两方面；对贸易竞争具有实际意义的，绝不是劳动报酬水平，而是劳动生产率。

浙江省工业企业成本费用调查样本数据充分证明了这一点。我们计算了 2007—2009 年各年度样本企业“单位总产值劳动成本”“人均劳动报酬”“人均产值”之间的 Spearman 等级相关系数（如表 6 所示）。

表 6 单位产出劳动成本与劳动报酬水平、劳动生产率的关联性

	2007 年		2008 年		2009 年	
	人均劳动报酬	人均产值	人均劳动报酬	人均产值	人均劳动报酬	人均产值
r_s	0. 713 16	-0. 479 41	0. 450 68	-0. 350 71	0. 064 89	-0. 860 09
p 值	<0. 000 1	< -0. 000 1	<0. 000 1	< -0. 000 1	<0. 000 1	< -0. 000 1

单位总产值劳动成本与劳动报酬水平显著正相关、与劳动生产率（人均总产值）显著负相关，这说明，那些具有更高劳动生产率的企业即使支付更高的报酬也仍然具有

相对更低的劳动成本。提升劳动生产率，以高附加值支撑高劳动报酬条件下形成的低劳动成本，才是既具有贸易竞争力，又能实现劳资两利的真正优势。

2. 成本结构调整

企业成本包括物耗成本、人工成本、税收支出以及各种市场交易成本，根据浙江省工业企业成本费用调查样本企业数据，目前企业部分成本结构如表7所示。

表7 企业部分成本构成

	2007年	2008年	2009年
上交的各项税费相当于主营业务收入（%）	0.063 1	0.063 2	0.064 7
直接材料支出占主营业务收入比重（%）	0.724 1	0.729 3	0.666 3
直接人工支出占主营业务收入比重（%）	0.026 9	0.034 2	0.029 3
直接材料与直接人工支出之比（人工=1）	27.610 7	21.314 8	22.736 8
各项税费与直接人工支出之比（人工=1）	2.346 3	1.847 6	2.209 0

注：上交的税费包括增值税、所得税、营业附加税，本表中“上交的各项税费相当于主营业务收入（%）”计算自《中国统计年鉴（2012）》表“14－4各地区规模以上工业企业主要指标”。

企业负担的税费支出是直接人工支出的2倍，消耗的直接材料是人工支出的20多倍。这说明，政府如果减税，让企业税负在现有基础上下降1个百分点，可以支撑直接人工上升2个百分点以上而保持总成本水平不变，如果采用先进的技术和工艺等使直接材料支出减少1个百分点，则可以支撑直接人工上升20%以上而同样保持总成本不变。

考虑到企业承担的巨额财务成本、市场秩序和环境欠佳等导致的隐形交易成本等，我们应该意识到，即使在劳动力价格已经上涨的今天，劳动成本也仅占企业成本极小的部分，其影响不应被过分夸大。长期以来低劳动成本被认为是一种竞争的优势，其实是以牺牲劳动者利益为代价的。今天企业经营面临的困难主要不是劳动力价格上涨而伴随的劳动成本上升，而是低技术决定的高物耗高能耗、高税率决定的高税负以及市场秩序欠佳决定的高交易成本。摆脱企业困境要正确把握方向，找准突破口。只有顺势而为，通过提高劳动报酬水平吸引人才，以人才引领创新发展，以技术创新降低物耗成本，提高劳动生产率，提高附加值率；同时通过深化改革，创新管理，降低交易成本、财务成本和税收成本，以非人力成本的下降抵偿劳动成本的上升，在更高的发展水平上重塑低成本优势，这是转型升级的根本要求之所在，正是从这个意义上，可以说企业转型发展的实质，就是成本结构的调整。

3. 突破人力资本瓶颈

长期以来，我国经济发展中存在重物轻人、重资本轻劳动的错误倾向，这既不符合以人为本的科学发展观，也不符合现代经济学强调人力资本作用的内生增长理论。众多研究表明了人力资本在国家经济发展和企业发展中的关键作用（邹薇等，2003；彭国华，2007；刘智勇等，2008；都阳等，2009），而我国企业创新发展的瓶颈恰恰在于人力资本不足，令人担忧。第二次经济普查的浙江省 1 970 家规模以上制造业工业企业[①]的样本数据表明，到 2008 年底，1/10 以上的企业无大专及以上学历劳动者，约 1/4 的企业其劳动者以初中及以下学历为主（占 80% 以上），3/4 ~ 4/5 的企业没有科技人员，并且在 2006 年及以后新成立的企业中，情况也没有好转（如表 8 所示）。

表 8　规模以上制造业样本企业中各类企业比重

企业类型	样本企业总数	无大专及以上学历从业者企业（%）	初中及以下学历从业者占 80% 以上企业（%）	无科技人员企业（%）
全部样本企业	1 970	11. 77	26. 75	77. 11
2000 年及以前成立企业	799	10. 26	27. 78	71. 46
2001—2005 年成立企业	865	12. 83	26. 13	81. 39
2006—2008 年成立企业	306	12. 75	25. 82	79. 74

分行业看，通信计算机电子设备制造业中有近 10% 的企业无大专及以上学历劳动者，化纤业、木材家具业中无大专及以上学历劳动者的企业比例高达近 27%；40% 的纺织业、服装鞋帽业企业中，初中及以下学历劳动者占比达到或超过 80%；无科技人员的企业占样本企业总数的 80% 左右；医药制造业科技人员的拥有状况最好，但也有超过 1/3 的企业无科技人员；造纸、橡胶业中高达 90% 以上的企业无科技人员，在通用设备、专用设备、运输设备、通信设备以及电子、电器制造业中，也有 2/3 的企业无科技人员。这种状况与企业转型发展的要求不相适应，也是重塑企业低劳动成本优势的根本障碍，而我国目前每年毕业本科生、研究生有 700 多万，“大学生就业难”的呼声不绝于耳，居然有这么多企业无科技人员，匪夷所思。原因并非找不到人，而是在于思想观念、发展观念的滞后。

一个国家（地区）要素禀赋结构的改变，既取决于自身发展结果，也受国际要素流动的影响。资本要素和技术要素容易在国际间流动，这类“易流动”要素在各国之间流动和重组，能够较快改变各国原有的要素结构（江小涓，2002、2004），得益于这种要素的国际流动，我国企业在物质资本要素方面有了显著的改善（钱雪亚等，2011）。而人力资本要素在国际间的流动总体上表现为我国高层次人力资本的净流出。这种格局应通过改善人才发展环境予以扭转，为国内外人才创造良好的就业、创业、创

① 根据浙江省第二次经济普查，从全部规模以上制造业企业中随机抽取 1 970 家构成观察样本。

新机会。物质资本、技术水平、人力资本等要素之间存在着结构性的匹配关系（Young A.，1992），推进转型升级创新发展必须突破瓶颈，加强人力资本积累，全面实施人才战略，才能改善要素匹配关系，提升劳动生产率和全要素生产率，实现科学发展、可持续发展。

五、小结

建立在低劳动成本、低生产率水平基础上的企业低成本竞争优势是传统经济发展方式的重要标志，这一发展方式成功地将我国剩余劳动力转化成经济增长动力，支撑了中国经济的高速增长和出口导向型经济的形成，低价竞争使中国商品所向披靡，使中国成为世界第二大经济体和第一出口大国。但同时这一发展方式也带来劳动者收入低下、投资与消费比例失调、利益结构失衡等种种问题。以劳动生产率低、劳动报酬低为特征的低劳动成本优势面临严峻挑战。重建以“两高”（即高生产率、高劳动报酬）为特征的劳动成本新优势，势在必行、迫在眉睫。

实现这一转变的关键是从“重物轻人”转向“以人为本”，以人力资本集聚推动创新发展，以成本结构调整化解人力成本上升的冲击，构建劳动报酬高而单位产出劳动成本低的新格局。这不仅能创造企业发展的新动力与新优势，而且可以改善收入分配、促进消费，优化经济增长动力结构，化解劳资矛盾，缓解大学生就业难的问题，达到“一石多鸟”之效。因此，可以毫不夸张地说，形成新的低劳动成本竞争优势，既关乎企业的生存与发展，又关乎国家的繁荣富强和长治久安，应当引起各方面的高度重视。

参考文献

［1］都阳、曲玥：《劳动报酬、劳动生产率与劳动力成本优势：对2000—2007年中国制造业企业的经验研究》，《中国工业经济》，2009年第5期。

［2］（英）戴维·赫尔德等著，童新耕译：《驯服全球化：管理的新领域》，上海：上海译文出版社，2005年。

［3］贺聪、尤瑞章、莫万贵：《制造业劳动力成本国际比较研究》，《金融研究》，2009年第7期。

［4］江小涓：《中国开放三十年的回顾与展望》，《中国社会科学》，2008年第6期。

［5］魏杰、董进：《高成本时代与中国经济转型：兼论节约型经济》，《中国工业经济》，2005年第9期。

［6］王燕武、李文溥、李晓静：《基于单位劳动力成本的中国制造业国际竞争力研究》，《统计研究》，2011年第10期。

［7］钱雪亚、叶焘、肖馨：《转变经济发展方式目标下的劳动密集比较优势评价》，

《统计研究》，2011 年第 3 期。

[8] Banister J., Manufacture China Today: Employment and Labor Compensation, *Economics Program Working Paper Series*, 2007 (10).

[9] Ceglowski J. & Golub S., Just How Low are China's Labor Costs, *World Economy*, 2007, 30 (4).

[10] Leonlief W., Domestic Production and Foreign Trade: The American Capital Position Re-examined. *Proceedings of the American Philosophical Society*, 1953, 97 (4).

[11] Lett E. & Banister J., China's Manufacturing Employment and Compensation Costs: 2002— 2006, *Monthly Labor Review*, 2009 (4).

[12] Skolka J., Input-output Structural Decomposition Analysis for Austria, *Journal of Policy Modeling*, 1989, 11 (1).

[13] Vivian W. Chen, Harry X. Wu & Bart van Ark, More Costly or More Productive? Measuring Changes in Competitiveness in Manufacturing Across Regions in China, *Review of Income and Wealth Series*, 2009 (55).

[14] Wolff E. N., Industrial Composition, Interindustry Effects, and the U. S. Productivity Slowdown, *Review of Economics and Statistics*, 1985, 67 (2).

[15] Young A., A Tale of Two Cities: Factor Accumulation and Technical Change in Hong Kong and Singapore, *NBER Macroeconomics Annual*, 1992 (7).

【作者简介】

姚先国，浙江大学公共管理学院教授、博士生导师；钱雪亚，浙江大学公共管理学院教授、博士生导师。

存量挖潜　倒逼经济转型升级

——广东应对经济紧缩，提速发展的新思考*

梁桂全

当前及今后一段时间内，无论从国际或国内看，经济形势都处在一个微妙敏感的时期。从国际看，虽然时而现出回温的亮光，但从基本趋势看，经济仍将处在中、长期紧缩低迷徘徊状态，即处于第五长波周期向第六长波周期过渡、约长达十余年的发展低谷期。欧美国家将长期困于制度弊端特别是政府债务困扰，需要新一轮科技产业革命解救；新兴经济受欧美经济拖累，经济发展放缓。有些专家乐观地认为，约到2020—2025年，世界经济才会真正走出低谷，进入下一轮繁荣期。① 其间，将会酝酿新一轮改变人类生产方式和生活方式的新的科技产业革命（这里需要把科技产业革命酝酿期的“冒烟”与科技产业革命形成后的“井喷”区别开来）。因此，期待近期内有一个宽松的国际经济环境基本不可能。对此，我们应当要有足够的思想准备。

从国内看，我国仍有广阔的发展前景和保持较高速发展的可能。② 但目前和今后一段时间，我国经济社会发展由低收入向中等收入转变的阶段渐行终结，旧的发展方式与格局已经走到尽头，正由中等收入向高收入发展新阶段转轨、转型。这一转轨、转型也非三五年可以完成，将经历两、三个甚至更多的五年计划方能完成，特别是需要把转型升级与即将到来的世界新一轮科技产业革命结合起来。在此转型期面临旧的“发动机”动力渐消，新的“发动机”动力未上来导致的发展减速、失速的尴尬局面，存在掉落“中等收入陷阱”与“失速魔咒”的风险。此外，广东省还面临着国内各省区市百舸争流发展竞争，先行态势丧失，“三定位、两率先”任务落空的压力。

在此形势下，我们要力图保持经济持续快速稳健发展困难重重，特别是面临一系列

---

* 本文原载于《广东社会科学》2013 年第 6 期。

① 金灿荣：《全球经济将经历极长的下行期直至 2025 年》，财经网，2013 年 6 月 29 日；徐明棋：《世界经济转型调整趋势及我国的应对战略》，《光明日报》，2013 年 8 月 7 日第 11 版。

② 周逸梅：《中国经济还将高速发展 20 年》，《京华时报》，2012 年 6 月 23 日第 4 版。

压力：转型升级压力、民生压力、社会矛盾凸显压力、政府财政压力、国际市场收缩和国际竞争加剧压力、“中等收入陷阱”挑战压力等。同时，一系列发展刚性约束因素越发凸显：市场紧缩约束、土地资源枯竭约束、环境保护约束、低碳约束、劳动力成本快速上升约束、体制不适约束、金融滞后约束、创新能力不足约束等。从长远看，前途光明，充满希望；从短期看，困难重重，压力巨大。而且如果处理不好，有可能使经济发展掉入“失速魔咒”，并引发各类或大或小的经济、社会、政治危机。

但事物从来是两面的、辩证的。困亦是机，危亦是机，如能比别人更好地化解“危”“困”，就可化逆境为超越之机。在世界和国家新的发展格局下，特别是在区域发展百舸争流的态势下，广东要落实“三定位、两率先”，就只能背水一战，采取积极进取姿态应对挑战，加快转型升级，力争提速发展，开创科学发展新境界。要把经济发展转型升级与提速发展统一起来，用提速发展倒逼加快转型升级，通过加快转型升级实现提速发展，当好实践科学发展观排头兵，再创广东发展新辉煌。

把转型升级和提速发展统一起来的一项重要工作是着力“内涵发展”，挖掘内外发展潜力，通过改革创新、转型升级把发展潜力转化为加快发展的动力。大项目、大增量、保增速固然需要，但从推动转型升级角度看，着力“内涵发展”更加重要。应对经济下行挑战，把转型升级与提速发展结合起来，涉及很多领域、很多环节、很多举措。这里重点谈六点看法和建议。

一、加快推进新型城市化，释放巨大潜在供给与需求

人们常提“有效需求不足”，但中国经济发展还远未进入有效需求不足的发展阶段；中国经济发展的主要矛盾是“有效供给不足”。其中一个特别值得关注的领域是城市化，其蕴藏着巨大的供给与需求潜力空间。当前需要注意三点：一是广东省已经进入二次城市化或再城市化阶段，即把工业文明城市推向后工业文明城市。广东省不少新兴城市存在传统城市化的一系列“城市化病”，面临一系列大规模改造、转型、升级任务。城市的转型升级潜藏着数以万亿元计的 GDP 发展空间。二是前三十年城市化走的是传统城市化道路，造成巨大的城乡二元反差，即相对繁荣的城市和相对衰落的乡村，应通过推进城乡一体双向城市化克服传统城市化造成的城乡二元冲突，并从中释放更庞大的供给与需求。三是世界正在酝酿新一轮科技产业革命，其主要特征是怎样生产、怎样生活，主要趋势是智慧化、生态化、人文化，如果把新科技产业革命与新型城市化结合起来，不仅为新型城市化提供革命性影响和广泛的想象空间，也将为新的科技产业革命开拓巨大的需求市场，支持企业抢占新科技产业革命先机。推进新型城市化，既是释放巨大供求潜力的总开关，也是迎接新科技产业革命的总接口。加快推进新型城市化，是我们未来五至十年跨越世界经济低谷期和我国转型升级徘徊期，避免落入“中等收入陷阱”和“失速魔咒”，实现又好又快发展而牵一发动全身的“牛鼻子”。

推进新型城市化，首要任务是城乡一体联动，推进双向城市化，对三十年工业化时期形成的相对落后、过时的城市与乡村进行全面的改造、转型、升级，创造更适于人生存和经济社会持续发展的新城乡形态。全面推进城乡一体的交通道路、通信设备、供水供电等基础设施建设和社会公共服务均等化，推进城乡商务楼宇、住宅的改造升级，将释放巨大的供求空间，带动数十个产业发展，并促进产业均衡布局和新型产业体系再构。同时，大规模治理传统“城市病”，实现城市形态转型升级。

推进新型城市化必须具有前瞻性，体现智慧城市、生态城市、人文城市的新发展方向，加快建设智慧、生态、人文、繁荣、城乡一体化的美丽城乡，同时通过新型城市化发展推动生产方式后工业化，创造后现代文明新生活，实现伟大的中国梦。

推进新型城市化产生的巨大发展需求必然带动金融改革创新，进而推动投资体制改革创新、土地开发、管理体制改革，从根本上突破城乡发展二元对立的旧局面。同时，必然带动科技、教育、文化体制新变革，促进城乡人口素质均衡提升。

我们要自觉把握二次城市化和当前世界酝酿的科技、产业、文化大变革的千载难逢的机遇，果断推进新型城市化。新型城市化战略思路可以概括为：以人为本，把二次城市化与世界新的科技产业革命和我国发展转型升级融合起来，以“生态化、智慧化、人文化”为支点，以城乡一体双向城市化为基本路径，全面创新中国特色社会主义先进城乡文明，为广东省率先全面建成小康社会和基本实现现代化探索一条可操作的新路径。同时，为广东省逆势而上，跨越世界经济发展低谷期和避免落入“中等收入陷阱”，实现又快又好发展提供新动力。

推进新型城市化，涉及今后20~30年发展，甚至是决定广东省全面建成小康社会、实现现代化基本格局的重大战略选项，同时也必然为发展注入巨大供求动力和活力，应尽快作全面谋划。同时，采取切实措施把战略选项转化为行动。一是要总结典型，提供范例；二是要科学规划，统筹协调；三是要培训队伍，形成良好执行力；四是要定好政策和游戏规则，保障有序推进；五是要出好措施，保障落实。广东省全面推进新型城市化可考虑一年做好开局、四年初见成效、十年脱胎换骨，形成美丽城乡新形态；同时注意与落实珠三角规划纲要以及建设珠三角世界级城市群相衔接。

二、发展智慧产业，创造后工业文明新型生产力体系和新型产业体系

信息革命的深化必然导向智能化、智慧化，以云计算、移动智能为宏平台的智能化、智慧化浪潮正方兴未艾，将在未来十年、二十年让人类生产力、生产方式、生活方式进行一次新的大变革。军事上的智能化、智慧化、无人化战争渐成雏形，正在引起战争概念和战争形态全面革命，并必然导向民用领域，引起生产方式、生活方式大变革。后碳化、云计算、大数据、移动智能、PC与移动智能的结合导致的广泛终端功能的开发，使IT新形态正呼之欲出；民用智能、智慧技术加速开发应用，3D打印制造、智能

机器人、智慧生产线、智慧物流商务、智慧管理系统、智慧家居、智慧社区、智慧乡村、智慧城市正在快速兴起，这必然推动智慧创意产业、软件产业、系统集成、智慧金融以及各种智慧中介业的兴起，形成全新的生产方式、生活方式、交往方式、管理方式。2011 年底，全球最大电子代工企业富士康推出百万机器人大军计划，预计于 2016 年在山西晋城建成“世界最大智能化机器人生产基地”。金融危机后奥巴马推出的美国“再工业化”不是简单的制造业回归，而是为抢占新一轮科技产业革命竞争制高点而提出的“超前”制造战略。其战略支撑点主要是智能技术、添加式制造技术（3D 打印制造）、页岩气开采技术等。我们必须清醒地看到，一场新的科技产业革命正在酝酿形成。

智能化、智慧化与产业转型升级、生产力提升和产业体系变革升级融合起来，将极大地释放原产业体系新潜力，开拓产业发展新空间。智能化、智慧化技术的大规模开发应用，一方面全面改造和创新各产业生产力和技术体系，形成全新的产业形态；另一方面出现一大批高科技产业群，特别是创意产业群（智慧化、智能化技术应用的解决方案研究、软件开发，移动智能系统开发、运营和管理，精密制造、新材料开发应用、新能源技术开发应用等）。广东应当发挥工业化和信息化先行优势和庞大的产业集群优势，果断率先跨入智能化、智慧化浪潮。必须特别注意，取得变革先机对未来新型产业体系竞争力的形成至关重要，必须赶快谋划。任何一个国家、一个地区的兴衰沉浮，完全取决于能否跟进或驾驭世界大变革的每一潮流。落伍者衰，引领者兴。

一是突出方式创新。要摒弃以往突出“做什么”的思维方式，转向着眼于“怎样做”，立足于推动各产业生产方式变革和现代化、智慧化。在考虑新科技成果开发应用时，要把过去重点突出某些领域创新的孤立思维转向大系统集成创新思维上，即由变革转向大系统变革。由此，政府应在战略方向导向和大系统集成协调上发挥主导作用。现在，很多决策者为保增长，往往把注意力集中于大项目、新项目，而忽视了世界正在发生的变革给我们带来的巨大的新机遇。我们必须要把眼睛转向大变革。在行将到来的大变革中，单纯依靠市场力量将慢人一步，发挥政府战略预见性和导向作用，将可使企业抢占变革先机。

二是逆向创新。有别于欧美发达国家创新路径，采取“后发逆向创新”战略。即主要不是采取“由高到低”，由高端核心技术创新向低端（终端）应用技术创新延伸的方式（欧美路径），而是倒过来，采取“由低到高”，从终端应用技术创新逐步向中端、高端核心技术创新上升的路径。“后发逆向创新”战略新思维立足于把技术创新与市场开发高度统一起来，抢占技术应用前沿市场，再逐步向上游高端核心技术拓展，形成与欧美不同的新竞争优势。这一战略路径很可能在下一轮科技产业革命，特别是加快 IT 新形态形成中获得新优势。

三是大综合创新。新一轮科技产业变革不是局限于某一新技术群的变革，而是涉及第四次新技术革命启动的信息技术群、智能技术群、生物工程技术群、新材料技术群、新能源技术群、生态技术群、航天—海洋技术群、人类生命科学技术群等的技术—产业大综合创新，其趋势是以智慧化为主导的智慧化、生态化、人文化的高度融合，并统一于新型城市化和后工业文明的构建。新的大综合创新将让政府主导型市场经济更能发挥优势。

四是着力推进技术创新技术群的集成化，包括将信息技术、智慧技术、新材料技术、新能源技术、生物工程技术、系统工程技术等融合起来。为此，要全面改造科技工作体系，重构全省创新体系。要着力于用技术开发构建新型城乡形态、新型生产方式、新型商务方式、新型交往方式、新型管理方式、新型生活方式，要检讨广东省的科技进步战略路线、工作思路和部署。

顺应上述创新路径，不仅可为当前跨越发展低谷期创造巨大的发展空间，同时也将形成保障广东省未来三十年以上可持续发展的新的创新动力体系。

关于“走出去”问题，要吸取日本教训。在经济发展低谷期走出去，可获得巨大战略利益，但也可能导致本土经济体系大出血而虚弱化。走出去必须要以本土经济为主，内外联动，强我主体。要注意资本立场与社会立场、政府立场的差异性；政府要站在社会、站在广东省长远发展大局上，把握、引导走出去。走出去必须有利于广东省产业结构、产业链的优化和国际化，必须有利于本土经济国际竞争力的提升和可持续发展能力的强化。

另外，调结构是转型升级的重要举措，这不应怀疑，但也要注意另一种倾向。不要把转型升级更多地简化为淘汰落后产业、企业，引进新的产业、企业。实际上没有落后的产业、企业，只有落后的产业生产力、企业生产力。要把转型升级的注意力更多放到引导市场主体发展生产力、创新变革生产方式上，这是政府指导下全社会的行动，特别需要通过市场经济、市场主体行动才能实现，这需要有更长远的战略眼光。转型升级最终一定要落实到不断提高企业可持续发展竞争力上，落实到不断提高广东人民的发展能力、自立能力、创造能力上。

三、加快推进体制改革创新，着力解决货币转化为资本遇到的梗阻

随着经济社会发展开始由中等收入水平向高收入台阶推进，社会财富快速扩张，我们正在由财富时代进入新的资本时代。据报道，我国广义货币供应量已经超过 100 万亿元（单是 2012 年 3 月末至 2013 年 3 月末一年间，广义货币供应量就由 89.5 万亿元剧增到 103.6 万亿元，增加了 14.1 万亿元）。[①] 这一方面表明我国货币（财富）转化为资本不顺畅，实体经济活力不足，债务沉淀积压占款严重，潜藏着发展危机；另一方面又反映我国拥有巨大的可支配财富，经济可持续发展具有巨大潜力。跨越“中等收入陷

① 曾璇、庄红韬：《我国广义货币供应量 M2 首次突破百万亿元大关》，新华网，2013 年 4 月 11 日。

阱”，保持国民经济持续快速发展的关键是着力推动货币转化为资本。必须看到，现在存在从意识形态、体制制度、金融体系、市场构建、资源及市场垄断等大量广泛的梗阻货币转化为资本的问题、矛盾。必须通过改革的深化来突破，核心是进一步解放和发展民营经济，提振市场主体活力。

邓小平早年就强调，社会主义初级阶段的根本任务是发展生产力。[①] 发展生产力必须采取资本形式，必须解决货币转化为资本问题，可持续发展必须建立在持续变革发展的生产力上；任何离开生产力发展的各种政策最后必然会失败。不管以人为本问题、生态问题、民生问题、科学发展问题，最后都必须落到先进生产力的创新、构建与发展上才有前途。发展生产力，必须摒弃偏见和传统思维，坚持实事求是。我们不仅要发展一般的市场经济，而且必须发展、保障以资本为基本形式的社会生产力健康、持续发展的市场经济。

今天，在货币转化为资本的体制上已经堆积了一系列弊端和问题，急需进行新一轮改革。广东省能否继续发扬敢于第一个“吃螃蟹”的精神，率先破解障碍，广东省“三个定位、两个率先”能否落实，关键是能否解决社会生产力，特别是先进生产力发展问题，关键是能否解决货币转化为资本、资本与知本结合的体制问题。广东省应率先探索，破解难题。

关于体制改革，特别要强调的是需要突破改革的传统路径依赖，把改革由着眼于利益、权力结构调整转向法制化建设轨道，即用依法治国（省）思维统领改革全局。这是一个非常重要的问题。我们都想追求一种充满活力而又和谐有序的发展格局，但这种格局只有在完备的法制体系、良好的法治实践上才能形成。广东应在加快法制建设和完善社会主义市场经济体制、社会管理体制方面进行先行先试。我们要下决心加快法制建设，整肃法治秩序。建议广东省有一个有实力、有能力的专责工作小组进行系统研究、全面规划，并在省委统揽下，由人大主导加快推进法制建设。

四、挖掘土地存量潜力，支持国民经济持续发展

广东省的稳速或提速发展，遇到的最大客观约束是土地资源在可持续发展界限内已经趋于枯竭。广东省要保持国民经济较高速度持续发展，必须突破土地资源刚性约束。目前广东省土地增量供给已没有太大余地；土地资源最大的潜力是土地存量的再开发。应着力思考土地资源存量潜力的挖掘与释放，要用土地增量开发带动土地存量再开发。

---

① 《建设有中国特色的社会主义》，参见《邓小平文选（第三卷）》，北京：人民出版社，1993年，第63页；《建设社会主义的物质文明和精神文明》，参见《邓小平文选（第三卷）》，北京：人民出版社，1993年，第28页；《社会主义也可以搞市场经济》，参见《邓小平文选（第二卷）》，北京：人民出版社，1994年，第231页。

目前，虽然广东省土地资源利用率相对较高，但国内整体仍很低。2004 年颁布的《国务院关于深化改革严格土地管理的决定》中规定各行业容积率控制下限普遍在 0.5～0.8。即便是深圳，其工业用地平均容积率也仅为 0.91，而香港主要工业园区土地容积率都在 2.5 以上。我国城市土地产出效率普遍偏低，广东省城市土地利用效率最高的深圳，1980—2000 年，其 GDP 每增长 1 亿元人民币，建设用地要相应增加 24 公顷，而香港仅需 0.2 公顷。2012 年深圳土地 GDP 产出为 6.5 亿元/平方公里，分别是上海的 2.05 倍、北京的 6.13 倍，但仅是香港的 44%。从广东全省看，土地经济产出率更低，2011 年土地 GDP 产出 1.2 亿元/平方公里。土地经济产出率低，也留下了巨大的挖潜空间。如 2005—2011 年广东省每平方公里土地 GDP 产出就由 0.67 亿元提升到 1.2 亿元。现在仍存巨大潜力。如果广东省把土地经济产出率提高到 2012 年深圳的一半左右（即 3.3 亿元/平方公里），即可提供数以 10 万亿元计的 GDP 拓展空间，如提高到深圳在 2012 年的水平，前景更是可观，可保障广东省经济可持续发展 20～30 年。因此，当前和今后相当一个时期内广东省要实现又好又快发展，关键在挖掘土地资源潜力，必须从现在开始就着力谋划土地资源的内涵开发。①

全面提升土地资源开发利用的经济效率，既是微观经济行为，更是宏观经济行为；应以二次新型城市化为统揽，以全面创新为根本动力，以提升和优化产业结构为主要环节，以生产力创新、生产方式创新、物流商务模式创新为主要着眼点，以土地资源管理体制创新为保障，全面促进土地资源利用的科学化、集约化、内涵化、高值化，努力实现土地资源的可持续开发利用。

未来广东省经济的可持续发展主要建立在土地集约化利用和土地资源内涵价值提升上。这是一个涉及全局长远发展的重大战略问题，建议在近期内组织专门力量展开全面调查研究，进行系统清理，摸清家底，在此基础上形成土地资源内涵开发、发展的战略指导意见。

五、加快金融创新，支持提速发展

广东省金融发展潜力巨大，存在两个特点：一是金融资源潜力巨大，二是金融创新严重滞后。2011 年广东省金融机构存款余额达 86 849 亿元，占全国 10.7%，但是，贷款余额仅有 52 167 万亿元，占全国 9.5%，比存款占比低了 1.2 个百分点，存贷比为 60.1%，低于全国的 67.7%；全社会固定资产投资仅占全国的 5.5%，全社会固定资产投资与贷款余额之比仅为 32.3%，低于全国 56.8% 近 15 个百分点，也低于江苏 55.8%

① 根据《广东统计年鉴》《香港经济年鉴》《深圳统计年鉴》等资料数据整理得出。

近14个百分点。[①] 这表明广东省是金融资源大量外流的省份，金融资源并未在省内得到充分运用。有关方面反映，仅2012年广东省金融资源流出省外就高达12 000亿元。广东省存在三个过度外流，即金融过度外流、财政过度外流、资本过度外流。这里有四个基本原因：一是广东企业货币转化为资本的能力与巨大的金融资源存量相比明显不足；二是金融创新、金融发展与实体经济发展相比严重滞后；三是经济体制与金融体制改革严重滞后，阻碍了金融创新发展及其与实体经济的融合；四是对金融工作长期领导不力，最根本的原因是自20世纪末金融危机以来存在明显的金融恐惧症，“谈金色变”。没有金融强省，何谈经济强省？金融创新与发展落后，最后会拖全省发展后腿，金融改革创新是广东省未来发展躲不开、绕不过的问题

广东省的金融潜力有待挖掘和发挥。首先是金融体制潜力。金融体制改革创新严重滞后极大地约束了金融能力的发挥。至少近十年来中央的金融改革政策、一些兄弟省的金融改革实践明显跑在了广东省的前面，改革先行已经不见踪影。十八大后，中央正在加大金融体制改革力度。广东省应当有所作为。现在广东省金融机构，特别是地方金融机构（地方银行与地方金融企业）普遍对广东省的金融体制改革创新滞后、金融工作困难重重很有看法；地方政府与企业，特别是民营企业也对金融工作普遍不满。释放金融潜力首先要加大金融体制改革和金融创新的力度，重点是加快落实2011年国务院批准的《广东省建设珠江三角洲金融改革创新综合试验区总体方案》（以下简称《总体方案》），应进一步作专门部署。2012年7月省金融办召开新闻发布会对外公布了《总体方案》和省政府的部署，应加快落实。建议专门就金融工作作一次全面系统调研，进一步提出落实《总体方案》，加快金融改革创新的战略思路，启动广东“金融改革创新工程”。

广东省另一个金融潜力是粤港澳金融合作，空间仍很大。未来将加快人民币国际化步伐，广东省如何把握好机会与港澳合作，应作进一步探讨。要借助前海、南沙、横琴三个支点加快推进金融开放和金融创新。但要加强各点和全局统筹协调，避免改革创新碎片化，要着力形成改革创新合力。

广东金融改革创新要特别关注广东省的地方银行。广东省有一批高成长的地方银行，如南粤银行、东莞银行、广州银行等，在艰难中奋力打拼。它们是广东省地方金融发展的希望所在，但体制政策不适严重约束它们的发展，需要进一步探索金融体制改革。建议在进一步加强省与央行和国家商业银行互动合作的同时，着力培育地方银行和各类投融资机构，省政府与地方金融机构要多沟通，形成共识和合力，共同打造金融强省。要加大力度扶持一批富有成长性的地方银行，助其发展，把控风险与促发展结合起来，被动控风险最后会酿成大风险。

---

① 根据《中国统计年鉴（2012）》《广东统计年鉴（2012）》《江苏统计年鉴（2012）》数据整理得出。

要把金融改革、创新与财政体制改革结合起来。近几年广东省已率先推进财政体制改革，取得初步成效，但与解决当前面临的一系列矛盾、问题相比，仍严重滞后。应进一步探索、创新有利于促进经济、社会双转型需要的财政新体制。

六、整肃精神状态，再唤改革发展热情

下一步广东要迎接新挑战，精神状态是关键，以激发改革发展热情为重。江泽民在20世纪末来广东省视察时，就针对广东省存在的“小富则安”“小进则满”的情况，强调要富而思进，增加创新优势，更上一层楼。今天看来情况并未好转。

在目前和未来一段发展困难时期，特别需要有一种进取精神和开拓精神，要把务实精神与理想情怀统一起来。我们不仅要树道德性先进典型，更要有一种富有理想情怀、勇于创新、积极进取的典型，要多给予关注与宣传。要重唤广东人的改革奋进精神，唤起正能量，消除负能量，转化消极能量，真正始终保持那种积极改革创新奋进的精神。前三十年广东省的干部群众为中国的体制改革“杀出一条血路”，今天，广东省干部群众应当进一步为跨越世界经济发展低谷期和“中等收入陷阱”、顺利由中等收入阶段跨入高收入阶段、率先全面建成小康社会和基本实现社会主义现代化打开一条通道。今天，我们必须以只争朝夕的精神和行动突破困境。如果我们把握好世界经济发展低谷期、过渡期和我国转型升级转换期的战略机遇，率先突进，就可再创广东省未来三十年新辉煌；如果按部就班，被动防守，就会错过战略机遇，导致广东省未来三十年的相对衰落，甚至落入“中等收入陷阱”而一失足成千古恨。

另外，要科学地把握和处理好政府与市场的关系，我们不要过度相信人为的主观意志，坚信市场经济客观规律会开辟自己前进的道路。同时，要积极地发挥政府的自觉作用，特别是在全局、宏观、方向、战略层面上政府的主导作用，抢抓战略先机。政府要逐步退出微观管理，要善于通过法制建设逐步建立起现代经济社会自控、自组织、自修复系统，营造既富有活力，又和谐有序的发展局面。

这里，我们还需要注意“官僚化”问题，脱离实际、官僚主义与“失魂”、理想主义缺失并存，这是削弱党的执政能力的一大祸害。同时，在经济领域转化为隐性“官僚资本主义”，危害极大，不仅挤压和扼杀经济创新发展的活力，还会阻梗下一发展阶段由中等收入社会迈向高收入社会，阻滞中产阶层成长，甚至倒逼中产阶层返贫，中断社会现代化进程。

此外，当前加快转型升级，力争提速发展也要注意另一种倾向，即关注了速度、丢掉了转型升级，甚至投机取巧、弄虚作假，这将造成更大的祸害，会延误转型升级、科学发展。

参考文献

[1] 胡锦涛：《坚定不移沿着中国特色社会主义道路前进　为全面建成小康社会而

奋斗》，人民网，2012 年 11 月 9 日。

［2］《中国统计年鉴（2012）》《广东统计年鉴（2012）》。

［3］何传启编著：《第六次科技革命的战略机遇》，北京：科学出版社，2011 年。

［4］［美］约翰·奈斯比特著，魏平译：《世界大趋势：正确观察世界的 11 个思维模式》，北京：中信出版社，2010 年。

［5］［美］拉菲·巴特拉著，刘纯毅译：《世界大趋势 2：影响全球进程的社会周期律》，北京：中信出版社，2010 年。

［6］［美］杰里米·里夫金著，张体伟、孙豫宁译：《第三次工业革命：新经济模式如何改变世界》，北京：中信出版社，2012 年。

［7］［美］卡萝塔·佩雷丝著，田方萌等译：《技术革命与金融资本：泡沫与黄金时代的动力学》，北京：中国人民大学出版社，2007 年。

【作者简介】

梁桂全，广东省社会科学院研究员。

中国人口与经济关系的转变*

李建民

人口是决定和影响一个国家经济发展的基础性、长期性因素，无论是发达国家还是发展中国家，每当人口或经济出现重大转型时，人口因素的影响就变得非常突出。从18世纪英国工业革命时期的城市贫困化（Malthus，1798），到1929—1933年西方资本主义国家爆发的经济危机（Keynes，1937；Hansen，1939）；从“二战”后发展中国家人口增长对经济发展带来的巨大压力（Leibenstain，1957；Coale & Hoover，1958），到21世纪初一些西方发达国家人口衰落带来的经济萧条（Gomez & Lamb，2013）；从人口红利助推东亚经济体经济的高速增长（Bloom & Williamson，1998），到因老龄化导致的日本“失去的十年”（Braun，et al.，2009；Reiko，2012）和“欧债危机”（Kotkin，2012），都显示出人口与经济关系转变给经济带来的重大影响。

在经历了经济高速增长和人口快速转变之后，我国的人口与经济关系正在进入一个转折期，在新的人口形态和经济发展阶段中，传统的人口经济关系特征已经消退，新的关系格局正在形成。正确认识人口与经济关系新格局的性质、特征和影响，积极应对这种转变带来的问题和挑战，对于我国经济的健康、可持续发展至关重要。

一、人口与经济关系已彻底摆脱“马尔萨斯均衡陷阱”

根据马尔萨斯的人口经济原理，在低收入与人口增长之间存在着一种恶性循环，低收入国家的高出生率使新增人口吞噬掉原本可以用于积累的资金，难以获得实现经济起飞的必要推力（Leibenstein，1957），因而长期陷于贫困之中。事实上，的确有一些国家曾经或依然落入“马尔萨斯均衡陷阱”。

---

* 本文系国家自然科学基金应急项目“人口变化对经济发展的影响”（项目号：71141012）的研究成果。原载于《广东社会科学》2014年第3期。

长期以来，庞大的人口规模及其增长一直被认为是我国人口与经济关系的主要矛盾。但实际上，我国人口与经济关系的“马尔萨斯均衡”早已被打破，人口的自然增长率早在1978年之前就因计划生育政策的实施而出现大幅下降，从1970年的26‰下降到1978年的12‰，使改革开放时代的经济起飞所承受的人口增长压力明显减弱，在20世纪80年代取得了年均7.19%的经济增长。1992年是我国人口与经济关系变化的重要一年，邓小平“南方谈话”把我国带入了市场经济发展的新阶段，而人口的生育率在这一年降到更替水平以下，人口自然增长率转为负。一方面是人口增量的逐年减少，年净增人口从20世纪80年代中后期的1 700万人，减少到20世纪90年代末的1 000多万人；另一方面每年的经济增量比20世纪80年代扩大了1.8倍。这表明，人口增长对经济发展的压力已经大大减轻。一项对1953—2000年我国人口与经济增长关系的实证结果表明，在我国经济发展的较低阶段，人口增长与经济发展之间一般存在长期稳定的关系，但当经济发展到较高阶段时，人口增长与经济增长不存在稳定关系（宋光辉，2004）。都阳（2004）的研究也得到相同的结论，即新增人口在20世纪80年代以前对经济增长的负面影响比较明显，但随着社会经济条件的变化，其影响在近年来已经不再显著。

进入21世纪后，我国的人口增长与经济增长关系呈现人口缓慢增长、经济高速增长的新格局：2000年人口自然增长率降到了10‰以下，2005年以后一直处于6‰的缓慢增长状态，每年净增人口减少到700万人以下；21世纪第一个十年的GDP年平均增长率高达9.39%，每年GDP的增量大大超过20世纪90年代的水平（如图1所示）。由于人口增量与经济增量反向变化，尽管人均GDP水平大幅度提高，而人口投资①占新增GDP的份额已从20世纪80年代的20%减少到目前的不到10%（如图2所示）。我国人口增长对经济的压力已经彻底消除，人口与经济关系的性质也完全摆脱了马尔萨斯特性。

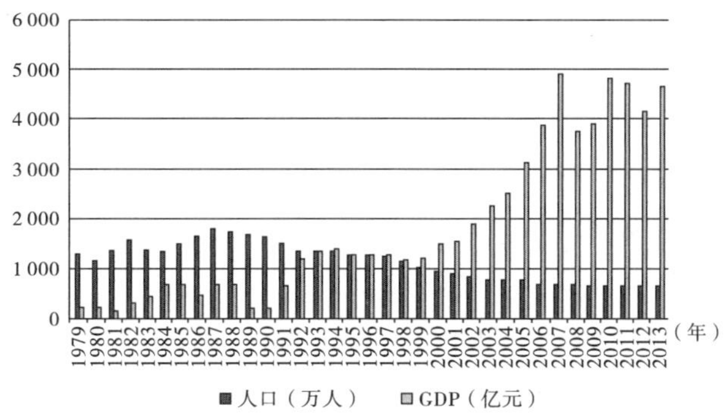

图1　中国人口增量和经济增长的变化（1979—2013年）

数据来源：国家统计局国家数据库。

注：GDP增量按1978年不变价格计算。

① 人口投资是指为了维持人均收入水平不变，新增人口需要占用的收入增量。图2中1989年和1990年的高比例人口投资属于特殊情况。

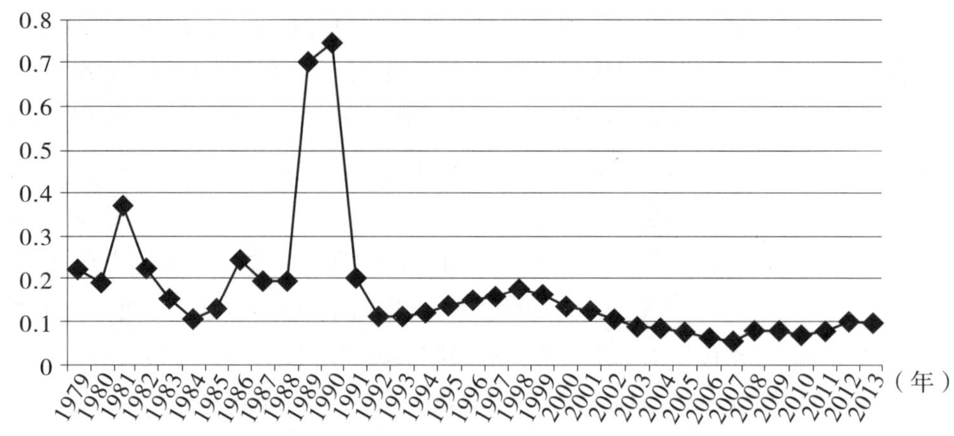

图 2　中国人口投资占 GDP 增量比例的变化（1979—2013 年）

数据来源：根据国家统计局国家数据库中的有关数据计算。

需要指出的是，对已处于上中等收入发展阶段的我国而言，经济的性质已经从生存型经济转变为发展型、小康型经济，需求在经济增长中所扮演的角色变得越来越重要，因此，适度的人口增长对经济增长具有积极意义。更为重要的是，在 21 世纪 20 年代末我国人口就会转为负增长，届时将会迎来人口增长与经济增长关系的彻底变局：人口负增长将会给我国经济带来怎样的影响？人口负增长是否会导致经济的长期停滞？如何避免和克服人口负增长带来的经济风险和不利后果？这是一个非常重大的理论问题和政策议题，应该进入我们的研究视野。

二、抚养比的提高与人口红利的终结

经济发展与人口结构之间的关系曾长期被忽略（蔡昉，2010），直到 20 世纪 80 年代末和 90 年代初“新增长经济学”（Romer，1986）兴起之后，人口年龄结构变化对经济增长的影响才真正进入增长经济学的研究视野（Barro，1991；Kelley & Schmid，1995）。此后展开的大量研究从两个方面实证了人口年龄结构变化对经济增长的影响：一是老龄化对经济的影响，包括储蓄率、投资、技术进步、生产率、劳动力市场、通货膨胀等方面（Heller，1989；OECD，1996；Futagami & Nakajima，2001；Bloom，et al.，2008；Galor & Weil，2000；Skirbekk，2008；Prettner，2013）。尽管研究的结论不尽相同甚至相左，但都证明了老龄化与经济增长之间关系的存在。二是人口抚养比下降对经济增长的影响，Bloom 和 Williamson 在研究日本和亚洲“四小龙”的“东亚奇迹”时发现，人口快速转变带来的人口抚养比下降为这些国家经济的快速增长做出重要贡献（Bloom & Williamson，1998），人口年龄结构变化带来的这种“人口红利”在我国的经济增长中也得到证实（World Bank，1998；Wang & Mason，2004），被认为是造就“中国经济奇迹”的最重要原因之一（蔡昉，2004）。

但是，由于生育率的迅速下降和长期处于更替水平以下，以及人口平均预期寿命的延长①，我国人口快速转变的后续后果已陆续出现，人口年龄结构正在发生着重大改变：一是劳动年龄人口数量和比重的下降，二是老年人口的快速增长和老龄化水平的大幅提高。这两个变化带来了一个不利的经济后果，即人口年龄结构的生产性开始下降（吴帆，2013）。我国的人口抚养比在20世纪60年代曾高达0.8以上，自20世纪70年代以来一直都处于下降之中。但是，这个趋势在2010年之后出现了转折，抚养比开始提高。从经济活动人口的抚养比来看，20世纪80年代曾一直高达1以上，即经济活动人口数量少于被抚养人口数量，20世纪90年代降到了0.75左右，之后一直在0.71～0.72之间窄幅波动，但21世纪初期出现了上升的势头。抚养比在过去几年中出现的这种变化意味着我国经济增长不能再从中获得支持，换言之，人口红利已经终结。

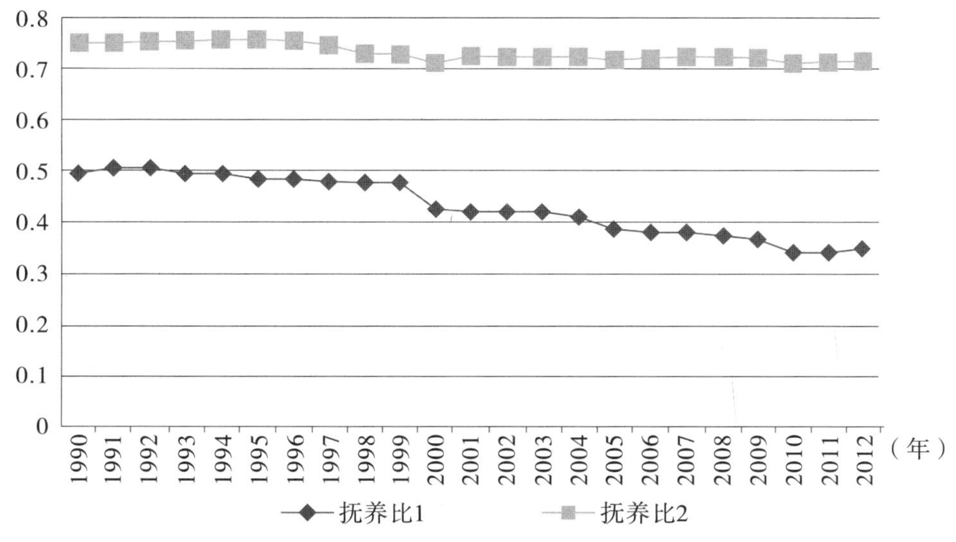

图3　中国抚养比的变化（1990—2012年）

数据来源：国家统计局国家数据库。

注：抚养比1是劳动年龄人口（15～64岁）的负担系数，抚养比2是经济活动人口的负担系数。

尽管我国目前仍处于低抚养比时期，但抚养比提高趋势及其对经济的影响不容乐观。根据联合国的预测，抚养比将在2020年提高到0.43，2035年超过0.5，2045年将达到0.6（United Nations，2013），届时我国将处于高抚养比状态。另一个重要的变化是老年抚养比的迅速提高。在20世纪整个下半叶，我国老年抚养比只从0.07提高到0.09，而在21世纪的第一个25年中，老年抚养比就将从0.1提高到0.2，2035年和

① 2010年中国人口的平均预期寿命为74.83岁，比2000年提高了3.83岁，比1990年提高了6.68岁。

2040年将分别达到0.3和0.4。人口抚养比的提高，尤其是老年抚养比的大幅提高，对我国经济来说是一个严峻的挑战。

无论是在经济发展的哪个阶段，也无论是在何种经济形态中，投资都是推动经济发展和增长的基本动力，因此储蓄率的水平至关重要。处于“马尔萨斯均衡陷阱”中的国家，其储蓄率因低收入和高人口增长而处于低水平，因而难以实现经济起飞；而对于一些高收入国家而言，储蓄率因老年人口抚养比高而被压低，进而导致经济增长乏力，甚至陷于长期停滞（Lindh & Malmberg，1999）。抚养比是劳动生产者与被抚养者之间的比值，它在很大程度上反映了一个国家或地区的储蓄能力和经济增长潜力，一般而言，一个国家的抚养比与储蓄率呈负相关关系。图4显示的是135个国家2005—2010年总抚养比与总储蓄率关系的分布状况，主要可以分为三类情况：一是陷于“马尔萨斯均衡陷阱”中的低收入国家，这些国家具有高抚养比、低储蓄率的特征；二是总抚养比低，但老年抚养比高、储蓄率低，主要体现在高收入国家及东欧国家，老年抚养比都在0.2以上甚至高达0.3；三是人口红利国家，其特征是低抚养比、高储蓄率。图4还显示了一种情况，即高抚养比和高储蓄率并存，其中一些国家是石油输出国。

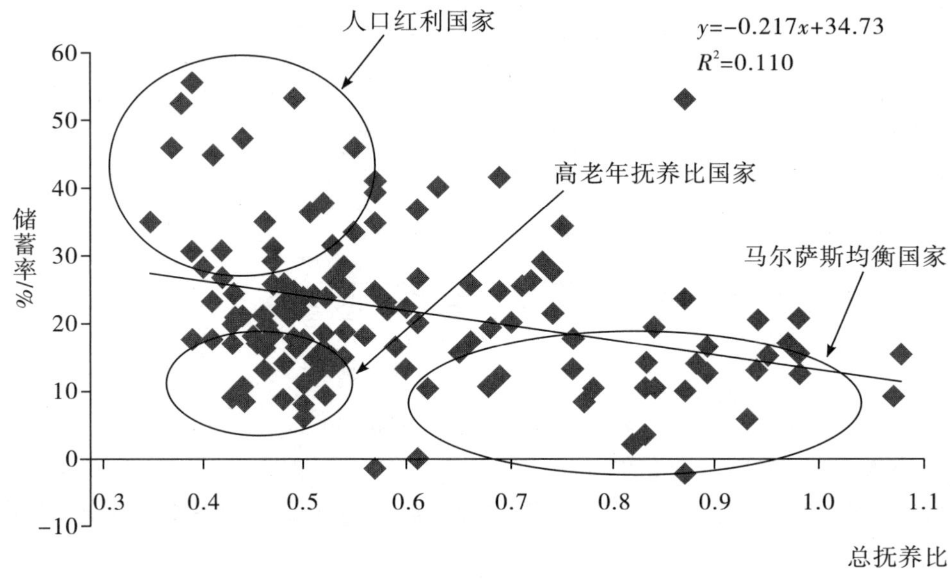

图4 世界各国人口抚养比和储蓄率的散点图

数据来源：World Bank：*Development Indicator*；United Nations：*World Population Prospects 2012*.

注：抚养比和储蓄率是2005—2010年的算术平均数。

日本的经验可以为我国提供一个具有警示意义的借鉴。日本是亚洲第一个成为高收入的国家，也是亚洲第一个快速完成人口转变的国家，从图5中我们可以观察到其人口年龄结构变化与经济增长之间的关系：20世纪50年代和60年代，日本经历了抚养比的大幅度下降，20世纪60年代末降到了谷底（44.7），在此期间日本经济增长获得了高速发展，尤其是20世纪60年代，GDP的年均增长率超过了10%。在20世纪70年代，抚养比出现窄幅回升，经济增长率则出现大幅下滑，但主要是受1973年世界爆发的石油危机的影响。在20世纪80年代，人口抚养比出现窄幅下降，而该时期的经济增长率也出现了回升。人口抚养比与经济增长率之间的负向关系在20世纪90年代变得十分明显，尽管日元升值和经济泡沫是造成日本“失去的十年”的主要原因，但是人口抚养比升高的影响不容忽视，其中老年人口抚养比快速提高的影响尤甚，1980年日本老年抚养比为0.135，1990年和2000年分别提高到了0.173和0.255，2010年达到了0.36，日本经济则陷入了长期停滞。如果以日本为参照对象，我国经济已经进入了第一个风险期，目前的情况与日本20世纪70年代初的情形很相似，即人口红利终结和世界经济不景气，同时也兼具了日本“失去的十年”前夕的特征，即人民币升值和经济泡沫。事实上，2011年以来我国经济增长已出现了明显的减速，连续两年低于8%，比2005—2010年的年均增长率降低了4.7个百分点，减速了38%。第二个风险期将会在2020年左右出现，届时我国老年抚养比将达到日本20世纪90年代初的水平，并且加速提高，2035年将会超过日本2005年的水平，经济是否会因此而陷入长期停滞非常值得警惕。

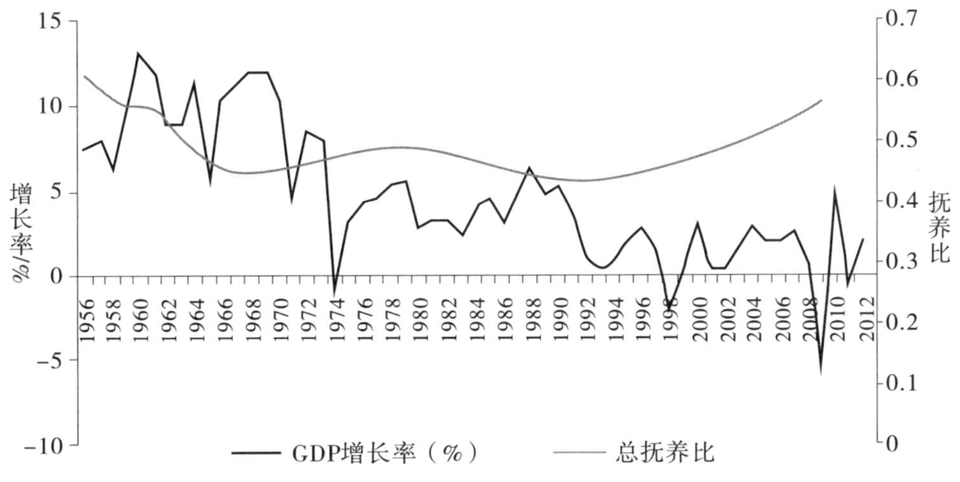

图5 日本GDP增长率与人口抚养比（1956—2012年）

数据来源：日本统计局。

三、劳动力规模缩减与劳动力供求关系的改变

我国曾是一个剩余劳动力无限供给的国家，廉价劳动力在很长一个时期内都是重要的比较优势，并使我国成为“世界加工厂”。目前，社会和政府官员对我国劳动力供给形势的认知普遍是劳动力数量庞大、就业压力大。但是，我国的劳动力供给形势已经发生了重要转变。

第一，劳动年龄人口数量已经开始减少。2012 年我国 15 ~ 59 岁的劳动年龄人口比上一年减少了 345 万人，按照 15 ~ 64 岁的年龄来统计，我国劳动年龄人口在 2015 年就会变为负增长，并且这个减少的趋势在未来几十年内都不会改变（如图 6 所示）。劳动年龄人口的持续减少将给我国劳动力市场、经济增长以及社会经济其他方面带来巨大而深远的影响，我国在剩余劳动力无限供给条件下的劳动力市场制度设计、收入分配制度、经济增长模式等都需要做出调整和改变。

表 1　中国劳动年龄人口和经济活动人口的变化

时期（年）	15 ~ 64 岁劳动年龄人口		经济活动人口	
	年均增量（万人）	年均增长率（%）	年均增量（万人）	年均增长率（%）
1980—1990	1 773. 4	2. 65	2 242. 0	4. 20
1990—2000	1 260. 4	1. 53	866. 9	1. 25
2000—2010	1 102. 8	1. 17	439. 6	0. 70
2010—2012	232. 5	0. 23	253. 0	0. 64
2012—2013	173. 0	0. 17	-303. 0	-0. 004

注：2013 年劳动年龄人口根据《中华人民共和国 2013 年国民经济和社会发展统计公报》中的数据和第六次全国人口普查年龄数据推算，2013 年经济活动人口根据该公报中的全国就业人员数、城镇就业人员数和城镇失业率推算。

数据来源：国家统计局：《中华人民共和国 2013 年国民经济和社会发展统计公报》。

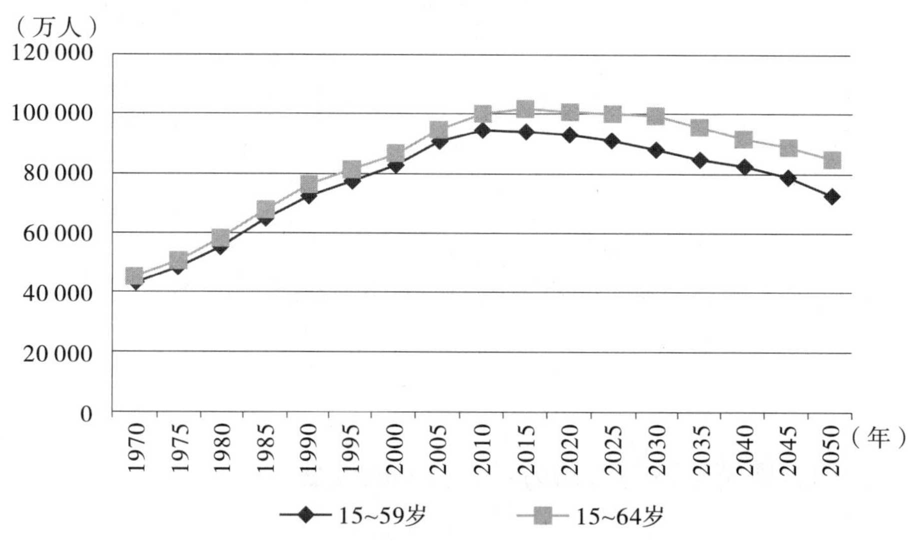

图 6　中国劳动年龄人口规模变化趋势（1970—2050 年）

数据来源：United Nations：*World Population Prospects 2012*.

第二，农村剩余劳动力已经十分有限。改革开放以来，我国农村剩余劳动力转移一直持续，特别是2000 年以后，转移的规模迅速扩大。2013 年全国农民工总量为 26 894

万人，占全国就业人员的34.94%，占农村15~64岁劳动年龄人口的55.59%，并超过了农村15~39岁青年劳动人口的数量。这意味着，农村剩余劳动力已经十分有限，青壮年劳动力资源甚至出现短缺。另一组数据也可以证明这种情况的存在，2010年以来农民工的增长速度已经连年下降，2010年为5.4%，2011年为4.4%，2012年为3.9%，2013年为2.4%。

第三，经济活动人口开始减少。2013年我国经济活动人口比前一年减少了303万人。与劳动年龄人口不同，经济活动人口是实际的劳动力供给，因此经济活动人口的减少意味着我国劳动力市场供求关系的改变。导致我国经济活动人口减少的直接原因有两个：一是劳动年龄人口的减少，二是劳动参与率的下降。在20世纪90年代，经济活动人口占15~59岁劳动年龄人口的比重基本上保持在86%左右的水平，进入21世纪后出现了明显的下降，2013年降到了78%。另一个给劳动力市场带来重要影响的变化是，我国目前已经进入退休高峰期。

四、从人口红利到人口质量红利

从人口角度看，虽然年龄结构发生了不利于经济发展的变化，但我国人口素质明显提升，并可以带来"人口质量红利"，即人力资本对经济增长的贡献。人口红利主要是通过分配效应（投资与消费之间的分配）增加投资而促进经济增长，而人力资本则是通过效率机制和外部效应提高各生产要素的生产率而推动经济增长的。人力资本作为拉动经济增长的引擎作用变得越来越重要，O'Neill（1995）的研究表明，1967—1985年，发达国家教育对GDP增长的贡献率为58%，发展中国家教育对GDP增长的贡献率为64%。世界银行认为，大力进行人力资本投资是东亚国家经济取得飞速发展的重要原因之一（World Bank，1993），而更多地投资于12~24岁年轻人的教育、健康和职业培训的发展中国家，可以大力促进经济增长和大幅度减少贫困（World Bank，2007）。

改革开放以来，人力资本积累在我国经济增长中发挥了重要作用，大量的实证分析都证明了健康、教育等人口素质因素给我国经济增长带来的积极作用。张车伟（2003）根据我国贫困农村的数据研究发现，人体热量拥有量每增加1%，种植业收入就会相应增加0.57%。刘国恩等（2004）基于中国健康与营养调查（CHNS）微观数据的研究结果表明，个人健康是决定我国家庭人均收入的重要因素。王弟海（2007）基于标准的Ramsey模型考察健康人力资本的经济效应，验证了健康人力资本对长期经济增长具有促进作用。数量众多的关于教育与经济增长关系的实证研究，都得出教育水平的提高对经济增长具有显著影响的结论（蔡昉、都阳，2000；王金营，2001；胡鞍钢，2002；胡永远、刘智勇，2004；姚先国、张海峰，2008）。

人口素质的提高是我国人口变化最为积极的一面。2010年我国人口平均预期寿命已达到74.8岁，与发达国家的平均水平仅相差2.1岁。2000年以来，我国的教育事业获得了快速发展，尤其是高等教育迅速扩张，2012 年普通高校招生规模达到了 688.83 万人，在校大学生达到了 2 391.32 万人，分别比 2000 年增加了 2.1 倍和 3.3 倍。2010 年第六次全国人口普查数据显示，2010 年全国 15 ~64 岁劳动年龄人口的平均受教育年限都高于 2000 年的水平，15 ~29 岁青年人的平均受教育水平达到 10.27 年，其中城市已经超过了高中水平，农村超过了初中水平。在劳动力资源缩减和经济发展模式转型的背景下，人力资本对于我国经济发展的意义将会变得越来越突出。

表 2　中国劳动年龄人口平均受教育年限

单位：年

地区	2010 年		2000 年	
	15 ~64 岁	15 ~29 岁	15 ~64 岁	15 ~29 岁
全国	9.44	10.27	8.32	9.28
城市	11.11	12.39	10.14	10.93
镇	9.69	10.86	9.11	9.94
农村	8.18	9.46	7.37	8.34

数据来源：根据第五次、第六次全国人口普查数据计算。

五、人口城镇化与扩大内需

人口城镇化是目前及未来一个时期我国人口变化最为显著的方面。2011 年我国城镇人口超过了农村人口，并追上了世界平均水平。在世界经济不景气和人民币升值的背景下，城镇化成为我国政府拉动内需的重要战略。但是，关于我国城镇化与居民消费需求关系的已有研究并没有得出一致的结论，有研究显示城镇化对提高居民消费率的贡献几乎为零（范剑平、向书坚，1999；刘志飞、颜进，2004），也有研究得出完全相反的结论（胡日冬、苏栊芳，2007；蒋南平等，2011）。笔者认为，我们至少可以做出这样一个判断，即我国的人口城镇化在促进居民消费、扩大内需方面还有很大的拓展空间。

有三个社会因素阻碍了城镇化的消费效应：一是收入分配制度的不合理，劳动者在国民财富中的分享份额过低，极大地制约了居民消费需求。而扩大内需的措施基本上都是增加投资，很少有提高个人收入、减免个人所得税等促进私人消费的措施；二是社会保障不完善，教育和医疗成本高，个人和家庭为了应对各种风险和刚性需求而不得不降低消费倾向；三是城市中大量外来人口的“非市民化”，我国目前至少有 1.6 亿农民进城务工，他们是在正规制度之外的就业群体，收入低、保障差，因而消费水平低。这就导致了一个结构性的后果，即农民工虽然提高了人口城镇化水平，但并没有相应提高消费率。如果这三个问题得到有效解决，我国的城镇化就会释放出巨大的消费需求，进而拉动经济的增长。

六、结论和余论

在经历了人类历史上最为迅速的人口转变之后，新的人口动态和人口形态已经出现，它深刻地改变了我国的人口国情及其与经济发展的关系。由于人口变化与经济发展的特殊时序结构，我国的人口经济关系兼具了发展中国家和发达国家的特征，显得更为复杂。

从近期看，劳动力供给的减少、“刘易斯拐点”的显现、人口红利的过早终结等都增加了经济减速的风险，也不利于跨越“中等收入陷阱”。人口结构生产性的下降导致了高储蓄、高投资的基础被削弱。另外，随着经济形态从生存型经济转变为发展型经济，供给与需求关系结构也发生了改变：从供给约束转向需求拉动。我国过去的经济高速增长在很大程度上依赖于外需的拉动，因此，即使国内消费需求受收入分配不公的压抑，经济的总需求和总供给仍然能实现基本平衡。但这种机会现在变得越来越小了，其主要原因包括三个方面：一是我国主要贸易出口的国家和地区的经济不景气，对我国产品的需求大大减少；二是来自其他发展中国家的竞争越来越激烈，越南、印度等国家拥有比我国更为廉价的劳动力；三是劳动力成本上升，这导致实际工资增长率在过去几年中远远高于亚洲其他国家。从更长远的时期看，我国将迎来人口减少、老年抚养比大幅提高的局面，这将是一个全新的人口形态，在这样的人口形态中如何避免陷入长期停滞，如何保持经济发展的活力，对于我国而言还是一个全新的议题。

人口素质和城镇化水平的提高是我国人口变化的积极方面，也是人口与经济关系新格局中的积极方面。在人口结构生产性下降的情况下，人口素质和城镇化水平的提高将为我国跨越中等收入阶段创造新的机会。需要指出的是，除了人力资本积累和大力推进城镇化以外，相对于发达国家而言，我国应对人口变化带来的经济挑战的其他可选择手段可能更为有限。例如，发达国家应对老龄化及劳动力供给紧张问题有四个途径：一是提高妇女劳动参与率；二是推迟退休年龄；三是从国外移民；四是扩大海外投资，利用其他国家的廉价劳动力。就我国而言，目前唯一可能的选项是推迟退休年龄。再如，第二个人口红利被认为可以在老龄化社会维持较高的储蓄率，国外的一些实证研究也一致得出平均预期寿命的延长有利于储蓄率提高的结论，即人们要为更长的生命周期储备资源，但是这种储备有赖于合理的社会保障制度和收入分配制度。从我国目前的相关制度安排看，第二个人口红利的获得并不乐观。因此，应对人口与经济关系变化带来的挑战，不仅需要经济体制和经济政策的创新，也同样需要社会体制和社会政策的改革，尤其需要在收入分配、劳动力市场、社会保障、教育、户籍制度、人口政策等方面进行大刀阔斧的改革。

参考文献

[1] Malthus T. R. , *An Essay on the Principle of Population, As It Affects the Future Improvement of Society with Remarks on the Speculation of Mr. Godwin, M. Condorcet, and Other Writers*, Harmond sworth: Penguin Group, 1978.

[2] Keynes J. M. , Some Economic Consequences of a Declining Population, *Eugenics Review*, 1937, 29 (1).

[3] Hansen A. H. , Economic Progress and Declining Population Growth, *American Economic Review*, 1939, 29 (1).

[4] Leibenstein H. , *Economic Backwardness and Economic Growth*, New York: Wiley, 1957.

[5] Coale A. & Hoover E. , *Population Growth and Economic Development in Low-income Countries*. Princeton: Princeton University Press, 1958.

[6] Gomez R. & Lamb D. , Demographic Origins of the Great Recession: Implications for China, *China & World Economy*, 2013, 21 (2): pp. 97 – 118.

[7] Bloom D. E. & Williamson J. G. , Demographic Transitions and Economic Miracles in Emerging Asia, *World Bank Economic Review*, 1998, 12 (3) : pp. 419 – 455.

[8] Braun R. A. , Ikeda D. & Joines D. H. , The Saving Rate in Japan: Why It Has Fallen and Why It Will Remain Low, *International Economic Review*, 2009, 50 (1).

[9] Reiko A. , A Demographic Perspective on Japan's "Lost Decades", *Population and Development Review*, 2012 (38): pp. 103 – 112.

[10] Kotkin J. , America's Baby Bust: the Great Recession Has Jeopardized Our Demographic Health, www. forbes. com, 8 /21 / 2012.

[11] 宋光辉:《我国人口与经济增长长期稳定关系的实证分析(1953—2000)》,《西北人口》, 2004 年第 25 卷第 3 期, 第 15 – 18 页。

[12] 都阳:《人口转变的经济效应及其对中国经济增长持续性的影响》,《中国人口科学》, 2004 年第 5 期, 第 33 – 39 页。

[13] 蔡昉:《关于中国人口及相关问题的若干认识误区》,《国际经济评论》, 2010 年第 6 期, 第 81 – 94、5 页。

[14] Romer P. M. , Increasing Returns and Long-run Growth, *Journal of Political Economics*, 1986, 94 (5): pp. 1002 – 1037.

[15] Barro R. J. , Economic Growth in a Cross Section of Countries, *Quarterly Journal of Economics*, 1991 (106): pp. 407 – 444.

[16] Kelley A. C. & Schmid R. M. , Aggregate Population and Economic Growth Correlations: The Role of the Components of Demographic Change, *Demography*, 1995, 32 (4): pp. 543 – 557.

[17] Heller P. S., Aging, Savings, and Pensions in the Group of Seven Countries: 1980—2025, *Journal of Public Policy*, 1989, 9 (2): pp. 127 - 153.

[18] OECD, *Aging in OECD Countries: A Critical Policy Challenge*, Paris: OECD, 1996.

[19] Futagami K. & Nakajima T., Population Aging and Economic Growth, *Journal of Macroeconomics*, 2001, 23 (1): pp. 31 - 44.

[20] Bloom D. E., Canning D. & Fink G., Population Aging and Economic Growth, The World Bank Commission on Growth and Development, *Working Paper*, 2008 (32).

[21] Galor O. & Weil D., Population, Technology, and Growth: From Malthusian Stagnation to the Demographic Transition and Beyond, *American Economics Review*, 2000, 90 (4): pp. 806 - 828.

[22] Skirbekk V., Age and Productivity Capacity: Descriptions, Causes and Policy. *Ageing Horizons*, 2008 (8): pp. 4 - 12.

[23] Prettner K., Population Aging and Endogenous Economic Growth, *Journal of Population Economics*, 2013 (26): pp. 811 - 834.

[24] World Bank, *World Development Report 1998*, Washington: The World Bank, 1998.

[25] Wang F. & Mason A., The Demographic Factors in China's Transition, Paper Presented at the Conference on China's Economic Transition: Origins, Mechanisms, and Consequences, *Journal of the Japan Research Association*, 2004.

[26] 蔡昉:《人口转变、人口红利与经济增长可持续性——兼论充分就业如何促进经济增长》,《人口研究》,2004 年第 2 期,第 2 - 9 页。

[27] 吴帆:《基于人口视角对欧债危机的社会观察:对中国的警示和启示》,《人口研究》,2013 年第 37 卷第 3 期,第 71 - 81 页。

[28] Lindh T. & Malmberg B., Age Structure Effects and Growth in the OECD: 1950—1990, *Journal of Population and Economics*, 1999, 12 (3): pp. 431 - 449.

[29] United Nations, *World Population Prospects 2012*, http://esa.un.org/unpd/wpp/index.htm.

[30] World Bank, *Development Indicator*, http://data.worldbank.org/indicator/NY.

[31] O'Neill D., Education and Income Growth: Implications for Cross-country Inequality, *Journal of Political Economy*, 1995, 10 (6): pp. 1289 - 1301.

[32] World Bank, *The East Asian Miracle*, New York: Oxford University Press, 1993.

[33] World Bank, *World Development Report*, Washington: The World Bank, 2007.

[34] 张车伟:《营养、健康与效率:来自中国贫困农村的证据》,《经济研究》,2003 年第 1 期,第 3 - 12 页。

［35］刘国恩，Dow W. H.，傅正泓，等：《中国的健康人力资本与收入增长》，《经济学（季刊）》，2004 年第 4 期，第 101 – 118 页。

［36］王弟海：《健康人力资本能促进长期经济增长吗？》，《浙江社会科学》，2007 年第 4 期，第 81 – 86 页。

［37］蔡昉、都阳：《中国地区经济增长的趋同与差异：对西部开发战略的启示》，《经济研究》，2000 年第 10 期，第 30 – 38 页。

［38］王金营：《人力资本与经济增长：理论与实证》，北京：中国财政经济出版社，2001 年。

［39］胡鞍钢：《未来经济增长取决于全要素生产率提高》，《中国证券报》，2002 年 12 月 20 日。

［40］胡永远、刘智勇：《不同类型人力资本对经济增长的影响分析》，《人口与经济》，2004 年第 2 期，第 55 – 58 页。

［41］姚先国、张海峰：《教育、人力资本与地区经济差异》，《经济研究》，2008 年第 43 卷第 5 期，第 47 – 57 页。

［42］范剑平、向书坚：《我国城乡人口二元社会结构对居民消费率的影响》，《管理世界》，1999 年第 5 期，第 35 – 38、63 页。

［43］刘志飞、颜进：《从居民消费角度看城市化道路的选择》，《城市问题》，2004 年第 3 期，第 36 – 39 页。

［44］胡日冬、苏梽芳：《中国城镇化发展与居民消费增长关系的动态分析——基于 VAR 模型的实证研究》，《上海经济研究》，2007 年第 5 期，第 58 – 66 页。

［45］蒋南平、王向南、朱琛：《中国城镇化与城乡居民消费的启动——基于地级城市分城乡的数据》，《当代经济研究》，2011 年第 3 期，第 62 – 67 页。

【作者简介】

李建民，南开大学经济学院人口与发展研究所教授、博士生导师。

开放发展视角下的公共风险与公共卫生治理研究*

王廷惠

在不确定现实中找寻确定方向，基于生存与发展的人类趋利避害努力从未停顿。开放社会的不确定性使潜在公共风险更多、更复杂，突发公共事件的可能性也更大。我国已经成为经济全面、高度开放的发展中开放大国和开放型经济体，开放过程潜在和累积的公共风险不容低估。本文侧重以在开放发展过程中的外部性与流动性为视角，探究包括公共卫生在内的突发性公共事件蔓延演化的原因，并探索公共卫生治理的开放思路。

一、开放发展过程的公共风险

（一）改革开放以来我国发展实践的开放特征

从局部、试点和渐进的开放实践探索，到全面、纵深和主动的开放发展，与全球范围局部、阶段性逆全球化形成鲜明对比。自信的开放型经济发展更加显著，开放发展成为我国发展的重要时代特征。

1. 政策开放与制度开放：更大范围、更宽领域和更深层次的开放发展

我国开放实践的智慧平衡了开放风险与稳步发展关系，当前进入制度开放新阶段。回顾开放发展过程，我国开放空间从经济特区到沿海港口城市再到沿江、沿边及内陆省会城市；开放范围从贸易领域到投资领域；开放层次从商品市场到要素市场；开放维度从经济活动到社会服务（王廷惠，2014）；开放思路从利用外资到鼓励企业“走出去”；开放方式从风险可控的“渐进式”“梯度开放”到全方位对外开放（张二震，2016）；开放平台从“四个特区”到沿海沿边和内陆开放进而从“自由贸易区”乃至“自由贸易港”；开放战略从开放目标实现“引进来”与“走出去”有机结合到通过内外联动一

---

* 本文原载于《广东社会科学》2020 年第 3 期。

体发展对内、对外开放相互促进；开放格局从陆海内外联动、东西双向开放的全面开放到建设粤港澳大湾区发展共同体再到参与并推动全球经济治理体系改革完善，从“一带一路”倡议到构建人类命运共同体；开放深度从具体领域与环节的政策开放到完善法制化、国际化、便利化和市场化营商环境的制度开放；开放效果从规模扩大到质量提升。我国整体上朝着更大范围、更宽领域和更深层次的开放方向发展，日益深度融入世界经济并参与未来开放型世界经济体系构建，日益完善互利共赢、多元平衡、安全高效的开放型经济体系，构建平等公正、平衡和谐、合作共赢的开放型世界经济（裴长洪，2016）。与特朗普“筑墙”、英国“脱欧”、保护主义及民族主义盛行等逆全球化迹象形成鲜明对照，我国坚持互惠互利、共建共赢原则，发展的开放理念将更加明确，开放思维日渐深植，开放格局更加宏大，开放深度日益拓展，新时代发展的开放特征将更加鲜明。

2. 人口流动与市场开放：人口高流动性开放发展

开放发展是互惠贸易交换增长、市场交易不断扩大、各种要素流动频繁、人际交往加深拓展、国际交流日渐扩展的动态过程。开放过程必然要求消除市场壁垒、打破地域界限、商品跨地域和跨界贸易、各种生产要素在更广阔市场空间内流动与配置。劳动力是最为重要的核心要素，人口流动是市场经济开放特征所决定的人口现象，是市场优化资源配置的关键机制（俞宪忠，2006）。改革开放以来，我国人口活跃程度迅速提高（杨云彦，2003）。根据国家统计局数据，1982 年，我国流动人口为 657 万人，2000 年超过 1 亿人，2010 年为 2.21 亿人，2014 年达到峰值 2.53 亿人，占全国总人口的 18.5%。[①] 流动人口的快速增加，成为流动性中国社会的最直接表现（洪大用，2017）。进一步开放发展的开放过程，必然进一步加速人口流动，人口高流动性成为开放型市场经济发展的必然现象。日益开放的发展过程意味着我国人口跨行政区域、跨境、跨国流动性特征将更加显著，区际、国际、人际交流交往增多产生的人口高流动性增强了开放发展风险的复杂性。

（二）开放发展的潜在公共风险

风险意味着人类行动及其面临生存与发展环境的不确定性。风险是“在与将来可能性关系中被评价的危险程度”，现代化风险是工业发展或现代化的“潜在副作用”（贝克，2004）。社会风险由“人类实践和社会性因素引起，人类社会和人们的社会生活在未来遇到危害的可能性以及对这种可能性的判断与认知”（夏玉珍等，2007）。改革开放以来，长时期、高速度、巨体量的经济增长实现“中国奇迹”的同时，外延式、粗放式、数量型、高能耗的经济增长方式也产生了一些不容忽略的发展问题，表现为经济

---

① “人口总量平稳增长　人口素质显著提升——新中国成立 70 周年经济社会发展成就系列报告之二十”，参见国家统计局网站，http://www.stats.gov.cn/tjsj/zxfb/201908/t20190822_1692898.html。

发展的社会负外部性和生态环境负外部性。全面扩大开放发展潜伏着不容忽略的社会风险和生态环境风险以及各类潜在风险交织积累、相互叠加进而在特定时空生成的系统性公共风险。

1. 市场扩展的开放发展过程积累和积聚了社会风险：经济发展的社会负外部性

在市场扩展性配置资源的经济开放发展过程中，效率导向的经济发展对其他领域和社会整体的负外部性显现，积累和积聚了不少社会风险。改革发展初期对经济效率、经济增长和经济绩效的单向线性思维与片面“短视”追求，导致一定程度的过度市场化现象。相对经济超常规发展奇迹，社会发展不充分、不平衡、不包容等问题日益凸显。社会发展不充分表现为社会事业发展不足，既有文化教育、卫生等满足人民对美好生活需要的社会事业发展总量不足问题，也有人民与日俱增需要的社会事业发展质量不高问题。社会发展不平衡表现为社会事业发展结构存在问题，既有社会收入差距拉大的社会现象，也有社会阶层固化及收入分配差距导致的发展分化并存问题。其中，公共卫生事业整体发展的不充分、不平衡和不可持续问题，更是日益突出。社会发展不包容表现为存在社会排斥现象，对照以人民为中心的发展目标，社会保障与社会发展仍然整体不足。这些社会负外部性问题得不到解决，积累和积聚的风险可能通过突发事件快速发酵，迅速扩散，演变成为系统性社会危机和公共危机。

2. 以经济增长为目标的发展导致生态环境风险：经济发展的生态环境负外部性

作为最大的发展中国家，我国经济长时期、高速度、粗放式、高能耗发展，导致生态与环境恶化引发整个生态环境的脆弱性和不稳定性以及由此衍生的系统性潜在风险，严重威胁经济持续发展，损害人民群众的安全感、获得感和幸福感。土地荒漠化与水土流失导致可耕地红线被突破，土壤与海洋、河流等被污染，森林、草原面积与物种缩减，洪涝灾害、极端天气、空气污染等现象频发，均为经济发展忽视生态环境所带来的恶果（何珊君，2018）。[①] 私人账面财务效率和赚取利润的背后，是社会成本和公共负担的增加，存在收益私人化、私人成本社会化的发展欠公正、难持续现象，经济发展的生态环境负外部性日益加剧。经济发展产生的生态环境负外部性表现为，生态赤字和环境赤字凸显，经济发展的生态成本和环境代价日益增加，潜伏较大的生态环境风险。

3. 开放发展过程各种风险积累和叠加诱发的系统性公共风险：负外部性的复杂化

由于开放过程的高度开放性和复杂性，开放发展中的各种风险因素交织影响、相互叠加并派生演化，看似平常的偶发事件和意外因素，有可能生发潜在的深层次、系统

---

① 根据国家生态环境部公告，2018 年黄河、松花江和淮河流域为轻度污染，海河和辽河流域为中度污染；2017 年全国土壤侵蚀总面积 294.9 万平方千米，荒漠化土地面积 261.16 万平方千米，沙化土地面积 172.12 万平方千米；2018 年全国 338 个地级及以上城市中，217 个城市环境空气质量超标，338 个城市发生重度污染 1899 天次，严重污染 822 天次；2018 年，全国生态环境质量较差和差的县域面积占 31.6%。参见“中国生态环境公报”（2018），国家生态环境部，http://www.mee.gov.cn/hjzl/sthjzk/zghjzkgb/201905/P020190619587632630618.pdf。

性、全局性、整体性高公共风险事件。"中国社会显露出风险社会端倪，甚至要接受比西方发达国家更加巨大的风险挑战，正进入风险社会时代"（夏玉珍等，2007），"时空压缩背景下致使高风险时代中国的社会问题增加，社会结构张力增大"（夏玉珍等，2016），必须高度关注历时性的风险类型共时态存在的"风险共生"现象（洪大用，2004）。除了市场化、工业化、城镇化与信息化的现代化过程性风险外，我国社会转型期的贫富差距过大、社会分化矛盾激增、传染病控制难度加大、族群冲突加剧、道德失范、信任危机以及控制失灵等潜在风险也较高。在局部逆全球化背景下，我国进一步扩大开放发展必然面临更为复杂的环境和变量，必然面对更多潜在的负外部性叠加型系统性风险，必须防备各种风险源头和风险因素交互叠加、生成升级、传播扩散形成的系统性公共风险。

（三）开放发展的公共风险特征

不同于单个主体、有限范围的特定风险，公共风险是公众面临的全局性、整体性、系统性风险。面临复杂的国内外发展环境，我国同步推进市场化、工业化、城镇化、信息化等"时空压缩"式新型现代化发展，负外部性问题和人口高流动性特点使单个主体、个别风险及局部风险因为开放渠道得以扩展成为公共风险，开放发展的公共风险具有全民普遍性、易发突发性、复合叠加性和潜在破坏性等特征。

1. 存在范围的全民普遍性

风险意味着不确定性和不稳定性，意味着人们感受到不安全和危险。在现代交通技术和现代信息技术支持下，人口广泛、大规模流动不断突破人为阻隔与设置的物理界限和制度约束。开放发展过程产生的风险，具有普遍性、全民性（何珊君，2018）公共特征。我国发展理念的开放导向、发展环境和发展举措的开放特征，决定了进一步开放发展过程风险的普遍性和全民性。潜在公共风险一旦发生，演变成为公共事件甚至公共危机，公众生活、企业生产、人际交往和社会活动均会受影响，甚至引发国际恐慌和全球危机事件。

2. 产生演化的突发性

开放社会的风险源头多元，潜在起因演化复杂，通过快捷的交通、流动的人群、开放的网络，跨越时空限制，风险较易迅速、高强度传递与动态扩散。我国城乡、地区和部门之间，以及城市与城市、农村与农村之间，开放程度越来越大，彼此联系日益紧密（洪大用，2017）。人口跨区域甚至跨境流动越加频繁，人际交往网络特征越加复杂，开放发展存在不容忽略的高流动性公共风险①。由于经济活动范围广、市场交易空间大、社会活动联系广、人际交流频次高、国际交往极复杂，社会的高度开放性决定了开

① 高度便利快捷的陆海空立体化、多节点和高效率交通体系，尤其是占世界高铁总里程 2/3 高速铁路的纵横交错网络贯通，更是极大方便了我国区际物流与人际交流。

放发展过程可能遭遇更多突发性风险。我国是最大发展中国家，在极其复杂的开放发展网络体系中，任何主体在任何环节上的任何细节，稍有不慎均有可能出现突发状况，突发情形发生的概率大、风险高。潜在的突发性风险事件一旦发生，风险不断累积、连锁交织、加速发展，容易扩散演化为重大公共危机，突发或偶发小事情可能演化成大事件。

3. 动态交互的复合叠加性

由于风险源头海量多样，风险发生初始主体多元，风险发生之后的扩散演化路径开放，风险生发过程中存在极其复杂的风险交织、次生叠加、加速放大等机制与情况。由于信息不对称的原因，风险一旦经由导火索引发，开放社会的各类主体出于有限理性的个体行为选择及交互影响，可能导致最初突发情形进一步朝着强化风险的方向发展，无数个体行动构成的经济运行、社会运转问题相互交织、彼此加强、叠加演化，造成人流、信息流、资金流问题以链条化、网络化形式加速化、复杂化叠加，进而引发系统性公共危机。我国现代化开放性发展具有后发性和复合性的典型"时空压缩"特性，传统、现代和后现代"历时性"地压缩到同一时空，发展过程"共时性"地受世界其他国家影响（夏玉珍等，2007）。开放发展过程中的各种风险往往相互交织、相互影响，公共风险呈现复合演化的复杂倾向。

4. 风险后果的潜在破坏性

开放社会的高度开放特征决定了开放社会公共风险的复杂性，我国开放发展的风险具有"时空压缩"性复合型特征。在全球高度不确定性和高度复杂性的动荡"脆弱"时代，加上最大发展中国家独有的发展问题，风险来源的多元化与复杂性、高发的风险频率、高强度的风险事件，加上在风险累积、转移、交织、叠加机制作用下，形成负外部性的系统性扩展，风险事件导致的结果具有较大跨域破坏性。如果公共预防系统失灵，潜在复杂、系统性公共风险转换为现实重大公共安全事件的整体后果、跨域影响甚至代际危害不堪设想。

二、开放社会突发公共事件的风险原因

经济社会发展的开放特征，与人类交互行动影响的负外部性及市场交易半径不断扩展产生的人口高流动性相互影响且交互作用，为理解开放发展过程的突发公共事件，提供了一个解释视角。

（一）开放发展的外部性：交易、交往的叠加与放大

外部性是不同主体行动的相互影响和交互关系，是理解复杂世界的重要概念。在相互依存的人类交往实践中，一个主体（包括个体、企业、机构、政府、国家等）为实现计划目标进行的决策和行为选择，会对其他主体乃至整个社会产生影响，有利影响称

上看，从出版学科视角研究版权经济的文章或著作有一些，但从出版业、广播影视、工业设计等全面展开研究版权经济的文章或著作几乎空白。如1999年我国创刊了《出版经济》，部分专业报刊开设了“出版经济研究”或“出版产业研究”专栏，这为版权产业或版权经济研究的早期发展做出了贡献。[①] 从以“版权经济”作为关键词的文献检索的专业著作来看，有胡知武的《版权经济实务》（2002年）、朱慧的《激励与接入：版权制度的经济学研究》（2009年）和皇甫晓涛的《版权经济论》（2011年）等著作。

三、版权经济学的内涵界定与基本范畴

经济学意义上的版权概念和法学意义上的版权概念并非完全一致。随着业界、学界对版权相关产业的发展给予越来越多的关注，版权贸易、版权经济等概念的使用日益频繁，却少有对版权经济及其性质的深入探讨，往往把版权经济和版权产业作为同等概念在使用，版权经济的研究总体还处于描述性的实务分析阶段。本文从法学和经济学两大学科的互动共生关系，从历史与逻辑、理论与实践辩证统一的角度来挖掘版权经济学的基本范畴与核心内涵。

（一）作为一种生产要素的版权经济

首先，版权是一种知识要素。从经济学视角看，版权作为知识经济条件下可以直接转化为生产力的一种重要资源，是人类创造性劳动所创造的智力成果或智慧成果的核心构成要素。任何国家的经济社会发展取决于人的智慧、自然环境、社会制度三个方面，三者之间是相互联系、相互影响的。而人的智慧创造出的作品或智力成果以版权形式交易时，产生的版权的价格，事实上就是知识要素的经济价值或收入。其次，作品的本质是信息。作为信息要素的版权，从经济意义上讲就是指市场信息与技术信息。著作权法是对作品的保护并赋予其法律意义上的价值。最后，版权是一种创新能力要素。价值创造是社会经济活动的永恒主题。版权作为知识产权的重要组成部分，对创新的要求是第一位的，它以独特的价值创新方式有效地促进经济运行活动的扩张和提升，并成为价值创造的重要因素。用好具有战略性、基础性资源的版权技术，助力创新发展，增强国家软实力，将是版权经济学研究的重点内容之一。

（二）作为一种生产方式的版权经济

生产方式、地理环境和人口因素是人类社会赖以存在和发展的社会物质生活条件。其中的生产方式是社会发展的决定力量。版权经济事实上是一种先进的生产方式或指一种新的经济形态，这种生产方式或经济形态是经济学意义上各种生产要素的多元组合及

① 吴赟：《我国出版经济研究述评》，《出版科学》，2006年第6期，第25-31、16页。

明显，在其他因素触发下，原本存在的潜在公共风险，各种负外部性问题显现、暴露甚至超越传统时空蔓延传播。

2. 高流动性开放社会积累负外部性风险的集中突发与爆发：流动过程的交互叠加与迅速蔓延

传染病的感染与传播，是可能引发公共危机的典型负外部性现象。病毒携带者无意中传播病毒的“负外部性”行为，可能引发公共空间的人际感染和交叉传播，极端情况下导致疫情爆发，形成重大公共卫生事件。由于现代人际交往的宽广地域和现代交通网络支持的人口高度流动性，少数感染病例通过特定的传染空间和传播途径，通过高流动性社会负外部性外溢速度加快与半径扩展，在很短时间和极广空间内实现少数病案爆发式传播感染进而指数式演化为重大疫情。世界任何角落发生的传染病，经由各种途径跨境传播，均有可能造成公共卫生灾难（徐彤武，2016）。我国人口流动规模和密度居全球之首，跨境、跨区域人流意味着难以预料的传染病和致病物种输入和输出风险，对任何国家的传染病防控系统都是“极限性考验”（徐彤武，2016）。

感染者在知情或不知情情况下的感染并损害他人身体健康状况的行为，尤其是在潜伏期不知情或轻度发病情况下的非主观故意传播行为，事实上开放性扩展了疫情传播的多元路径及其不确定复杂性。2019 新型冠状病毒发展过程的适应性变异和不断升级，加上四通八达现代交通体系支持的人口高流动性，潜在病毒携带者在不知情情况下流动移走，导致负外部性与高流动性叠加，爆发了公共卫生事件。2020 年 1 月 23 日，我国各省先后宣布启动重大突发公共卫生事件一级响应，1 月 30 日，世界卫生组织宣布将新型冠状病毒疫情列为“国际关注的突发公共卫生事件”，3 月 11 日，世界卫生组织将新冠肺炎升格为全球大流行病。

三、开放发展的公共风险管理与公共卫生治理思路

立足我国深度开放发展的国情和面临高公共风险的实际，结合新冠肺炎公共卫生事件暴露的风险管理问题，探索基于开放发展过程公共风险的开放治理思路，有助于推动我国公共卫生治理体系和治理能力现代化。

（一）加强开放发展的公共风险管理

在全球化背景下，市场化、工业化、城镇化和信息化同时推进的现代化开放发展过程，决定了经济交易高频率、社会交往极复杂和人力资源快流动，决定了我国未来发展公共风险的开放性。因此，以开放思维应对风险，以开放格局防控风险，以开放方式治理风险，系统管控负外部性，有序治理流动性，应该成为未来公共风险管理的基本思路，也是公共卫生管理应当遵循的思路。

1. 以开放眼光研判风险：摒弃经验依赖

开放发展过程的开放性核心特征，决定了公共风险的高度开放性。事实上，高开放风险意味着各级、各层、各类主体时时刻刻有可能暴露在风险之中，整个经济社会运转体系中的任何细节、环节或事件，有可能通过负外部性的现代网络化传播途径与方式得以加速放大，进而积累叠加扩展成为社会性、全局性、整体性事件。在人类发展实践过程中，随着人际交往、区际交通、市场交易和国际交流的日益扩展，我国已经形成并发展出制度、组织、技术等各种应对风险、解决不确定性、控制负外部性方式方法的治理谱系。对照治理变革和深入扩大开放要求，我国公共治理体系仍然存在对公共风险的开放性认识严重不足、警觉性不够等问题。健全公共风险管控体系，提升公共风险治理能力，首先要摒弃固化、经验、线性和边际经验范式，充分认识开放社会的开放性风险特征及生成、积累与演化风险，克服科层体制官僚化保守倾向，牢固树立开放思维并高度警惕用于对所有可能风险尤其是公共风险的战略研判。

2. 以开放思路应对风险：多方协同共治

开放发展的开放性风险源以及开放过程的多主体、多环节与多要素，决定了公共风险根源及演化升级路径的复杂性。高风险时代公共风险复杂性增加了风险治理难度，多元化风险治理主体积极参与，才有可能有效防控风险，促进社会有序和谐、包容公平发展。因此，必须强化开放治理理念，超越封闭框架和局部思维，以开放思路管控公共风险，尤其要强化政府公共职责，开放协同多元力量共治，管控经济社会发展的整体不确定性和系统不稳定性。一方面，政府要切实履行公共服务职责，构建现代化开放型风险治理体系，提升公共风险管控效能。另一方面，要充分调动社会运转过程中各个环节、各个领域、各个层面的主体积极参与，形成多元主体互补参与、多方力量协同联动、多环节协调管控、多要素高效配置的现代化治理体系和治理模式。

3. 集成开放方式治理风险：制度、组织与技术

不同于封闭和低流动性的传统治理方式，开放发展急需整合制度、组织和技术发展力量，以更加开放的制度格局、组织形式与技术应用，整体提升流动性开放社会公共风险治理效能。

首先，要增强制度开放性，提升管控公共风险的制度效能。制度为行动主体提供关于未来的稳定预期，有助于解决开放发展过程不确定性和负外部性。针对开放发展过程负外部性广泛存在引发的不确定性，开放导向的制度发展必须管控制度惯性、工作惯性和官僚惰性导致的风险生成及扩散升级。因此，要强化依法管控风险，既要系统谋划整体健全公共安全管理的法律体系，又要及时打补丁、补短板，加快系统升级公共风险法治体系，强化公共安全法治保障，实现依法治理公共风险的制度升级和能力升级。

其次，要强化组织开放性，构建网络化公共风险治理体系。组织是解决复杂负外部性的具体工具，要以开放态度鼓励社会组织发展，激发各类管控风险的多元动能，形成多主体、多节点、多环节的网络化、系统化风险管控格局。组织的开放性是应对开放社

会开放性风险的要求，立足我国治理实践的组织优势，要在党领导的政治优势和政府履行公共职责的组织优势基础上，进一步动员社会力量发挥社会自组织作用，构建开放多元的治理组织体系。

最后，要开放技术路径，发挥现代信息技术治理优势。技术应用有助于解决制度不足和组织不足问题，现代信息技术广泛、深度应用于公共风险治理，有助于及时收集信息、敏锐发现信息、及时公开信息并高效解决负外部性和人口高流动性所产生的公共问题。尤其要高度重视大数据、人工智能、云计算等数字技术，广泛、深度应用在公共风险生发的多主体、多因素、多层面、多环节和全过程，及时发现线索、汇总信息、科学研判、制订预案、发布信息并有效联动，高效管控系统性公共风险。

（二）完善开放发展的公共卫生治理体系

公共卫生安全是最基本和最重要的国家公共安全，事关人民生命安全和身体健康，涉及战略安全、全局安全和种族安全。在开放发展背景下，公共卫生事件一旦发生，防控不住可能引发混合型、跨界型、系统性、全球性公共灾害。新冠肺炎疫情是“中华人民共和国成立以来在我国发生的传播速度最快、感染范围最广、防控难度最大的重大突发公共卫生事件”①，我们要以这次新冠肺炎公共卫生事件为鉴，进一步健全与国家开放发展相适应的公共卫生治理体制。

1. 强化以人民为中心发展宗旨，牢固树立开放思维

要进一步强化以人民为中心的价值理念，顶层设计、制度规范、规制措施、组织体系、人员资质、技术规范等方面都要将以人民为中心的发展观全面贯穿公共卫生治理体系。在进一步开放发展的过程中，各种潜在风险均有可能因为经济交易高度开放性、人员交往快捷流动性、现代交通立体网络性等高流动性机制传播、蔓延和放大，将负外部性通过网络化复杂传播机制迅速、广泛扩散，以致潜在公共危机转化为现实公共事件。因此，要坚持“人民健康至上”导向思维，坚守“避免生命安全事件”底线。公共卫生领域所有人员尤其要强化开放风险意识，掌握开放发展过程中的卫生健康领域风险潜在性、开放性、复杂性，将开放风险防范思维内化为职业习惯，固化于制度体系，外化为专业细节。

2. 健全公共卫生治理体制，提升政府公共治理效能

确保人民生命安全和身体健康是人民政府的基本职责，公共卫生②属于公共服务领域，要进一步健全公共卫生治理机制，整体提升政府公共治理效能。一要立即制定《公

---

① “习近平出席统筹推进新冠肺炎疫情防控和经济社会发展工作部署会议并发表重要讲话”，参见中华人民共和国中央人民政府网站，http://www.gov.cn/xinwen/2020-02/23/content_5482453.htm。

② 公共卫生是“通过社会、组织、公共和私人社区、个人的知情选择以及有组织的行动，来预防疾病、延长生命和促进健康的科学和艺术”（Frieden，2020），参见中国疾控中心网站，http://www.chinacdc.cn/zxdt/。

场上相互交易等。二是宏观版权经济研究。利用宏观经济学的原理，研究整个版权经济。其目的是解释同时影响版权持有者、版权企业和版权市场的整体经济现象。三是版权经济政策研究。核心是使用供求工具来分析各种类型的政府政策。如，如何利用财政政策和货币政策来调控版权提供者与消费者的经济行为、制订版权产业发展的中长期规划等。

（二）版权经济学的学科构建探讨

1．版权经济学的研究对象

版权是知识产权的重要组成部分，指文学、艺术、科学作品的作者对其作品享有的权利（包括财产权、人身权）。版权涵盖面广而全，既包括自然科学、人文社会科学以及文学、艺术、书画、音乐、戏剧、雕塑、摄影和广播影视等方面的作品，也包括计算机软件、工业设计图、建筑等。作为一个学科研究对象，一要揭示版权经济学科本身的规律和内容（以文化、智慧产业与技术创新成果为基础，以版权产业及其交易为主导的智慧经济形态），而不是一些概念的简单组合或堆积；二要探求版权经济学科相关的事物、现象或社会活动之外的广延性；三要解释版权经济的实践及理论归纳，而对这些问题的研究，正是从经济学的角度研究版权与版权产业活动等内容核心。鉴于此，版权经济学的研究对象，简单地说，就是版权经济本身。这样就可以全方位地开展研究，建立起完善的版权经济学体系。

2．版权经济学的学科定位

关于版权经济学科的定位，可从两个维度来把握。首先，版权经济学是交叉学科。版权经济学糅合了法学、经济学、博弈论、社会学甚至哲学等多种学术资源和解释路径，因此具有鲜明的学科交叉与学术综合的特色。版权经济学既是法学（法律）理论和规范研究不断深化发展的最终结果，也是经济学日益拓宽视野，从抽象层面概括人类行为本质的必然产物。经济学可以弥补版权所缺乏的行为理论和规范标准，版权则可以利用其固有的形成社会合意的规范价值填补市场逻辑的不足。二者互为参照、相互借鉴、双向分析、融合共享，使这两个学科在本体论、认识论和方法论意义上的范式得以创新。其次，版权经济学是应用学科。版权经济学不同于传统的法学研究，又与经济学研究进路和目的相区别，根源于社会生活的内在关系与逻辑，并呈现“版权经济学法学化”和“版权经济学经济化”两种不同的研究路径。前者是以法学理论和法治实践中存在的问题为出发点，主要运用现代经济学（包括经济学基本理论、新制度经济学、福利经济学、公共选择理论、行为经济学、大数据经济学、博弈论和信息经济学等）的基本原理和实证方法，借以分析、检验法律的起源、结构、运作过程、绩效及未来发展；后者则试图打破“黑板经济学”纸上谈兵的困境，将法律制度、政策规制、社会规范的作用看成经济活动的内在变量因子，还原并探究一个真实客观的现实人类社会，从而极大地增强了经济学对人类行为的解释力。学界已有学者给予其关注，如梁宝柱认为，控能力，提高公共卫生安全的整体保障能力。

（2）增加高质量公共卫生人才供给，高规格设置配备疾控力量

要从供给侧改革公共卫生教育发展，强化公共卫生事业发展整体规划，加快统筹布局公共卫生学科与专业建设，扩大公共卫生与预防医学专业和公共卫生学院的设置数量，加快推进设立“中国公共卫生大学”，着力培养具有预防医学、公共卫生、公共管理等跨学科知识体系的复合性战略人才。基于供给公共卫生基本职责，疾控中心不宜为事业单位性质机构，应以立法形式赋予中央和地方疾控中心公共卫生职能，纳入卫健委相应政府卫生行政管理部门编制，由国家统筹、统揽疾控资源，升级疾控机构规格和条件配备。① 此外，要以人民健康至上理念重塑公共卫生体系，增加公共卫生部门编制数量②，倾斜保障公共卫生事业的持续发展。

参考文献

［1］（德）乌尔里希·贝克著，何博文译：《风险社会》，，南京：译林出版社，2004 年。

［2］郝爱华、马聪媛、何群等：《美国卫生应急管理的组织结构与职责及经验借鉴》，《中国公共卫生管理》，2014 年第 3 期，第 403 – 406 页。

［3］何珊君：《高风险社会的表现、特征及缘由——基于风险社会理论的中国视角》，《西北师大学报（社会科学版）》，2018 年第 1 期，第 121 – 128 页。

［4］洪大用：《应对高风险社会》，《瞭望》，2004 年第 6 期，第 61 页。

［5］洪大用：《社会治理的关键是治理流动性》，《社会治理》，2017 第 6 期，第 23 – 26 页。

［6］李宏伟、夏彦恺：《构建突发公共卫生事件应急管理体系》，《学习时报》，2020 年 2 月 17 日。

［7］李军鹏：《完善权责清单制度，推进公共卫生治理现代化》，《国家治理》，2020 年 2 月 17 日。

［8］裴长洪：《中国特色开放型经济理论研究纲要》，北京：《经济研究》，2016 年第 4 期，第 14 – 29 页。

［9］谈在祥、吴松婷、韩晓平：《美国、日本突发公共卫生事件应急处置体系的借鉴及启示——兼论我国新型冠状病毒肺炎疫情应对》，《卫生经济研究》，网络首发时间：2020 年 2 月 11 日，http://fffg30fd8c346ef34d67903a5b6d8ea5d318sxcuo6coq60wu6bp0.

① 2020 年 1 月 6 日，中国疾控中心对武汉疫情内部启动突发公共卫生事件二级响应。2020 年 1 月 15 日，中国疾控中心内部启动突发公共卫生事件应急一级响应。

② 美国疾控中心有大约 1.4 万名正式全职员工和 1 万名合同制聘用员工，州、市和地方公共卫生机构还有 20 多万雇员（Frieden，2020）。

fxyh. librra. gdufs. edu. cn/10. 14055/j. cnki. 33 – 1056/f. 20200210. 001。

［10］王廷惠：《外部性与和谐社会的制度基础——兼论政府角色定位》，《广东经济管理学院学报》，2006 年第 1 期，第 14 – 19 页。

［11］王廷惠：《以开放促改革：广东全面深化改革的重要路径》，《南方日报》，2014 年 5 月 26 日。

［12］文宏、陈路雪、张书：《改革开放 40 年社会稳定风险的演化逻辑与知识图谱分析——基于 CiteSpace 软件的可视化研究》，《华南理工大学学报（社会科学版）》，2018 年第 3 期：第 73 – 80 页。

［13］吴越菲：《地域性治理还是流动性治理？城市社会治理的论争及其超越》，《华东师范大学学报（哲学社会科学版）》，2017 年第 6 期，第 51 – 60 页。

［14］夏玉珍、吴娅丹：《中国正进入风险社会时代》，《甘肃社会科学》，2007 年第 1 期，第 20 – 24 页。

［15］夏玉珍、卜清平：《高风险时代的中国社会问题》，《甘肃社会科学》，2016 年第 1 期，第 156 – 160 页。

［16］徐彤武：《全球卫生：国家实力、现实挑战与中国发展战略》，《国际政治研究》，2016 年第 3 期，第 9 – 40 页。

［17］杨云彦：《中国人口迁移的规模测算与强度分析》，《中国社会科学》，2003 年第 6 期，第 97 – 107 页。

［18］俞宪忠：《流动性发展》，济南：山东人民出版社，2006 年。

［19］张二震：《开放发展》，南京：江苏人民出版社，2016 年。

［20］Frieden Tom，A Strong Public Health System：Essential for Health and Economic Progress. *China CDC Weekly*, 2020（8）.

【作者简介】

王廷惠，广东外语外贸大学经济贸易学院教授、博士生导师。

版权经济学：构建与框架*

钟庆财

一、版权经济及版权经济学：核心问题的提出与研究意义

长期以来，经济学与法学两个学科之间相互封闭，存在鸿沟，大部分法学家认为法律不要讨论经济学涉及的经济规律、经济增长及其效益等问题，大部分经济学家也不把法学中的法律规律及规制看成经济运行的核心内生变量因子，在探索经济活动、规律、因素时几乎忽略了法律因素或者假定其为恒常因子。哈耶克指出，“学科的专门化划分所造成的恶劣影响，再没有比它在两门最古老的学科即经济学和法学中间所造成的影响那么明显的了”。版权即著作权，是知识产权的一个重要分支，是指文学、艺术、科学作品的作者对其作品享有的权利，包括人身权和财产权。经济学研究发现，在新经济时代，文化经济化与经济文化化交织互动的特点明显，一个国家或地区的经济社会的发展越来越依赖于对自主知识产权的拥有和运用能力的提升，为此，如何构建以版权为主体的版权经济学意义重大。

从社会历史嬗变的角度看，法律与经济具有一种天然的亲和关系。马克思认为，“无论是政治的立法或市民的立法，都只是表明和记载经济关系的要求而已”。[①] 换言之，法学（法律）与经济学的交叉融合古已有之。在西方国家，法学与经济学交叉融合产生的法经济学，可以认为是20世纪迄今社会科学界公认的一大学术热点和学术景观。早期的经济学仅限于讨论社会物质资料的生产和市场供求，后来其理论研究的范围不断扩大。时至今日，经济思维及分析方法全方位进入人文社会科学的研究，出现了“经济学帝国主义”现象，对法学理论研究的不同流派产生了重要影响。20世纪30年

* 本文原载于《广东社会科学》2016年第4期。

① 《马克思恩格斯全集（第4卷）》，北京：人民出版社，1972年，第121－122页。

代之后，学者们开始打破近现代以来横亘在法学（法律）与经济学之间的学科壁垒，不管是从法学（法律）角度看经济学还是从经济学角度看法学（法律），都取得了始料未及的巨大成就。为此，从经济学视角观察、分析、研究法学（法律）问题，总结社会规范形成和经济运作的基本规律势在必行，前景也光明。

从产业发展现状及其现实需求来看，版权产业是一国或地区经济社会发展中战略性资源和软实力的重要组成部分。近年来，版权产业在许多国家或地区的经济社会发展中的作用异常突出。如在美国，版权产业成为规模大、活力强且经济收益高的核心产业。自2003年以来，美国版权产业实际年增长率超过7.72%，[①] 至少是同期美国年GDP增长率的两倍。自1997年以来，英国的创意产业年均增长率达到4%，高于同期3%的经济年均增长率。2013年，中国版权产业对国民经济的贡献率已达7.27%。[②] 美国为11.44%，高于中国4.17个百分点。中国版权产业行业增加值占GDP的比重已经接近澳大利亚，高于荷兰、芬兰等国。[③] 这些事实表明，版权保护与版权产业发展不仅是西方大国强国经济发展的支柱产业，也日益成为支撑中国经济发展和国家科技创新的源泉和基础。

从学术研究及学科建设来看，在人类历史发展的长河中，我们可从法学与经济学的发展历史中发现：经济学、法学等人文社会科学以及自然科学在现当代以来的每一次重大创新突破，都极大地推动了人类认识世界、解释世界和改造世界的能力；人类进行“法学与经济学”或“经济学与法学”交叉研究的历史源远流长，可是仅有思想的启发并不等于开宗立派、创新学科，创立一门学科须有相对确定的基本范畴、明晰的内容框架、完善的理论基础、哲学属性方法体系、创新性结论以及众多学者的跟进拓展和延伸；国外版权经济学是建立在认识论和方法论创新基础上的经济学，从根本上反映了交叉性、多视角、国际化的基本特色，并在总体上呈现出百家争鸣、丰富多样的特征。跟西方发达国家相比较，我国在版权保护、版权产业发展定位等问题上的滞后，影响了我国版权本身的科学发展。主要原因：从国家认知层面解释，首先，是社会整体对于版权及其保护意识等相关问题的研究明显滞后或严重不足；其次，我国政府部门缺失版权及其保护观念，没有充分意识到版权在国家创新与科技发展中扮演的重要角色和地位，更多地把焦点简单放在了商标和专利上，很大程度上忽视了版权存在的经济价值和经济学意义；再次，由于没有意识到版权对于国家创新与科技发展的重要意义，更无法意识到版权产业存在和发展的意义，也没有对版权产业发展做出前瞻性的研究规划；最后，从社会层面看，由于传统认知的惯性，我们只强调版权的公共性、福利性，而忽视了版权本身的独创性（如智慧性、排他性、产权性、权利性和财产性等），从而也无法从社会

① 国家版权局：《中国版权产业的经济贡献最新调研报告》，2013年。
② 国家版权局：《中国版权产业的经济贡献最新调研报告》，2013年。
③ 国家版权局：《中国版权产业的经济贡献最新调研报告》，2013年。

层面构建版权保护意识，更不会从版权产业促进国家科技创新和提升文化软实力角度来重视版权与版权产业发展的长远意义。从科学研究角度着眼，一是学术界对于版权经济兴起和发展的反应相对迟钝，没有及时跟踪国际版权经济发展的趋势；二是对于版权保护和版权产业发展研究缺乏系统的理论支撑和科学的研究方法，致使版权产业研究的相关基础总体显得比较薄弱；三是学术界与理论界欠缺对于相关研究的理论支撑和研究方法，我国目前涉及版权和版权产业研究的理论范畴混乱，无法清晰地梳理出科学严谨、系统有效的理论体系和研究路径；四是缺乏对国际版权经济领域的跟踪，对于版权保护的国际规制、版权产业发展世界形势和国际版权交易等方面的理论与实务研究缺失；五是在经济学领域本身，无论高等教育还是中等教育层面，都没有将版权经济学纳入整体经济学科的范畴，甚至没有进入经济学研究的视野。这种情形，既无法形成全社会范围内版权保护与版权产业和贸易发展的环境氛围，也无法培养一支既有相关理论功底又能参与国际版权产业竞争与国家版权贸易竞争的人才团队。同时，由于版权经济学构建明显缺失，我国也没能建立起像西方发达国家一样的经济学学术理论框架，这一系列问题都严重地影响和阻碍了版权经济学学科本身的建设和发展。

基于以上多维分析，在经济发展新常态下迫切需要建立一门专门研究版权经济活动规律的学科——版权经济学，这一学科的建立将有着深刻的现实价值与重大的理论意义。

二、版权经济学研究：学术回顾与简要总结

版权经济学研究是个既悠久而又崭新的课题，概括来讲主要从如下视角展开。

（一）版权的经济学价值研究

版权是一种重要的知识产权。大多数经济学家认为，人类依靠脑力的智慧活动创新创造的智力成果或知识产品，法律就可赋予其独占此作品的对世权和排他性权利，这对鼓励发明与创新意义重大。在经济学层面上，通常从产权的角度去诠释版权经济学价值，认为版权是对知识、信息以及技术成果的一种排他性使用和支配的权利。Friedman（2000）认为知识成果与有形财产仍然存有较大区别，且知识产权制度要晚于其他有形财产产权制度的确立，也证明了知识产权与有形财产产权的差异。Scott（2008）也认为版权只是一种独占权，它只能被他人侵犯，不能完全被转移和偷盗，所以并不构成实际存在的财产权。所以，从经济学的角度出发，不难发现版权具有产权的属性，但是又区别于有形财产权，因此可以将版权视为一种特殊的产权。简言之，版权的经济性价值不是凭空而来的，它是一种名副其实的经济资产，具有显著的经济性质：可价值化、可分割性、可分配性和明显的稀缺性。

（二）版权相关制度的经济学分析

在版权经济中，为了使由版权过度保护或无保护而导致的版权滥用所产生的社会福利尽量减小或提升，必须采取一些限制措施使得版权制度处于一个利益平衡的状态，而利益平衡的精髓就是合理使用制度。《伯尔尼公约》以及各国的版权法（著作权法）都对版权做出了一种普遍限制（即“合理使用”的范围）。继 1841 年美国法官约瑟夫·斯托里提出合理使用三要素后，1976 年美国《版权法》形成国际普遍引用的判断合理使用的四条标准：使用的目的和性质、被使用的版权作品的性质、被使用部分作品的数量和内容的实质性及作品的使用对原著在市场或者价值上有无影响。[①] 版权集体管理制度是当代版权法的一个重要组成部分，是被欧、美、日等知识产权大国公认为在版权保护和利用方面最佳的一项制度，学界主要从交易成本减少的角度来考察版权的集体管理制度，该制度成为学界研究的热点。中山信弘（1995）认为由版权的集体管理机构代理版权的交易，可降低交易对手的搜寻成本，并且由于专业化代理，还可降低发现价格的成本以及签订合同的成本。Arthur Snow 和 Richard Watt（2002）认为版权集体管理是个体版权持有人为了节约交易费用而一起参加的组织，它存在于个人权利的市场中。然而，交易成本的节约并不是版权人能够从集体管理制度中得到的唯一益处。版权集体管理能够提供给成员净收益的分配，与版权人单独行动相比还能为每个成员分担风险。Besen（1984）、Nascimento 和 Vanhonacker（1988）以及 Watt（2000）从版权侵权理论研究出发，力图构建一整套行之有效的反盗版制度体系。Watt（2000）在 Besen（1984）的模型的基础上提出了一个简单的离散时间模型：以简单的双寡头模型为基础，假定复制品与原作品完全替代，表明了原作的生产者和复制品的生产者这两类市场参与者的最优策略，从而为版权保护制度的完善提供了制度经济学的理论路径。

（三）版权贸易的经济学分析

作为经济贡献率评价的主要指标之一，版权经济贸易理论与实务成为学术界关注的热门话题。随着经济全球化的不断加深和国际贸易的快速发展，版权产品的国际交易与流动日益增加，从而引发了一系列相关问题。比如版权的平行进口的经济学争论问题，近年来引起了广泛的关注。在国际社会层面上，《保护录音制品作者防止未经许可复制其录音制品公约》对此予以认可。美国、日本等国也允许版权平行进口，近年来我国版权法对此采取了默认态度。有学者从成本与收益的角度来分析版权贸易中的相关制度设计，Landes 和 Posner（1989）指出确立产权可以防止此类公共物品的“搭便车”行为。但是，Richard（2004）认为，如果确立产权的成本与收益不相配，那么“去产权化”是最好的办法。有学者从版权利益博弈均衡理论出发，构建相关博弈模型，并基于

---

① 吴汉东：《著作权合理使用制度研究》，北京：中国政法大学出版社，1996 年，第 194 页。

Arnold（1934）的研究思路，构建一个关于电视节目模板的版权博弈模型，尝试分析确立版权导致的消费者剩余以及社会福利问题，这同样为我们制定相关的版权贸易制度提供了广阔的思路。

（四）版权相关产业的经济学分析

按照世界知识产权组织（WIPO）的界定分类，版权产业可分为“核心版权产业、相互依存的版权产业、部分版权产业和非专用支持产业”四大门类。而版权产业的经济学分析，学界更多地集中在版权产业对经济的贡献率方面。首先，经济贡献率研究。研究者或专业机构从版权产业行业增加值占国家 GDP 份额、版权行业就业、版权出口创汇等方面进行了深入的统计和分析，研究了近年来全球范围内和各个国家内部版权产业发展对各自经济的贡献。这方面，西方国家走在了前头。我国自 2007 年开始引入各种研究方法，加大了这一领域的研究。其次，版权产业结构的研究。产业结构从广义来讲，是指产业间的技术、经济联系与联系方式；从狭义来讲，是指国民经济各个产业之间以及产业内部的比例关系和结合状况。产业结构和市场结构并非两个可以等同的概念，在产业经济学中市场结构是指企业市场关系的特征和形式。周蔚华（2003）从我国版权产业在地区结构上存在均衡性和“同构性”出发，提出应采取非均衡发展战略来调整我国图书版权的地区结构，并从产业链的投入产出和单制品的投入产出两个角度分析了版权业与其他相关产业的关系。[①] 再次，版权市场结构的研究。市场结构是一个反映市场竞争和垄断关系的概念。根据竞争和垄断程度的不同，市场可分为完全竞争市场、垄断竞争市场、寡头竞争市场和完全垄断市场四种类型。封延阳（2002）认为管理体制方面的问题是造成我国图书版权产业市场结构缺陷的重要原因。[②] 最后，版权产业竞争力的研究。版权产业竞争力研究是近年来版权经济研究的一大热点，一些研究者对版权产业的竞争力问题进行了积极探索，取得了一些成果。在版权产业国际竞争力研究方面，方卿（2003）探讨了提升我国科技版权贸易的国际竞争力的重要意义和现实途径；[③] 蔡继辉（2004）构建了版权产业国际竞争力综合评价的指标体系框架，对我国版权产业的国际竞争力进行了分析与评价。[④] 另外，有学者从版权产业政策与政府规制角度展开研究，等等。

（五）版权经济学研究不足

自 20 世纪 90 年代中期以来，我国的版权经济研究得到了更多的关注和参与。总体

① 周蔚华：《中国图书出版产业结构分析》，《出版经济》，2003 年第 3 期，第 6－9 页。

② 封延阳：《我国图书市场结构研究》，《出版发行研究》，2002 年第 9 期，第 5－9 页。

③ 方卿：《提升我国科技出版的国际竞争力》，《出版发行研究》，2003 年第 1 期，第 17－19 页。

④ 蔡继辉：《中国图书出版产业国际竞争力分析》，《出版经济》，2004 年第 9 期，第 42－50 页。

上看，从出版学科视角研究版权经济的文章或著作有一些，但从出版业、广播影视、工业设计等全面展开研究版权经济的文章或著作几乎空白。如 1999 年我国创刊了《出版经济》，部分专业报刊开设了“出版经济研究”或“出版产业研究”专栏，这为版权产业或版权经济研究的早期发展作出了贡献。① 从以“版权经济”作为关键词的文献检索的专业著作来看，有胡知武的《版权经济实务》（2002 年）、朱慧的《激励与接入：版权制度的经济学研究》（2009 年）和皇甫晓涛的《版权经济论》（2011 年）等著作。

三、版权经济学的内涵界定与基本范畴

经济学意义上的版权概念和法学意义上的版权概念并非完全一致。随着业界、学界对版权相关产业的发展给予越来越多的关注，版权贸易、版权经济等概念的使用日益频繁，却少有对版权经济及其性质的深入探讨，往往把版权经济和版权产业作为同等概念在使用，版权经济的研究总体还处于描述性的实务分析阶段。本文从法学和经济学两大学科的互动共生关系，从历史与逻辑、理论与实践辩证统一的角度来挖掘版权经济学的基本范畴与核心内涵。

（一）作为一种生产要素的版权经济

首先，版权是一种知识要素。从经济学视角看，版权作为知识经济条件下可以直接转化为生产力的一种重要资源，是人类创造性劳动所创造的智力成果或智慧成果的核心构成要素。任何国家的经济社会发展取决于人的智慧、自然环境、社会制度三个方面，三者之间是相互联系、相互影响的。而人的智慧创造出的作品或智力成果以版权形式交易时，产生的版权的价格，事实上就是知识要素的经济价值或收入。其次，作品的本质是信息。作为信息要素的版权，从经济意义上讲就是指市场信息与技术信息。著作权法是对作品的保护并赋予其法律意义上的价值。最后，版权是一种创新能力要素。价值创造是社会经济活动的永恒主题。版权作为知识产权的重要组成部分，对创新的要求是第一位的，它以独特的价值创新方式有效地促进经济运行活动的扩张和提升，并成为价值创造的重要因素。用好具有战略性、基础性资源的版权技术，助力创新发展，增强国家软实力，将是版权经济学研究的重点内容之一。

（二）作为一种生产方式的版权经济

生产方式、地理环境和人口因素是人类社会赖以存在和发展的社会物质生活条件。其中的生产方式是社会发展的决定力量。版权经济事实上是一种先进的生产方式或指一种新的经济形态，这种生产方式或经济形态是经济学意义上各种生产要素的多元组合及

① 吴赟：《我国出版经济研究述评》，《出版科学》，2006 年第 6 期，第 25－31、16 页。

其具体分解多元方式。这种生产方式是“以版权为基础的”，既反映出版权在经济运行活动中具有基础意义和作用的要素，也反映出版权是一种新的生产方式或经济形态。事实上还包括了组织这些内容的生产方式。

（三）作为资源配置方式的版权经济

在社会化大生产条件下，资源配置方式主要有计划经济和市场经济两种。版权经济作为重要的资源配置方式，由其独特的经济资源特性所决定：第一是版权经济具有市场性。在市场经济条件下，版权主要是遵循价值规律的要求，适应版权产品供求关系，通过其财产权的转让、交易、抵押和许可等方式发挥作用，从而使版权权益得以实现和不断增值。以公开的版权交易市场为基础，可以实现版权权益的开发和运用，把版权资源配置到效益较好的环节中去，促进技术进步和管理水平的提升，促进生产和需求的协调均衡，进一步活跃版权交易活动和促进版权产业健康发展。具有自发性、事后性、灵活性和微观性等特性。第二是版权经济的利益性。版权是一种私有财产权，对它的创造占有和传播运用，能为一个国家或地区尤其是市场主体的经济发展带来良好的经济效益。第三是版权经济在市场资源配置中的主体性。围绕版权资源的创造占有、交易运营和传播使用，可以形成独立的产业及其市场主体，如代理服务、信息咨询、人才培训、转化孵化、版权交易等市场行为和商业组织模式。第四是版权经济的价值外延性。版权的经济价值属性凸显，“版权资源、版权规则、版权战略、版权制度”外延性的有效运用，已经成为规范市场行为、调节配置市场要素、促进经济创新发展的重要价值杠杆。第五是版权经济具有广泛的关联性。即优化版权资源的配置对传统产业和支柱产业能够起到关联提升和辐射带动的作用，这已经成为现代市场经济运行不可缺少的经济资源配置方式。

（四）作为一种新经济形态的版权经济

经济形态是经济的社会形态的简称，其含义可分狭义和广义两种，与技术的社会形态相对称和呼应。从狭义上看，经济形态特指一定历史时期符合当时较高生产力水平的经济运行活动及其结构、特点和规律，并包含生产要素、基本结构、基本观念、生产模式、主导产业、基本制度及政策等。从广义上看，任何常规有序的经济运行活动都是一种经济形态，如：旅游经济、文化经济、网络经济、数据经济、教育经济……这些新鲜的名词从不同方面揭示了不同经济形态的特征和规律。版权产业是彰显版权价值经济贡献的最高级实体价值形态。版权经济学的构建是经济学科本身发展的必然结果，也是现代市场经济效益和商业运作模式的重要体现。

如上述分析，学者对版权经济学的界定五花八门，其在学科称谓和概念界定上存在多元化、变动性的特征，但无论是概念性的定义还是参照性的定义，大家能接受的核心共识是都强调法学（法律）与经济学的结合，都注重对二者间关系的广义研究，其差别仅在于二者结合度和侧重点有所不同。由于版权本身所具有的独特属性，版权及版权作品在创作和使用过程中受能源和环境的约束较为有限，具有典型的“薄资产、厚效益”的特征，围绕其所形成的产业集群也具有“物质投入少、产出回报高、成果推广快、行业带动广”等特点，且无需依赖过多的物资投入便可产生显著的经济效益，是一种典型的低碳经济和绿色经济，这些属性都源于版权具有独特的价值。按“法学—经济学—法学”和“经济学—法学—经济学”的研究进路，本文对版权经济学作出如下定义：版权经济学是指一门从经济学和法学互动视角研究版权经济活动现象及其规律的交叉性的应用经济学科。

四、版权经济学：理论基础与体系构建

版权经济学的研究始于20世纪中期。版权经济学是一门跨学科的研究，但跨学科的研究并不仅仅是多学科的简单相加或堆积，而是要求能够真正做到“经济分析工具的使用与法学原有的公平正义价值”相融通，是两种学术规范、问题和逻辑体系的深层对接。在我国，版权经济学的研究尚处于起步阶段，对版权的经济学认知还非常浅显，还没有形成完备的理论基础、严密的逻辑结构和完善的版权经济学体系。

（一）版权经济学的理论框架构建

古典经济分析的基础理论和基本方法的开创者是亚当·斯密（1723—1790）。亚当·斯密之后，经济学发展的分析路径主要延伸出“马克思主义政治经济学（含马克思主义的一般制度分析框架）和西方现代经济学各流派”两条大相径庭的发展线索。版权经济学以法学理论和法治实践中的问题为出发点，运用现代经济学原理，依据现代版权制度和世界贸易规则，依循现代市场经济中的供求基本规律，并用其他社会科学的基本原理方法分析、检验经济规律和法律制度与社会规范的结构内容、绩效形成、机制运作和未来发展，并在总体上表现为以经济学认识论和方法论为基础的新学科。版权经济学研究，事实上也是按上述路径来推进的。

第一条线索，沿着亚当·斯密开创的价值体系路径而形成的西方现代经济学理论和流派。影响版权经济学构建的主要理论是现代经济学，特别是宏观经济学、微观经济学、国际经济学、新制度经济学、消费经济学、福利经济学、公共选择学派理论、信息经济学与博弈论等。影响构建的主要流派是当代经济学理论流派：一是基于学术传统形成的理论流派，主要是芝加哥学派、耶鲁学派、制度主义学派、新制度经济学派、公共选择理论学派、规制经济分析学派、批判法学派、奥地利经济学派、弗莱堡经济学派。二是基于研究视角形成的理论流派，主要是新法经济学派、社会规范学派、比较法经济学派、行为法经济学派、法律金融学派、法律博弈分析学派。三是欧洲及世界其他地区的法经济学。从传统上说，这些国家看重成文法典的作用，认为法学是一门独立自治的

科学，习惯于分析实证法学的逻辑推理方法，难以理解甚至排斥法经济学的研究方法。直到20世纪70年代末，经过一段对美国法经济学理论的移植过渡期，欧洲各国才开始出现系统进行法律经济分析的研究和教育。

第二条线索，沿着历史唯物主义体系而形成的马克思主义政治（制度）经济学。马克思在总结亚当·斯密关于“人类经济活动是其他一切社会活动的基础”思想的基础上，首次揭示了法与生产关系即经济基础之间的内在联系，以唯物史观为理论基础，全面系统论证了法的产生、本质、作用及其发展规律，从而使法学发生了根本变革，并认为法律关系不过是社会经济关系的反映，应着重从把握人类社会基本矛盾运动和法律产生与发展的内在经济原因的立场出发研究法律问题。马克思主义法学对“法律经济”之关系的基本观点主要有以下几个方面：法实质上是由生产形式孵化出来的一种法权关系；法作为统治阶级意志关系的内容，由经济关系本身决定；从法的物质制约性的内在矛盾来看，作为统治阶级的意志，法在本质上是被一定的物质条件所制约的；从法的形式上看，法的实质是统治阶级利益的神圣化；从法律现状与统治阶级利益的关系来看，法律现状与统治阶级的利益总是一致的；从法的基础与核心上看，法建立在所有权基础之上，并以所有权为基本精神，表现和保护一定的所有权。总之，马克思主义法学将法律现象放在人类社会物质资料的生产这一基本规律的框架下，科学地解释了国家和法律的起源，揭示了法同生产力、生产关系以及上层建筑之间的辩证关系，既强调经济对法律（制度）的决定与支配作用，又指出法律对经济关系的确认、引导、维护以及改造和摧毁的功能，对版权经济学研究的深化有着重要的指导意义。

马克思政治（制度）经济学理论与亚当·斯密的经济价值分析方法有着十分密切的联系：研究立场较接近，即对法学的理解不能仅局限于法学本身，而应该看到隐藏在法学背后的现实法律生活。研究法学就是要反映出经济社会发展关系等赋予法学的规定性，揭示出隐藏在法学规律背后的东西。各个流派在具体的理论观点、核心内容、推进路径及方法体系上虽然也存在着诸多差异，但其相同的逻辑底线，使得版权经济学研究有可能梳理并建构其统一的、包容各派的法学和经济学范式。正是这一基本共识，使它为版权经济学研究范式的最终确立奠定了基础。稀缺性是经济学存在的前提，而文化（精神）产品大生产又是当前这个时代的重要特征。上述两者的关系表现在文化（精神）产品的消费上，是“金钱和生命时间的支出”的综合体，而且这个趋势会越来越明显。基于经济学和法学互动视角，且将经济学的研究回归到了“人是万物的尺度”，文化（精神）产品大生产与生命时间稀缺也将成为版权经济学研究的重要理论基础。

结合上述经济学理论研究路径和框架，版权经济学的学科理论体系应以上述理论框架体系为基础，既要研究实证问题（主要涉及解释、预测版权经济的现象和本质），也要研究规范问题（主要涉及应该如何做才是最佳的版权经济行为和决策）。这样，版权经济学的学科理论体系主要包括以下三个部分：一是微观版权经济研究。利用微观经济学的原理，核心是研究版权拥有者、版权消费者如何做出决策，以及他们如何在版权市场上相互交易等；二是宏观版权经济研究。利用宏观经济学的原理，研究整个版权经济。其目的是解释同时影响版权持有者、版权企业和版权市场的整体经济现象；三是版权经济政策研究。核心是使用供求工具来分析各种类型的政府政策。如，如何利用财政政策和货币政策来调控版权提供者与消费者的经济行为、制订版权产业发展的中长期规划等。

（二）版权经济学的学科构建探讨

1．版权经济学的研究对象

版权是知识产权的重要组成部分，指文学、艺术、科学作品的作者对其作品享有的权利（包括财产权、人身权）。版权涵盖面广而全，既包括自然科学、人文社会科学以及文学、艺术、书画、音乐、戏剧、雕塑、摄影和广播影视等方面的作品，也包括计算机软件、工业设计图、建筑等。作为一个学科研究对象，一要揭示版权经济学科本身的规律和内容（以文化、智慧产业与技术创新成果为基础，以版权产业及其交易为主导的智慧经济形态），而不是一些概念的简单组合或堆积；二要探求版权经济学科相关的事物、现象或社会活动之外的广延性；三要解释版权经济的实践及理论归纳，而对这些问题的研究，正是从经济学的角度研究版权与版权产业活动等内容核心。鉴于此，版权经济学的研究对象，简单地说，就是版权经济本身。这样就可以全方位地开展研究，建立起完善的版权经济学体系。

2．版权经济学的学科定位

关于版权经济学科的定位，可从两个维度来把握。首先，版权经济学是交叉学科。版权经济学糅合了法学、经济学、博弈论、社会学甚至哲学等多种学术资源和解释路径，因此具有鲜明的学科交叉与学术综合的特色。版权经济学既是法学（法律）理论和规范研究不断深化发展的最终结果，也是经济学日益拓宽视野，从抽象层面概括人类行为本质的必然产物。经济学可以弥补版权所缺乏的行为理论和规范标准，版权则可以利用其固有的形成社会合意的规范价值填补市场逻辑的不足。二者互为参照、相互借鉴、双向分析、融合共享，使这两个学科在本体论、认识论和方法论意义上的范式得以创新。其次，版权经济学是应用学科。版权经济学不同于传统的法学研究，又与经济学研究进路和目的相区别，根源于社会生活的内在关系与逻辑，并呈现“版权经济学法学化”和“版权经济学经济化”两种不同的研究路径。前者是以法学理论和法治实践中存在的问题为出发点，主要运用现代经济学（包括经济学基本理论、新制度经济学、福利经济学、公共选择理论、行为经济学、大数据经济学、博弈论和信息经济学等）的基本原理和实证方法，借以分析、检验法律的起源、结构、运作过程、绩效及未来发展；后者则试图打破“黑板经济学”纸上谈兵的困境，将法律制度、政策规制、社会规范的作用看成经济活动的内在变量因子，还原并探究一个真实客观的现实人类社会，从而极大地增强了经济学对人类行为的解释力。学界已有学者给予其关注，如梁宝柱认为，定，全面提升劳动力生产率，获取经济发展的持续动力和竞争力。

参考文献

[1] 时家贤：《马克思恩格斯的世界市场理论及其当代启示》，《当代世界与社会主义》，2012 年第 6 期。

[2] 冯丽君、魏葳：《新经济史学者论英国工业革命》，《中国经济史研究》，1990 年第 3 期。

[3] 边卫红、陆晓明：《美国劳动生产率的演进》，《中国金融》，2015 年第 23 期。

[4] [美] 杰里米·里夫金著，张体伟、孙豫宁译：《第三次工业革命：新经济模式如何改变世界》，北京：中信出版社，2012 年，第 27 – 31 页。

[5] [美] 埃里克·布莱恩约弗森、安德鲁·麦卡菲著，蒋永军译：《第二次机器革命：数字化技术将如何改变我们的经济与社会》，北京：中信出版社，2014 年。

[6] [德] 克劳斯·施瓦布著，李菁译：《第四次工业革命：转型的力量》，北京：中信出版社，2016 年。

[7] Leibenstein H., Allocative Efficiency vs. "X-efficiency", *American Economic Review*, 1966, 56 (3).

[8] Brynjolfsson E., Hitt L. M. & Yang S., Intangible Assets: How the Interaction of Computers and Organizational Structure Affects Stock Market Valuations, *International Conference on Information Systems*, 1998, 65 (1).

[9] [美] 杰里米·里夫金著，赛迪研究院专家组译：《零边际成本社会：一个物联网、合作共赢的新经济时代》，北京：中信出版社，2014 年。

[10] Solow R. M., We'd Better Watch Out, *New York Times Book Review*, 1987 (36).

[11] 杜传忠：《"互联网 +"提升全要素生产率》，《中国社会科学报》，2015 年 11 月 11 日第 4 版。

[12] [美] 戴尔·乔根森、何民成、凯文·斯德尔著，荆林波、冯永晟译：《生产率：信息技术与美国经济复苏》，上海：格致出版社，2012 年。

[13] Jorgenson D. W., Ho M. S. & Stiroh K. J., A Retrospective Look at the U. S. Productivity Growth Resurgence, *Journal of Economic Perspectives*, 2008, 22 (1).

[14] Corrado C., et al., Modeling Aggregate Productivity at a Disaggregate Level: New Results for U. S. Sectors and Industries. *EU KLEMS Working Paper Series*, 2006 (9).

[15] United States Department of Labor, Preliminary Multifactor Productivity Trends, 2014, *Bureau of Labor Statistics*, 2015 (6).

[16] Brynjolfsson E. & Oh J. H., The Attention Economy: Measuring the Value of Free Digital Services on the Internet, *The 33rd International Conference on Information*

应用的阶段之后，都面临完善学科理论体系、充实研究内容、改进研究方法等诸多任务。同时，面对社会转型期和迅速推进的市场经济建设和法治进程，这一学科依旧责任重大而道路漫长。从总体上看，主要包括：为什么要研究版权经济学，版权经济学的内涵外延是什么，该如何进行学科定位，研究对象是什么，学科理论基础有哪些，学科的核心内容和框架有哪些，等等。想要回答好以上问题，研究重点如下：一是版权制度本身的经济学研究。核心是研究版权制度的经济效应、经济价值和构建版权经济学的意义。二是版权管理的经济学研究。核心是对信托人行使管理的集体管理制度研究和对个人或代理人行使管理的版税制度研究等。三是版权实施的经济学研究。利用消费者选择理论，核心是研究版权作品的复制传播和侵权盗版等问题。以上内容可归纳为：人们如何做出决策、人们如何相互交易和整体经济如何运行。具体而言，作为应用经济学分支，版权经济学的研究内容主要包括：一是版权的经济权利及价值。著作权是公民、法人依法享有的一种民事权利，属于无形财产权。著作权的财产权又称经济权利，包括复制权、发行权、出租权、展览权、表演权、放映权、广播权、信息网络传播权、摄制权、改编权、翻译权、汇编权及其应当由著作权人享有的其他权利。二是版权总供给和总需求。核心是研究版权总供给和总需求的均衡。包括版权供求总量的均衡和版权结构的平衡；版权经济周期，短期波动与长期增长是一个问题的两个方面。前者研究版权总需求问题，说明版权总需求变动如何引起版权经济短期波动；后者分析版权总供给问题，说明如何增加总供给，以使版权经济长期稳定地发展，也包括通货膨胀（或紧缩）对版权经济的影响。三是版权市场和价格。核心是研究版权市场和传统物质形态的市场的关系及其市场机制的一般原理；版权供给和需求的相互作用使版权市场达成某种均衡状态，形成均衡数量和均衡价格；研究版权持有者、版权作品的生产者、版权消费者与版权市场结构和竞争策略关系，并重点研究在竞争性版权市场中版权持有者、版权消费者的生产、消费和决策行为，确定版权交易价格和交易数量的不同组合，保证获取合理的利润或将亏损降到最低限度（获利不是版权持有者行为的唯一目的）。四是数字版权和版权云数据库。强化“版权云数据库”建设和“文化 + 互联网”创新模式研究，大力推进数字版权。强化对版权综合指数等的研究。数据也是生产力。版权应涵盖传统媒体及新媒体，如此庞大的产业体系，除研究产业本身及相关问题外，应把大数据框架下的版权统计内容作为研究重点，研究制定版权经济发展综合指数。五是版权企业行为和产业组织。研究版权企业行为的核心是对企业的经济决策进行验证和确定过程的一般性理论，即企业的组织目标（不能把追求最大利润看成企业的首要原则）、组织设想、组织选择、组织控制。版权产业组织研究的核心是研究企业如何理解市场供给曲线背后的决策行为。六是版权国际贸易。版权贸易是一种属于许可证贸易范畴的无形贸易，核心是研究对已有版权作品的使用而产生贸易的行为方式等问题。七是版权经济政策。核心是研究宏微观经济活动中的各项政府政策。八是与其应当由版权（著作权）人享有的其他权利相关的经济问题。

参考文献

[1] Hayek F. A., *Rules and Order*, London: Routledge & Keganpaul, 1973.

[2] Koboldt C., Intellectual Property and Optimal Copyright Protection, *Journal of Cultural Economics*, 1995, 19 (2).

[3] Landes W. M. & Posner R. A., An Economic Analysis of Copyright Law, *Journal of Legal Studies*, 1989, 18 (2).

[4] Arnold P., The Economic Aspects of Copyright in Books, *Economica*, 1934, 1 (2).

[5] Watt R., The Past and the Future of the Economics of Copyright, *Review of Economic Research on Copyright Issues*, 2004, 1 (1).

[6]《中国版权产业的经济贡献》编委会著：《中国版权产业的经济贡献》，北京：中国书籍出版社，2015 年。

[7] 罗紫初、方卿主编：《出版探索：纪念武汉大学编辑出版学专业创建廿周年校友论文集》，武汉：武汉大学出版社，2003 年。

[8] 胡知武：《版权经济实务》，北京：中国经济出版社，2002 年。

[9] 朱慧：《激励与接入：版权制度的经济学研究》，杭州：浙江大学出版社，2009 年。

[10] 皇甫晓涛：《版权经济论》，北京：科学出版社，2011 年。

[11] 梁宝柱：《出版经济学导论》，北京：中国书籍出版社，1991 年。

【作者简介】

钟庆财，广东经济学会经济学博士。

集聚、制度改革和科技创新方面的思路，在提高海洋经济全要素生产率、海洋资源利用率、海洋经济结构调整质量、政府治理水平等方面提出相应的改革路径。

二、文献回顾及评价

国外海洋经济研究涉及海洋战略、海洋科技、海洋生态等多个领域，主要视角集中在合理开发海洋资源、维护海洋生态系统的稳定性等技术层面，但对海洋产业结构转型升级、海洋经济增长及空间布局优化等供给侧角度的研究较少。研究成果主要集中在以下两方面：一是海洋经济对国民经济影响的研究，主要运用经济增长理论及相关计量模型，测算海洋经济对国民经济和就业的影响。如 Rorholm（1967）分析测算 13 个涉海经济部门对新英格兰南部地区发展的影响；① Kwak 等（2005）利用 1975—1998 年的数据分析了海洋产业对韩国经济的带动作用。② 二是以细化的海洋产业为研究对象，关注海洋经济的可持续发展。如 Maguire J.，Sissenwine M.，Csirke J（2006）指出高强度开发渔业资源严重影响渔业可持续发展，部分渔业种群已出现枯竭风险；Gorii 等（2008）探讨了地中海渔业保护区内的渔业资源保护问题。③

国内研究海洋经济供给侧改革主要集中在以下几个方面：①海洋经济要素结构优化路径。乔俊果等（2012）对海洋产业要素投入问题的研究集中在投入要素的优化配置与“交互效应”方面，认为我国海洋经济要素配置存在扭曲，固定资产投资仍是推动我国海洋经济增长的重要因素，但海洋科技的重要性正日益凸显。④ 王玲玲（2015）对海洋技术进步的贡献度研究集中在海洋技术进步对海洋主要产业以及区域海洋经济的推动作用方面。⑤ 戴彬等（2015）通过海洋经济产业结构层面的分析，研究海洋经济全要素生产率，并指出其效率提升的可能性。⑥ 国内主要采用数据包络分析（DEA）和随机前沿分析（SFA）模型测算区域海洋经济的技术效率，结果显示我国海洋经济全要素生产率的提升主要由技术进步决定，且技术效率呈上升趋势。②海洋产业结构优化路径。张超英、李杨、李建华（2012），白福臣等（2015）从分析海洋三次产业结构演进趋势

---

① Rorholm N.，Limit Marine Protected Areas，*Ecological Economics*，1967（4）：pp. 287－305.

② Kwak S. J.，Yoo S. H. & Chang J. I.，The Role of the Maritime Industry in the Korean National Economy：An Input-Output Analysis，*Marine Policy*，2005（29）：pp. 371－383.

③ R. Goni，S. Adlerstein，D. Alvarez-Berastegui，et al.，*Spillover from Six Western Mediterranean Marine Protected Areas*：*Evidence from Artisanal Fisheries*，Marine Ecology Progress Series，2008（8）：pp. 159－174.

④ 乔俊果、朱坚真：《政府海洋科技投入与海洋经济增长：基于面板数据的实证研究》，《科技管理研究》，2012 年第 4 期，第 37－40 页。

⑤ 王玲玲：《区域海洋经济全要素生产率变动分解：基于三阶段 Malmquist 指数模型》，《海洋湖沼通报》，2015 年第 3 期，第 199－206 页。

⑥ 戴彬、金刚、韩明芳：《中国沿海地区海洋科技全要素生产率时空格局演变及影响因素》，《地理研究》，2015 年第 2 期，第 328－340 页。

进行了较多的研究，其基本的结论是技术创新或科技进步是提升要素生产率的根本因素。从历史上看，工业革命是技术创新集聚产生的时期，还往往伴随着大规模的组织创新和生产方式创新，使要素质量及配置效率得到明显改善，这一切都有力地促进了要素生产率的提高，从而使工业革命成为要素生产率提升的重要节点。1760—1840 年发生的第一次工业革命，由铁路建设和蒸汽机的发明引起。这次工业革命引领人类社会进入机械化生产时代，以蒸汽机为动力的纺织机彻底改变了产品的生产方式，显著提高了生产效率。统计数据显示，与 18 世纪初相比，1781—1790 年世界工业生产指数提高近 2. 3 倍，而 1812—1870 年与 19 世纪初相比又提高了 5. 1 倍多。Crafts（1985）的估计同样显示，工业革命使得英国劳动生产率从 1700—1760 年的 0. 3% 增加到 1831—1860 年的 1. 0% 。第二次工业革命始于 19 世纪 60 年代后期，一直延续到 20 世纪初，以电力和流水线的出现作为标志，使规模化大生产成为主导生产方式，大大降低了工业生产的成本并提高了生产效率。以德国钢铁产业为例，新技术与新工艺的引入使得 1879 年以后的 30 年间，德国每座高炉的生铁产量提高了 3 倍，工人劳动生产率提高 2. 3 倍以上。从 20 世纪 60 年代开始，伴随着半导体技术、大型计算机、个人计算机以及互联网的出现与广泛应用，人类社会进入第三次工业革命时期，自动化机器设备不仅取代了相当比例的“体力劳动”，还替代了一定程度的“脑力劳动”，这也同样显著提高了生产率水平。伴随第三次工业革命的发生，美国经济部门小时产出年均增长率从 1970—1995 年的 1. 68% 增长到 1996—2000 年的 2. 98% ，20 年间提高了近一倍，2000—2005 年更是达到了近 3. 4% 的水平。

2008 年国际金融危机发生之后，一场以大数据、物联网、移动互联网、云计算等新一代信息技术为主导的新的工业革命正在全球孕育发生，其对要素生产率提升乃至对全球经济复苏及走向的作用与影响，愈来愈成为全球关注的问题。

二、第四次工业革命及其对生产率提升的机理分析

关于新一轮工业革命的内涵与特征，人们基于不同的视角认识并不一致。比较有代表性的界定来自 2012 年 4 月 21 日英国《经济学人》杂志刊登的专题文章，其分析了全球范围内正在发生的“第三次工业革命”。2011 年，美国著名未来学家里夫金以科技发展所带来的能源变化为划分标志，也将新一轮产业革命称作“第三次工业革命”，即互联网技术与可再生能源体系相互融合的产物，而前两次工业革命分别是蒸汽机革命和电力革命。

埃里克·布莱恩约弗森和安德鲁·麦卡菲视新产业革命为由计算机、软件、互联网、大数据等数字技术所引领的“第二次机器革命”，其核心是强调数字技术在新产业革命中的作用。在实践中，作为世界工业强国的德国基于主导性技术变革在工业化发展中的作用，提出了“工业 4. 0”的概念，其所对应的实际上是第四次工业革命的主要内

容。这一划分与世界经济论坛创始人兼执行主席克劳斯·施瓦布的划分相类似。他称蒸汽机的发明应用驱动的工业革命为第一次工业革命；电力的使用和流水线作业推动的工业革命为第二次工业革命；半导体、计算机、互联网的发明、应用催生的工业革命为第三次工业革命；而当前，由智能化与信息化驱动的以高度灵活及人性化、数字化生产为特征的新工业革命即为第四次工业革命。

以上关于工业革命的每种划分都具有一定的理论与实践依据，相比之下，关于第四次工业革命的划分更全面地揭示了每一次工业革命发生的内容和特征。这里即采用这种划分方式。第四次工业革命与第三次工业革命密切关联，作为第四次工业革命应用技术基础的互联网、大数据、云计算、物联网、移动互联网、机器人、3D 打印、虚拟制造、人工智能等，都建立在第三次工业革命的计算机、自动化技术基础之上。但从发展趋势看，第四次工业革命的发展将呈现指数级而非线性的速度，以数字革命为基础的各项颠覆性技术的发展将对经济及其他领域产生更为深刻而广泛的影响，并将成为新一轮全球生产率提升的重要节点。

第一，信息、数据等新兴要素的高效率及其对传统要素的提升功能。要素自身效率和配置效率的提升是要素生产率提升的基本路径。在第四次工业革命条件下，知识、信息、数据等将代替农业经济与工业经济时代的土地、资金、劳动等有形实物资本，成为经济增长的主导性生产要素与战略性资源。信息、数据等既属于知识性要素的具体形态，也是知识性要素的基本元素，其知识和智力密集型程度更高，并具有易复制性、零边际成本、非损耗等特性。一方面，信息、知识、数据等自身价值含量高，能够作为独立的生产要素进入生产、流动、消费等经济各领域、各环节，以促进创新和效率提升，成为第四次工业革命的关键要素以及基础性与战略性资源。另一方面，信息、知识、数据等生产要素对资本、劳动、企业家才能等传统要素具有较强的渗透、改造和提升效应。其应用、扩散与渗透能够与其他传统要素相互作用、相互补充，改善传统要素的质量，并通过与传统要素的有机配比，提高要素利用效率和边际效用，从而促使传统要素效率提升。特别是伴随着新一代信息网络技术的快速发展和广泛应用，信息日益呈现出透明化、实时传播和易获取等特征，由此迅速放大了信息要素的效能。如果说前三次工业革命主要是通过解放人的体力，① 从而提高劳动生产率，那么第四次工业革命以其主导技术的智能化、泛在化、虚拟化等特性，能够从海量数据中挖掘信息的价值与关联并将其转化为新的知识资本，从而极大地解放了人的脑力并激发了人的创造力，由此将带来对生产率更为显著的提升效能。

第二，企业组织结构、商业模式和管理方式得到极大的优化与创新。组织结构与管理机制的缺陷以及信息沟通的障碍，导致大企业内部资源配置效率低下，这也被称为

---

① 严格地说，以自动化为主要特征的第三次工业革命，不仅解放了人的体力，也在一定程度上解放了人的脑力。

“X—非效率”。在第四次工业革命条件下，互联网及新一代信息技术促进了企业组织的变革与重构，为生产率提升提供了条件。Brynjolfsson 等（1998）研究发现，在企业对决策与激励体系、信息流以及管理、组织流程等进行重组的过程中，数字化技术将发挥很大作用，数字化技术进步与互补性组织行为的结合能够改善技术效率，大幅提高生产力。在互联网时代，生产模式从大规模流水线生产向“以迅速满足顾客需求为中心”的大规模定制化转变，这要求企业的一切商业行为围绕用户需求来设计并及时响应，决策流程做到短、平、快。由此，企业组织结构日益趋向扁平化，通过精简层次、压缩机构，并广泛使用管理信息系统、办公自动化系统等信息化管理技术，增强组织的快速反应与应变能力以快速响应市场需求，提高组织管理效率。同时，企业通过对组织架构进行重新设计和再造，以适应新技术的使用、市场需求的快速变化和市场竞争的日趋激烈，从而促进了企业效率的提升。互联网交易和信息系统的运用使得企业库存大量减少，甚至可以实现零库存状态，大大提升了管理效率。从产业组织看，工业经济时代的产业组织效率主要靠规模经济和范围经济来获得；在第四次工业革命条件下，产业组织从纵向一体化的大企业模式向模块化、网络化的生产网络模式转变，基于互联网形成的企业网络使企业之间的交易突破了时间和空间的限制，极大减少了交易环节，降低了交易成本，并获取超越规模经济与范围经济的网络外部效率。需要指出的是，与第三次工业革命的信息化重点在于促进成本降低、效率提高和产出增加不同，在第四次工业革命下，以新一代信息技术推动的信息化建设则更加强调在信息网络与物理系统的融合发展中为智能化提供服务，更加注重企业在嵌入生产链与价值链的过程中互联互通、协同共享，通过增值环节的整合与价值链的重构实现智能化生产。

第三，服务业效率得到显著提升并在一定程度上减弱了“鲍莫尔效应”。工业经济时代，服务业生产率较制造业低，存在所谓“鲍莫尔效应”，服务业的进一步发展必然降低整个经济的生产率。随着第四次工业革命的发生发展，互联网及新一代信息技术在服务业中得到广泛应用，尤其是移动互联网和物联网的发展使得基于消费者需求所产生的服务业商业价值不断扩大，由此正在显著改变着服务业“鲍莫尔效应”的技术经济条件。在消费互联网模式下，如淘宝、京东、当当等一系列消费电商利用互联网在一定程度上打破了消费者与厂家的信息不对称，形成了生产者直接面向消费者的商业模式，为消费者搭建起更加高效、便利的消费平台，大大减少了中间环节，显著提高了产业效率。旅游业则通过移动互联网的应用，将线上交易与线下服务打通，满足了消费者移动化、位置化、个性化、自助化的需求，大大提高了服务质量和效率。在流通业，移动互联网、物联网、大数据等的广泛应用加速了信息的流动，线下流通企业利用快速流通的信息优化供应链流程，提高供应链管理控制能力，从而大大提高了流通效率；线上企业则通过完善信息管理系统，改善企业与企业之间、企业与顾客之间的沟通方式，从根本上改变了企业的经营方式、管理模式和组织结构，显著提高了流通效率。与此同时，现代服务业与制造业的不断融合推动了制造的服务化，众多制造企业的主营业务逐渐向服务领域衍生和转移，研发设计、产品营销、金融服务、战略咨询等专业化生产服务与中介服务成为构建竞争优势、提高经济效益的重要因素。信息技术的飞速发展和基于互联网平台的商业化应用也极大地拓展了服务的内容与领域，移动互联网、物联网、云计算等新技术与服务业的融合衍生出众多新业态，尤其是电子商务、数字内容、服务外包等新兴服务业正在成为现代服务业发展的新增长点。总之，在第四次工业革命条件下，互联网和新一代信息技术的广泛应用大大提升了服务业生产率，从而带来整体经济效率的提升。

第四，具有较高生产效率的新产业、新业态大量涌现。新技术的突破和变革是推动新业态出现的最重要因素，尤其是突破性、颠覆性技术，其在应用过程中往往会催生一系列新的业态，这恰好体现在历次工业革命的进程中。历史经验表明，每一次科技革命与产业变革都会催生一批新业态，推动产品、服务生产和存在方式发生重大变化，并带来生产效率的极大提升。第四次工业革命推动全球进入了大数据、物联网、能源互联网和工业互联网的新时代，随着技术创新及其产业化商业化的步伐加快，现代技术的迭代周期大大缩短，叠加效应强化，市场化应用推广的成本不断降低，一些领域技术进步和技术革命出现重大突破的进程加快，这都为新业态的出现提供了前所未有的机遇。当前，以新一代信息技术的深度融合应用为核心，以数字制造技术、互联网技术、新能源技术、新材料技术等一系列颠覆性技术的重大创新与融合应用为代表的全新技术创新体系带动了整个产业形态、制造模式、运营方式、组织结构等的深刻变革，推动了一系列新业态的出现、发展与壮大，并将在更大程度上转换为对生产率提升和经济增长的巨大贡献。借助于互联网等现代信息技术的创新应用，分享经济近年来加速发展并不断成熟，即里夫金所称的在互联网带来的近乎零边际成本的社会下的协同共享时代。以我国为例，2016 年我国分享经济市场规模达到 3.4 万亿元，参与者总人数超过 6 亿人，预计分享经济未来 5 年的年均增长速度将达到 40%，到 2020 年分享经济规模占 GDP 的比重将超过 10%。[①] 作为一种新型经济形态，分享经济以更低成本和更高效率激活并整合了全社会的剩余和闲置资源，从而为经济社会提供了一种加速要素流动、实现供需高效匹配的最优资源配置方式，能够调动全社会最优质的资源参与到整个生产过程中，大大提升了资源对接和配置效率，提高了资产使用效率和经济中的有效资本存量（尤其是无形资本），并激发了创新活力，带来了经济效率的有效增长。[②]

---

① 数据来源：国家信息中心信息化研究部、中国互联网协会分享经济工作委员会：《中国分享经济发展报告 2017》，2017 年 2 月 28 日。

② 值得注意的是，现有的统计体系并未反映出分享经济等数字化活动对衡量 GDP 数据和生产力数据的影响，也就是说对分享经济等所带来的效率增长目前存在着低估现象。

三、信息技术对生产率提升的作用：以美国为例

信息技术是第四次工业革命的通用性核心技术，对物联网、云计算、3D 打印、人工智能等新产业新业态的发展起到主导作用。第四次工业革命对生产率的作用，从根本上说取决于信息技术的作用。美国既是全球第三次工业革命的最大成功者，同时又是正在孕育发生的第四次工业革命的引领者，信息技术对美国生产率的影响，很大程度上可以体现出第四次工业革命作用下要素生产率的变动特征及趋势。

早在 20 世纪 80 年代，关于计算机对生产率的作用即已出现一定的争论。1987 年，诺贝尔经济学奖获得者、美国著名经济学家索洛即提出影响广泛的“计算机生产率悖论”，也称“索洛悖论”。他提出：“你可以在任何地方看到计算机时代的来临，但是在生产率的数据统计方面除外。”“索洛悖论”对计算机的生产率效应提出质疑。事实上，美国每年劳动生产率的增长率从 1948—1973 年的平均 3% 下降到 1984—1990 年的平均 1.5%。对于“索洛悖论”，人们展开大量讨论，并大致取得以下共识，即计算机在产业和经济中作用的发挥，以及它对生产率提升作用的显现，一般要经历一个相对较长的时期。事实上，正是经过几十年计算机发展和应用的积累，进入 20 世纪 90 年代以后，美国实施了“全国信息基础设施”“全球信息基础设施”等应用信息技术的战略及规划，使信息产业成为推动其经济增长的主要部门，信息技术对生产率提升的作用明显体现出来。根据著名经济学家乔根森等的统计分析，1995—2000 年，美国经济的生产率提高主要源于信息技术，包括计算机、半导体、软件和电信设备等的研究与制造部门。这些部门仅占 GDP 总量的 3%，却拉动了这一时期美国一半以上的生产率。理查德·纳尔森等也通过大量实证分析得出，计算机的生产与使用以及互联网的传播带来的技术进步是 20 世纪 90 年代后期美国生产率复苏和经济增长的主要原因。

进入 21 世纪以后，美国对信息技术的创新与投资更多地集中于一系列多样化的应用程序与流程创新方面，对硬件投资相对减少。这一时期，美国生产率增长的主要驱动力量由原来的信息技术制造部门转移到信息技术应用部门，如金融服务、商贸零售和制造业等。这些部门不断加大对信息系统的投资力度，推进产品与生产流程创新，采用新的商业模式和运营流程，不仅提高了自身的生产效率，并带动了信息技术应用部门生产率的提升。2000—2006 年，信息技术资本深化的贡献率从上个时期的 1.01% 下降到 0.58%，信息技术生产行业全要素生产率的贡献从 0.58% 下降到 0.38%；与此同时，信息技术应用行业全要素生产率的贡献从 0.42% 增加到了 0.54%。

据 Corrado 等人（2006）的研究，1995—2000 年美国生产率增长主要来自以信息技术产业为主的高技术部门以及流通部门，贡献率分别为 0.73% 和 0.7%；而在 2000—2004 年，金融及商务、工业等其他非高技术部门对 TFP 的贡献率从 0.27% 上升到 0.74%，高技术部门的贡献率却下降到 0.26%。这一时期，投资主要关注研发、组织变

革、业务流程创新等无形资本，企业往往需要一段时间来进行这些互补性的投资行为，并学习如何最有效地利用这些计算机化创新项目和软件系统，而由此产生的收益也会有些滞后。同时，信息技术对其他产业的带动与渗透作用日益增强。

2008 年国际金融危机之后，美国生产率变化总体不太乐观。国际劳工组织的数据显示，1996—2007 年美国劳动生产率平均增速为 2%，2008—2010 年平均为 1.2%，2011—2015 年进一步降低为 0.8%。[①] 全要素生产率也出现明显下降，2007—2012 年年均增长率为 0.2%，2013 年达到 0.6%，2014 年进一步下降为 0.1%，2007—2014 年年均增长率仅为 0.5%。这说明，近年来，尽管智能科技、云计算、大数据等新一代信息技术发展迅速，但在对全要素生产率的提升效应方面还不明显。主要原因大致包括：第一，目前用来衡量生产率的统计数据和体系无法充分体现技术上的全部最新进展，尤其是不能全面衡量来自新的、更高质量的数字技术等领域的技术进步。如免费的数字化产品、服务及质量提高带来的经济价值，对知识产权、组织资本等无形资产的投入加大，以及绿色 ICT、智能电网等对能源和环境产生的积极效益等，这些都难以被当前的统计所体现。第二，新生的数字科技等在整体经济中的扩散、传导与推广比较慢，其对生产率的提升效应需经历一个较长的过程才能显现。如 Brynjolfsson 等（2012）指出的，当前消费者正在从互联网中获得巨大的净利润与经济效益，但这些爆炸性的数字服务与创新的价值尚难以量化。他们的研究发现，互联网产生的消费者剩余在迅速增长，2011 年互联网带来的消费者剩余达 5 640 亿美元，每位用户能获得 2 600 美元的净利润。当将这些数据计入 GDP 后，那么 2012 年生产率的实际增长率为 1.5% 而非官方的 1.2%。OECD 在《生产率前沿》（*The Future of Productivity*）（2015）报告中同样发现，尽管近年来美国整体生产率持续下滑，但很多全球领先企业却在劳动生产率方面获得很大提升。在对美国生产率增速进行分行业拆分后，数据显示，2010 年前后服务业中的领先企业生产率提升了 50%，而非领先企业生产率仍处在 2003 年的水平上；制造业企业中同样存在着生产率分化，且 2008 年以后分化进一步加剧。

由此可见，在第四次工业革命孕育发生过程中，作为其主导性技术的信息技术正持续地向更多经济部门扩散和渗透，由此将带动生产率的进一步提升。这也即意味着，近年来的生产率放缓趋势很可能只是一种暂时现象，从长期看，推动生产率持续增长的主要动力仍将是以新一代信息技术为核心的科技创新引发的产业创新，从而驱动全要素生产率的提升。如果从近年来美国信息技术行业生产率变动看，这一趋势更为明显。根据美国经济分析局的数据，无论是生产率增速还是对资本的吸引力，美国信息技术行业都遥遥领先。2002—2012 年，计算机与电子产品制造业的劳动生产率年均增长率达 29.17%，居制造业首位，信息技术服务业的劳动生产率增速也远超金融保险、法律、交通运输等其他服务业；虽然“纳斯达克泡沫”的破灭以及之后的国际金融危机使得

---

① 国家统计局国际统计信息中心：《国际比较表明我国劳动生产率增长较快》，2016 年 9 月 1 日。

信息技术行业的投资下滑，但2009年信息技术行业的风险投资占全行业比重也有34%，2013年超过了50%。考虑到第四次工业革命的基本趋向是以新一代信息技术为核心的更大范围内的各项颠覆性技术向个人、企业、产业和更广泛的经济领域深度拓展，因而，其带来的生产率提升效应是可以预期有良好前景的。

四、抢抓第四次工业革命机遇，大力提升我国要素生产率

（一）第四次工业革命为我国生产率提升提供历史机遇

我国经济发展新常态与第四次工业革命和全球产业深刻变革形成历史性交汇。在经济新常态下，支撑我国经济快速增长的传统要素红利逐渐消失，全要素生产率呈现一定程度的下降趋势。测算数据显示，中国全要素生产率的增速从1995—2009年的年均3.9%下降到2011—2015年的3.1%，而按照这个趋势，"十三五"期间全要素生产率的增长将进一步降低到2.7%。[①] 因此，以提升全要素生产率为核心，着力打造经济发展新动力，已成为我国经济保持中高速增长、迈向中高端水平的必然要求。

目前，我国通过互联网改造提升传统产业，以及在发展新产业、新业态、新模式方面已取得一定成效，通过互联网及新一代信息技术提升生产率表现出广阔的前景。根据通用电气（GE）公司的测算，工业互联网的应用能够帮助中国的航空、电力、铁路、医疗、石油天然气等行业实现生产率提升达1%，到2030年将能够带来累计3万亿美元的GDP增量。另据麦肯锡全球研究院的报告，2013—2025年，互联网的应用将使中国GDP增长率提升0.3%～1%，在GDP增长中的贡献最高将达到22%。[②]

总体上看，目前我国服务业对互联网及新一代信息技术的应用较为广泛，成效也较显著。但服务业生产率总体上低于制造业，总的来说，我国下一步通过第四次工业革命提升要素生产率的重点应是加快互联网及新一代信息技术与制造业的融合。因此，应按照《中国制造2025》确定的目标要求，以提质增效为中心，以互联网及新一代信息技术与制造业深度融合为主线，以推进智能制造为主攻方向，同时大力发展服务型制造和生产性服务业，推动制造业商业模式、组织结构和业态创新，促进生产型制造向服务型制造转变。另外，基于信息技术的创新应用实现农业生产率的提高同样也是我国生产率提升的重要方面，也是农业现代化的基本条件。目前我国农业劳动生产率仅为世界平均值的47%、高收入国家平均值的2%、美国的1%。[③] 因此，通过将互联网与农业产业

---

① 全要素生产率增长数据来自中国社会科学院副院长蔡昉2016年1月10日在第七届中国经济前瞻论坛上所做的主旨演讲。

② 麦肯锡全球研究院：《中国的数字化转型：互联网对生产力与增长的影响》，2014年7月。

③ 中国科学院现代化研究中心：《中国现代化报告2012：农业现代化研究》，2012年5月13日。

链的各环节相连接，提高农业全要素生产率，则将成为我国创新农业发展方式、加速推进农业现代化的重要动力。

（二）抢抓第四次工业革命发展机遇，加快提升我国要素生产率

我国正在大力推进供给侧结构性改革，加快经济发展新旧动能的转换。在这一过程中，必须牢牢抓住新一轮工业革命发展机遇，采取有效措施，加快提升要素生产率，为实现经济持续健康发展提供强有力的动力保障。第一，对于政府来说，为正在形成的数字化新经济搭建良好的管理架构至关重要。当前，数字技术等正在释放新的经济和社会发展动力，产业、经济与社会也正处于数字化转型过程中。数字经济需要与之相适应的新的管理体系以及灵活的治理框架。因此，政府应建立并完善包容性的经济制度，并提高产业政策的创新效能，以便于充分发挥市场的资源配置作用，合理引导要素流动，充分释放创新潜力与投资效率。一方面，应给予新技术、新产业、新业态等新兴领域充分的鼓励与容错空间，进行差异化监管和包容性治理，推动技术研发和商业模式创新，为新产业、新业态制定合理的成长空间；另一方面，提高供给侧结构性改革水平，重点利用高新技术积极推动传统产业改造升级，从提高传统产业的动力和能力入手，减少无效和低端供给，扩大有效和中高端供给，加快提高要素使用效率。

第二，对于企业来说，应强化技术创新对生产效率提升的主导作用。在第四次工业革命中不断涌现的诸多新技术对当前的产业价值链带来颠覆性变革，为适应不断更迭的技术与市场，企业的首要任务是加强技术创新能力，以技术创新推动组织结构变革、商业模式创新，改善经营方式，从而提高生产效率。企业应提高对产业与技术升级趋势的敏感度，更加关注技术创新带来的价值创造而非市盈率代表的投资价值，并加强与高校、科研机构等创新主体的合作，强化协同创新与技术成果转化能力；同时，要基于客户需求和资源整合，探索能够显著降低行业成本、提高行业效率的商业模式，积极寻求开发新技术与新模式、拓展市场的新思路。

第三，加快提升人力资本素质，为应对新工业革命提供充足的人才支撑。新一轮工业革命的孕育发生使得人力资本的积累与提升成为各国迫切的要求。与此同时，第四次工业革命在冲击就业市场的同时，也为创新创业活动创造了良好机遇，新技术、新产业、新业态和新模式为人力资本的积累与能效释放提供了新的平台，人力资本作为“第一资源”的作用和角色更加凸显。世界经济论坛在《未来工作报告》的研究调查中发现，未来对解决复杂问题的能力以及社交和系统性技能的需求将远高于对体力和知识性技能的需求。为更好地应对第四次工业革命的冲击，人才培养应从培育就业技能向创新、创业、创造能力转变，要更加注重强化在持续变化的动态环境下不断自我调整以学习新技术、新工艺、新方法的能力，并培养网络化思维和跨界整合的技能。为此，我国必须调整高等教育结构，构建新型人才培养体系，大力培养适应第四次工业革命需求的创新人才、管理人才和高技能应用型人才，逐步摆脱劳动密集型生产范式的技术路线锁

实现路径二：以海洋产业突破实现海洋要素配置效率改善。

着力优化海洋产业结构，提升海洋渔业、海洋交通运输业、海洋旅游业等海洋传统优势产业，培育壮大海洋装备制造、海洋大健康、海洋新能源、海水淡化与综合利用、海洋科研教育管理服务业等海洋战略性新兴产业，培育处于全球海洋产业链高端、引领海洋经济发展方向的先进海洋经济产业集群，坚持创新驱动，打造具有国际竞争力的现代海洋产业体系。加强海洋资源集约利用，加强海洋环境综合治理，实施沿海陆域、近岸海域、河口附近海域的污染排放许可证制度，开展重点入海排污口及邻近海域的在线连续监测，加强海洋生态环境保护与修复。

实现路径三：以海洋空间突破实现海洋要素集聚效应提升。

加快建设现代海洋产业集聚区，明晰海洋经济载体平台“港口—园区—城市—海岸带—近海—深海”的空间等级体系，在“一带一路”倡议下，为优化海洋国土开发和嵌入全球海洋经济体系指明方向。建设若干个特色鲜明的海洋园区，高起点、高标准编制特色海洋产业园区建设规划，对产业园区给予财政税收、专项资金、用地用海政策等的支持和倾斜。打造若干具有竞争力的海洋中心城市，整合区域要素结构，培育具有区域比较优势和竞争力的海洋特色产业，建设国家级或区域性的科研平台，深度挖掘城市发展中的特色海洋文化，为海洋经济发展提供持久动力。

参考文献

［1］Jean-Jacques Maguire, Michael Sissenwine, Jorge Csirke, Richard Grainger, Serge Garcia, *The States of the World Highly Migratory, Straddling and other High Seas Fish Stocks and Associated Species*. FAO Fisheries Technical Paper. No. 495. Rome: FAO. 2006.

［2］张超英、李杨、李建华：《海洋经济增长与中国宏观经济增长关系分析》，《海洋经济》，2012 年第 3 期。

【作者简介】

向晓梅，广东省社会科学院产业经济研究所研究员；张拴虎，广东省社会科学院产业经济研究所研究员；胡晓珍，广东省社会科学院产业经济研究所副研究员。

Systems, 2012.

[17] Mann C. L., The Future of Productivity, *Peterson Institute for International Economics*, 2015.

[18] 曹永福:《美国信息技术二次革命影响经济走向》,《上海证券报》, 2014 年 6 月 18 日第 A04 版。

[19] 申明:《工业互联网让机器智能互联》,《科技日报》, 2013 年 6 月 25 日第 4 版。

[20] World Economic Forum, *The Future of Jobs*, https://cn.weforum.org/reports/the-future-of-jobs, 2016-1-18.

【作者简介】

杜传忠，南开大学经济与社会发展研究院教授、博士生导师；郭美晨，中国社会科学院数量经济与技术经济研究所博士后研究人员。

政赤字货币化和通货膨胀，维持宏观稳定。这些药方也就是所谓的“华盛顿共识”，并主张以“休克疗法”一次到位落实。① 不幸的是，所有用了这个药方的国家，其经济转型不是夭折，就是大幅波折。

中国特色社会主义市场经济是以一种完全不同于西方主流转型理论的面目呈现于世人面前的。“渐进式改革”“自主性开放”“双轨制价格”“积极有为的政府”，这些中国改革和社会主义市场经济的标志性特征，在西方主流经济学家看来均属于一种不彻底的改革和不彻底的市场经济。所以，只要中国的经济增长稍微一放缓，“中国崩溃论”就不绝于耳。但是，中国不仅发展起来了，而且是过去 40 年中唯一没有出现系统金融经济危机的国家。个中原因在于，西方主流经济学理论的产生和发展，一直是建立在西方发达国家经验的基础之上，自觉或不自觉地以发达国家的发展阶段、社会、制度安排为明确或暗含的前提条件，发展中的转型国家条件则与其不同。这导致那些简单按照西方主流经济学家的设计来选择发展道路的国家，其政策实践不可避免地陷于“淮南为橘，淮北为枳”的窘境，而且，以这样的理论为参照来看转型中的中国经济，难免觉得到处是问题，难以理解其成功的道理。

从计划经济到市场经济的转型，潜台词是在没有市场的经济体系中催生出一个市场来。因此，市场的发育必然是一个从无到有、从小到大、从弱到强的过程。市场建设不仅表现为建立一套运行规则，诸如价格机制、产权机制等，也包括重塑交易主体、提供交易的基础设施、提供足够大的交易规模等。此外，从风险控制的角度看，从计划到市场的改革还需要直面诸多风险。比如，如何确保新生的市场主体以及原有的国有企业能在面对外来强大对手的激烈市场竞争中存活下来，并稳健成长？如何确保新生的市场体系尤其是脆弱的资本市场体系能够应对外在市场体系以及掠夺性资本的毁灭性冲击？转型中如何克服旧制度的路径依赖，在打破旧制度与建立新制度之间取得动态平衡，既有效解决市场成长过程中的风险和制度性交易成本过高问题，又确保转型的顺利推进，从而防止改革夭折？这些，远不是简单照搬一套规则就可以万事大吉了。甚至可以说，没有政府的主动引导和孵化，市场很难自然发育起来。没有政府对风险的控制，经济转轨随时会夭折。

广东省社会科学院“中国道路与广东实践”课题组尝试将发展中国家的追赶阶段背景引入市场经济分析框架，提出了一个关于解释中国道路的重要观点：市场发育并不必然排斥政府介入。相反，如果发展中国家想要尽快孵化出一个有效市场的话，必须有一个有为的政府来帮助。这个判断是符合中国改革开放实际情况的。更进一步讲，中国经验也极有可能适用于当今绝大多数的发展中国家。世界银行曾经归纳过“二战”后超过 7% 增长率持续增长 25 年以上的 13 个经济体，发现这些成功经济体有五个惊人的

---

① ［美］诺姆·乔姆斯基著，徐海铭、季海宏译：《新自由主义和全球秩序》，南京：江苏人民出版社，2000 年。

集聚、制度改革和科技创新方面的思路，在提高海洋经济全要素生产率、海洋资源利用率、海洋经济结构调整质量、政府治理水平等方面提出相应的改革路径。

二、文献回顾及评价

国外海洋经济研究涉及海洋战略、海洋科技、海洋生态等多个领域，主要视角集中在合理开发海洋资源、维护海洋生态系统的稳定性等技术层面，但对海洋产业结构转型升级、海洋经济增长及空间布局优化等供给侧角度的研究较少。研究成果主要集中在以下两方面：一是海洋经济对国民经济影响的研究，主要运用经济增长理论及相关计量模型，测算海洋经济对国民经济和就业的影响。如 Rorholm（1967）分析测算 13 个涉海经济部门对新英格兰南部地区发展的影响；[①] Kwak 等（2005）利用 1975—1998 年的数据分析了海洋产业对韩国经济的带动作用。[②] 二是以细化的海洋产业为研究对象，关注海洋经济的可持续发展。如 Csirke（2005）指出高强度开发渔业资源严重影响渔业可持续发展，部分渔业种群已出现枯竭风险；Gorii 等（2008）探讨了地中海渔业保护区内的渔业资源保护问题。[③]

国内研究海洋经济供给侧改革主要集中在以下几个方面：①海洋经济要素结构优化路径。乔俊果等（2012）对海洋产业要素投入问题的研究集中在投入要素的优化配置与“交互效应”方面，认为我国海洋经济要素配置存在扭曲，固定资产投资仍是推动我国海洋经济增长的重要因素，但海洋科技的重要性正日益凸显。[④] 王玲玲（2015）对海洋技术进步的贡献度研究集中在海洋技术进步对海洋主要产业以及区域海洋经济的推动作用方面。[⑤] 戴彬等（2015）通过海洋经济产业结构层面的分析，研究海洋经济全要素生产率，并指出其效率提升的可能性。[⑥] 国内主要采用数据包络分析（DEA）和随机前沿分析（SFA）模型测算区域海洋经济的技术效率，结果显示我国海洋经济全要素生产率的提升主要由技术进步决定，且技术效率呈上升趋势。②海洋产业结构优化路径。张超英、李杨、李建华（2012）；白福臣等（2015）从分析海洋三次产业结构演进趋势

---

① Rorholm N.，Limit Marine Protected Areas，*Ecological Economics*，1967（4）：pp. 287 - 305.

② Kwak S. J.，Yoo S. H. & Chang J. I.，The Role of the Maritime Industry in the Korean National Economy：An Input-Output Analysis，*Marine Policy*，2005（29）：pp. 371 - 383.

③ Juan L. Suarez de Vivero & Juan C. Rodriguez Mateos，The Mediterranean and Black Sea：Regional Integration and Maritime Nationalism，*Marine Policy*，2002（26）：pp. 383 - 401.

④ 乔俊果、朱坚真：《政府海洋科技投入与海洋经济增长：基于面板数据的实证研究》，《科技管理研究》，2012 年第 4 期，第 37 - 40 页。

⑤ 王玲玲：《区域海洋经济全要素生产率变动分解：基于三阶段 Malmquist 指数模型》，《海洋湖沼通报》，2015 年第 3 期，第 199 - 206 页。

⑥ 戴彬、金刚、韩明芳：《中国沿海地区海洋科技全要素生产率时空格局演变及影响因素》，《地理研究》，2015 年第 2 期，第 328 - 340 页。

入手，探讨海洋产业结构与海洋经济增长之间的关系，指出传统的资源依赖型海洋产业对海洋经济增长的贡献不断减少，海洋服务业等高附加值海洋新兴产业具有较大发展潜力。[①] ③海洋经济区域空间结构优化路径。孙吉亭（2011）从海陆一体，沿海经济带建设，由陆地、海岸到深海的海洋区域经济序列研究，探讨了区域海洋经济优化空间布局与统筹机制。刘伟（2011）对海陆一体化的分产业布局和分空间尺度协调，以及相应的支撑体系等方面展开研究，对海陆一体化的层次、内容、发生机理以及平衡机制进行分析，实现区域效益最优。邵桂兰（2011）从涉海国际经济贸易、涉海产业的国际竞争力、海洋渔业的国际产业政策协调机制与合作模式等角度进行研究，探讨了国际海洋经济合作的理论与框架。

总体而言，前期文献有以下特点：第一，海洋经济供给侧的有效刺激不足的现状尚未成为理论界的研究重点；第二，针对海洋经济的定量研究主要是对现状的解释，通过这些研究很难找到海洋经济的统一量化测评标准；第三，对海洋经济供给侧结构性改革中的政府作用和制度环境的研究近乎空白，保障海洋经济开发的制度供给不足；第四，海洋经济“制度供给—空间差异”之间耦合关系的研究尤为不足，对海洋经济开发空间格局中存在的区域协调、空间布局不够优化等问题缺乏深入研究。本文借鉴供给侧结构性改革而“立题”，希望理清海洋经济供给侧结构性改革的内涵和重点，把它作为我国提升海洋经济增长效率的重要策略之一。

三、海洋经济供给侧结构性改革的动力机制

海洋供给侧结构性改革是从提高海洋全要素生产率出发，以制度创新推动海洋产业结构优化，从而纠正海洋要素配置的扭曲，扩大海洋经济有效供给，提高对海洋经济需求变化的适应性和灵活性，推进海洋产业转型升级，促进海洋强国建设。

（一）海洋经济供给侧结构性改革的四个维度

即以海洋经济要素效率的优化为核心，以海洋产业结构、海洋区域空间结构、海洋制度供给结构的优化为支撑，提高海洋经济全要素生产率水平，实现海洋经济供给侧结构性改革。

1. 海洋要素效率优化

包括海洋自然资源、涉海资本、海洋科技、海洋人力资本、海洋生态环境等。对海洋要素的合理、有效调节与控制，决定着地区海洋经济发展的规模、结构与水平。通过突破海洋资源要素，可以提高海洋资源要素利用率，从而提升海洋经济全要素生产率。

---

① 白福臣、周景楠：《海洋产业结构变化与海洋经济增长》，《岭南师范学院学报》，2015 年第 36 卷第 3 期，第 153 - 158 页。

2. 海洋产业结构优化

海洋产业结构合理，对一个国家海洋经济的发展至关重要。海洋经济要想实现长期健康发展，势必要融入国家供给侧结构性改革大战略，改善海洋产业的供给质量，以产业突破推动海洋产业结构调整。

3. 海洋空间结构优化

通过统一规划、合理布局海洋产业和临港工业园区、港口岸线资源、腹地工业园区，可以把岸线、港口、海域开发与产业、城市、陆域发展有机结合起来，从而优化海洋空间结构，促进海洋要素的流动与合理配置，形成海陆统筹、协调发展的格局。

4. 海洋制度结构优化

制度创新的根本就是要优化配置海洋经济发展的投入要素，设计有利于激发海洋经济各要素发挥作用的制度，推进海洋经济的增长与可持续发展，形成能够激发海洋经济“有为政府 + 有效市场”的制度结构。

（二）海洋经济供给侧结构性改革的影响因素

海洋经济供给侧结构性改革是内外动力源在政府主导、市场牵引和企业推动的共同作用下完成的，其相互作用的过程包含了海洋经济供给侧结构性改革四个维度的不断优化发展。

1. 内部动力的影响因素

内生机制主要包括海洋资源要素、金融资本供给环境、技术溢出、人力资本集聚等，是一种张力。

海洋资源禀赋是海洋经济供给侧结构性改革的物质基础，海洋资源禀赋的种类、储量与质量等级、生态环境等对海洋经济的结构优化及空间布局有重要的导向作用，甚至成为决定性因素。在进行海洋空间结构优化时，只有了解各类海洋产业对资源要素的具体需求，才能把各海洋产业布局到最适合的区域。

金融资本供给环境主要包括金融机构、金融监管及社会信用等要素。海洋经济具有高投入、高风险、高收益的特征，需要进行大量的资本投入和积累。融资障碍已成为部分地区海洋战略性新兴产业发展迟滞的主因，必须通过完善金融服务功能助力海洋产业转型升级。①

技术溢出水平是影响海洋产业优化及布局的决定性因素，技术密集型是海洋高技术产业的基本特征，海洋战略性新兴产业倾向于在经济发展水平高、资本充足、技术先进的地区布局。

人力资本集聚程度是衡量区域海洋经济发展水平差异的重要标准。随着海洋经济的

---

① 黄瑞芬、雷晓：《要素投入对我国海洋经济增长的效应分析：基于广义 C-D 生产函数与岭回归分析方法》，《中国渔业经济》，2013 年第 6 期，第 118 – 122 页。

快速发展，涉海企业、科研机构、高等学校等机构对涉及海洋方面的各种类型人才的需求更为迫切，人才成为海洋经济发展水平的重要影响因素。

2. 外部动力的影响因素

外生机制主要包括政府的制度设计等，是一种推力。由于市场失灵的存在，需要通过政府制定法律法规来加强产业规制，从而减少外部不经济现象，实现海洋产业的合理布局、海洋资源的有效配置，实现海洋产业集聚区经济社会效益的最大化。

（三）海洋经济供给侧结构性改革的动力机制

贯穿内生动力与外生动力作用的是技术与制度创新，并由此推动海洋要素的优化配置、海洋产业结构的优化升级，实现海洋要素、产业部门、空间布局和技术水平“四大突破”。

市场是海洋经济供给侧结构性改革的内在动力，牵引着各种生产要素自由流动，从而加速了海洋产业结构与空间布局优化的步伐，是优化空间布局最为有效的动力。随着科学技术的不断进步，海洋产业所受的资源要素约束会不断下降。通过市场机制作用改善金融环境，为海洋经济发达地区“锦上添花”，也为欠发达地区“雪中送炭”，从而实现海洋资源要素的合理配置与动态均衡，推动海洋全要素生产率的提升，并由此协调推动产业的优化升级与海洋经济的空间布局优化。

涉海企业是海洋经济供给侧结构性改革的核心主体，如何鼓励与促进企业提升技术水平，形成产业链上下游配套的产业集群，也就成为海洋经济供给侧结构性改革成败的关键。企业的创新能力直接影响海洋全要素生产率的提升及海洋产业发展水平，而海洋产业空间布局也必须充分考虑各地海洋高新技术企业在近岸城市、海洋产业园、港口等地区的空间集聚能力。

政府是海洋经济供给侧结构性改革的推动者与引导者，通过政策制定可以形成能够激发海洋经济“有为政府 + 有效市场”的制度结构。政府通过制定激励性产业政策，以顶层设计的方式影响海洋产业的结构优化与产业集聚；通过制订海洋经济布局规划，纠正市场失灵所造成的海洋经济空间结构失衡，从区域发展层面构建相对合理的地区间海洋经济分工体系，优化海洋产业在空间上的合理布局，提升海洋产业竞争力。

综上所述，海洋经济供给侧结构性改革要以改善海洋资源要素生产条件、融资条件、技术条件、人力资本条件为抓手，以港口及近岸城市、海洋产业园区为主要载体，以涉海企业为核心主体，以提高全要素生产率为主线，以提升技术与制度创新能力为根本动力，协调近海开发与深海探索的有序开展，通过市场协调、企业驱动与政府政策，引导高端资源要素在海洋空间、主导产业部门和关键技术领域集聚，从而培育海洋经济增长极，优化海洋产业结构。通过优化要素供给和改善政府治理水平，在海洋经济的供给侧发力，实现要素、产业、空间、制度四个方面的突破，从而提升海洋经济全要素生产率。

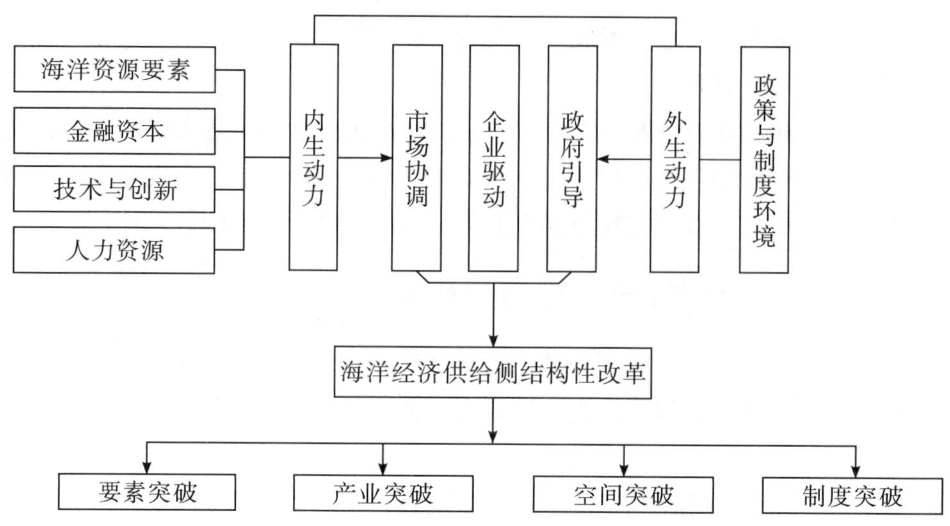

图 1 海洋经济供给侧结构性改革动力机制

四、我国海洋经济全要素生产率指数测算

海洋经济供给侧结构性改革的实现，需要改变依靠传统要素投入实现经济增长的动力模式，通过海洋技术进步与创新实现海洋全要素生产率的提升，同时尽量降低海洋经济增长过程中对海洋环境的污染。因此，在充分考虑海洋环境污染排放和海洋环境污染治理的情况下，选取 4 个相关指标，运用熵值法将其拟合为一个海洋环境综合指数，将其与沿海地区各省份的海洋生产总值相乘得到海洋绿色生产总值，利用 Malmquist 指数生产率模型测算我国 11 个沿海省份 2006—2015 年海洋全要素生产率指数和海洋绿色全要素生产率指数，并将其拆分为技术效率与技术进步率。通过提高海洋全要素生产率来实现下一阶段我国海洋经济供给侧结构性改革，推动由要素驱动向创新驱动的转变，提出政府要利用政策引导要素在海洋空间、主导产业部门和关键技术领域集聚，通过优化要素供给和改善政府治理水平，从海洋经济的供给侧提升海洋经济效率。

（一）数据说明与测算结果

1. 数据收集与指标选取

本文参照国家对沿海经济带的划分方法，将 11 个沿海省市划分为环渤海、长三角和泛珠三角经济区，考察纳入环境保护因素后 2006—2015 年各地区的海洋经济全要素生产率和海洋经济绿色全要素生产率增长差异。相关数据主要来源于官方统计年鉴。

在产出指标方面，本文拟合了海洋环境综合指数，将其与沿海地区各省份的海洋生产总值相乘得到海洋绿色生产总值；在投入指标方面，本文将资本、劳动、技术投入要素纳入模型，其中劳动和技术投入以各地区涉海就业人员数量和年末各地区海洋专利授权数量来衡量，各地区海洋资本存量数据按照张军（2004）的估计方法，首先采用永续盘存法对各地区资本存量进行估算，并以各地区海洋生产总值占地区生产总值的比重为比例，测度各地区海洋资本投入量。

2. 海洋环境综合指数的构造

为准确度量沿海各地区的海洋环境综合指数，本文选取海洋固体废物综合利用率和海洋工业废水排放达标率作为正向指标，选取海洋工业固体废物排放量、海洋工业废水直接入海量与海岸线长度之比作为逆向指标，利用熵值法将其拟合为海洋环境综合指数。鉴于海洋统计数据的可得性，暂以各沿海省市工业固体废物排放量、工业废水直接入海量来替代各沿海省市海洋工业的固体废物及废水排放量。本文计算了 2006—2015 年我国 11 个沿海省市区的海洋环境综合指数，具体如表 1 所示。

如表 1 所示，2006—2015 年，全国平均的海洋环境综合指数整体呈上升趋势，表明我国沿海省市区对海洋环境保护的力度持续上升。天津、江苏、浙江、福建海洋环境综合指数较高，表明这些沿海省市在发展海洋经济的同时较为注重对海洋污染排放的管控和海洋生态环境的治理，海洋经济发展的环境代价较小，其中天津市海洋环境综合指数十年来稳居全国首位。辽宁、河北海洋环境综合指数多年来均处于较低水平，表明海洋经济发展的环境代价较大，海洋污染较为严重，海洋生态环境的治理有待加强。广东、广西海洋环境综合指数十年来呈现较为明显的上升趋势，表明其海洋环保意识不断增强，海洋生态环境的治理力度持续增大。

分区域来看，2006—2015 年，长三角经济区海洋环境综合指数远高于环渤海经济区和泛珠三角经济区，2012 年之前，泛珠三角经济区海洋环境综合指数均低于环渤海经济区，2012 年及以后，泛珠三角经济区加强对海洋环境污染的治理力度和海洋生态环境的保护力度，海洋环境综合指数迅速提升，与环渤海经济区海洋环境综合指数基本持平。

表 1　我国沿海地区海洋环境综合指数（2006—2015 年）

地区	2006 年	2010 年	2011 年	2012 年	2013 年	2014 年	2015 年
天津	0. 890	0. 890	0. 910	0. 900	0. 900	0. 900	0. 900
河北	0. 510	0. 710	0. 660	0. 650	0. 670	0. 670	0. 720
辽宁	0. 450	0. 560	0. 510	0. 520	0. 530	0. 530	0. 490
上海	0. 660	0. 830	0. 720	0. 720	0. 730	0. 720	0. 720
江苏	0. 860	0. 860	0. 860	0. 840	0. 860	0. 860	0. 860
浙江	0. 640	0. 810	0. 810	0. 810	0. 820	0. 820	0. 820
福建	0. 720	0. 760	0. 680	0. 810	0. 810	0. 810	0. 770
山东	0. 850	0. 860	0. 850	0. 850	0. 850	0. 860	0. 850

（续上表）

地区	2006 年	2010 年	2011 年	2012 年	2013 年	2014 年	2015 年
广东	0.600	0.710	0.740	0.740	0.740	0.740	0.760
广西	0.570	0.710	0.690	0.730	0.740	0.720	0.710
海南	0.700	0.790	0.650	0.700	0.710	0.660	0.700
环渤海	0.675	0.756	0.730	0.730	0.738	0.740	0.738
长三角	0.720	0.840	0.790	0.790	0.800	0.800	0.800
泛珠三角	0.645	0.743	0.690	0.745	0.750	0.733	0.738
全国沿海	0.680	0.770	0.730	0.750	0.760	0.750	0.750

3. 海洋全要素生产率指数测算结果

为分析各沿海省市区海洋全要素生产率指数的动态变化，本文对所选取的 11 个沿海省市区考虑海洋环境综合指数前后的海洋全要素生产率指数、技术进步指数与技术效率指数进行了测算，表 2 为 2006—2015 年我国海洋平均全要素生产率指数估算结果。

表 2 我国海洋平均全要素生产率指数估算结果（2006—2015 年）

年份	Malmquist 指数	绿色 Malmquist 指数	技术效率指数	绿色技术效率指数	技术进步指数	绿色技术进步指数
2006—2007	1.008	1.073	1.034	1.016	0.975	1.056
2007—2008	0.826	0.851	0.971	1.010	0.851	0.843
2008—2009	0.731	0.785	0.986	1.001	0.741	0.784
2009—2010	1.031	1.046	1.012	1.033	1.019	1.013
2010—2011	0.880	0.813	0.935	0.905	0.941	0.898
2011—2012	0.876	0.899	1.013	1.020	0.865	0.881
2012—2013	1.012	1.025	1.005	1.025	1.006	1.001
2013—2014	0.959	0.935	0.960	0.949	0.999	0.985
2014—2015	0.941	0.933	1.019	1.001	0.923	0.932
平均	0.918	0.929	0.993	0.996	0.924	0.933

如表 2 及图 2 所示，总体而言，2006 年以后我国海洋全要素生产率指数下降趋势较为明显，且主要由海洋技术进步率的变动所致，海洋技术效率变化幅度不大，即海洋全要素生产率的变动趋势由海洋技术进步率的变化主导，我国海洋经济具有“增长效应”，缺乏“水平效应”。具体而言，根据表 2，从全国海洋平均全要素生产率指数时间序列来看，加入海洋环境综合指数后，2006—2015 年海洋全要素生产率的增长率、技术效率与技术进步率均有小幅上升，这表明我国海洋经济发展过程中对环境的友好度较高，较为注重海洋环境保护和海洋生态修复，传统的海洋全要素测算低估了海洋经济的

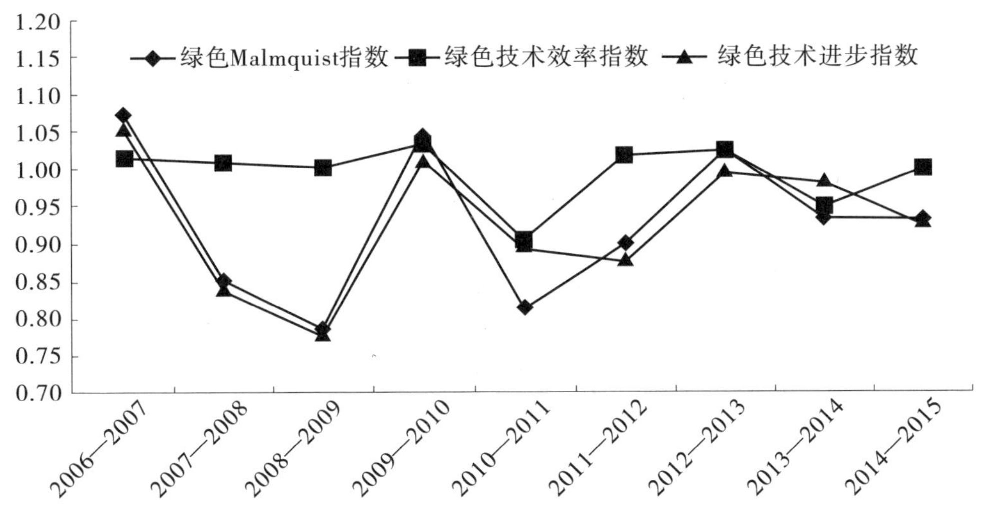

图 2　我国海洋平均全要素生产率指数趋势图（2006—2015 年）

实际经济效率。参照图 2，加入海洋环境综合指数变量以后，2006 年以来的海洋经济增长可以划分为三个时期：2006—2009 年，我国海洋绿色全要素生产率指数显著下降，其中海洋绿色技术效率指数变动较小，海洋绿色技术进步指数持续下降；2010—2012 年，我国海洋绿色全要素生产率指数震荡波动，其中海洋绿色技术效率指数、海洋绿色技术进步指数均呈现先下降后上升的"V 形"曲线，2012 年海洋绿色全要素生产率指数与 2010 年基本持平；2013—2015 年，再次进入海洋绿色全要素生产率指数下降期，其中海洋绿色技术效率指数震荡下降，海洋绿色技术进步指数持续下降。实证研究表明，我国海洋绿色技术效率指数总体变动幅度不大，我国海洋经济的增长及海洋绿色全要素生产率的变动主要由海洋绿色技术进步驱动，且环境友好型后发技术优势还在持续扩张。为细化分析我国海洋全要素生产率指数的区域增长差异，本文测算了 2006—2015 年沿海地区海洋平均全要素生产率指数（如表 3 所示）。

表 3　我国沿海地区海洋平均全要素生产率指数估算结果（2006—2015 年）

地区	Malmquist 指数	绿色 Malmquist 指数	技术效率指数	绿色技术效率指数	技术进步指数	绿色技术进步指数
天津	0.997	0.991	1.008	1.000	0.989	0.991
河北	0.884	0.918	1.000	1.000	0.884	0.918
辽宁	0.867	0.869	0.961	0.957	0.902	0.909
上海	0.972	0.985	1.000	0.998	0.972	0.988
江苏	0.962	0.989	1.000	1.000	0.962	0.989
浙江	0.921	0.939	1.014	1.040	0.908	0.903
福建	0.933	0.947	1.004	1.000	0.930	0.947

（续上表）

地区	Malmquist 指数	绿色 Malmquist 指数	技术效率指数	绿色技术效率指数	技术进步指数	绿色技术进步指数
山东	0.921	0.914	0.981	0.982	0.939	0.931
广东	0.926	0.942	1.006	1.046	0.921	0.901
广西	0.798	0.830	0.965	0.955	0.827	0.869
海南	0.912	0.896	0.988	0.981	0.923	0.913
环渤海	0.917	0.923	0.988	0.985	0.929	0.937
长三角	0.952	0.971	1.005	1.013	0.947	0.960
泛珠三角	0.892	0.904	0.991	0.996	0.900	0.908
全国沿海	0.918	0.929	0.993	0.996	0.924	0.933

从表3可以看到，2006—2015年我国11个沿海省市区海洋全要素生产率均出现不同程度的下降，相对来说海洋全要素生产率下降最慢的为天津市，下降最快的为广西壮族自治区，海洋全要素生产率增长率由高到低依次为长三角经济区、环渤海经济区和泛珠三角经济区，海洋技术效率指数由高到低依次为长三角经济区、泛珠三角经济区和环渤海经济区，长三角经济区、环渤海经济区海洋全要素生产率的下降绝大部分源于海洋生产技术的退步，泛珠三角地区尽管海洋技术进步指数不高，但对已有技术的使用效率较高。加入海洋环境综合指数变量之后，海洋全要素生产率在区域层面上的排名并未出现显著差异，表明我国11个沿海省市区在考察期内海洋环境污染程度和海洋生态环境保护力度都大体相当。

五、海洋经济供给侧结构性改革实现路径

我国海洋经济供给侧结构性改革的实现，必须从提升要素效率入手，引领海洋战略性新兴产业的超前部署及临海产业的深度发展，为海洋经济实现跨越式发展提供有力支撑。

实现路径一：以海洋技术突破带动海洋全要素生产率指数提升。

强化以企业为主体、市场为导向、产学研相结合的创新体制。积极推动海洋企业、高校与科研机构的联合，建设多方结合的海洋战略性新兴产业技术创新联盟。构建科技、金融与产业三链融合的海洋“创新生态链”，完善覆盖创新链条全过程的海洋科技金融服务体系，鼓励涉海的种子基金、天使基金、创业投资、担保资金和政府创投引导基金蓬勃发展。积极融入全球海洋科技创新分工体系，制定和实施具有全球或区域竞争力的人才政策，吸引海洋领域高端人才就业。建立促进海洋科技创新的激励机制，制定完善海洋科技财税激励政策，完善海洋科技创新评价与考核体系，加强涉海知识产权保护。

实现路径二：以海洋产业突破实现海洋要素配置效率改善。

着力优化海洋产业结构，提升海洋渔业、海洋交通运输业、海洋旅游业等海洋传统优势产业，培育壮大海洋装备制造、海洋大健康、海洋新能源、海水淡化与综合利用、海洋科研教育管理服务业等海洋战略性新兴产业，培育处于全球海洋产业链高端、引领海洋经济发展方向的先进海洋经济产业集群，坚持创新驱动，打造具有国际竞争力的现代海洋产业体系。加强海洋资源集约利用，加强海洋环境综合治理，实施沿海陆域、近岸海域、河口附近海域的污染排放许可证制度，开展重点入海排污口及邻近海域的在线连续监测，加强海洋生态环境保护与修复。

实现路径三：以海洋空间突破实现海洋要素集聚效应提升。

加快建设现代海洋产业集聚区，明晰海洋经济载体平台“港口—园区—城市—海岸带—近海—深海”的空间等级体系，在“一带一路”倡议下，为优化海洋国土开发和嵌入全球海洋经济体系指明方向。建设若干个特色鲜明的海洋园区，高起点、高标准编制特色海洋产业园区建设规划，对产业园区给予财政税收、专项资金、用地用海政策等的支持和倾斜。打造若干具有竞争力的海洋中心城市，整合区域要素结构，培育具有区域比较优势和竞争力的海洋特色产业，建设国家级或区域性的科研平台，深度挖掘城市发展中的特色海洋文化，为海洋经济发展提供持久动力。

【作者简介】

向晓梅，广东省社会科学院产业经济研究所研究员；张拴虎，广东省社会科学院产业经济研究所研究员；胡晓珍，广东省社会科学院产业经济研究所副研究员。

有为政府参与的中国市场发育之路*

林毅夫

20 世纪下半叶以降，全球经济最引人注目的事件是继“亚洲四小龙”经济腾飞之后中国经济的快速崛起。根据世界银行的数据，以 2010 年不变价美元计算，中国 GDP 总量 1978 年排在全球第 14 位，仅相当于全球的 1.1% 和美国的 4.6%。到了 2017 年，中国 GDP 总量达到 12.25 万亿美元，占世界的 12.7%，相当于美国的 58.7%。[①] 2018 年，中国 GDP 总量再次一举突破 90 万亿元人民币大关，按现价美元计算，约合 13.4 万亿美元，位居全球经济第二位。

中国经济在长达 40 年的时间里实现了年均 9.4% 的增长奇迹，[②] 不仅全球瞩目，更成为经济学讨论的热点。在一片“中国崩溃论”的叫嚣声中，中国经济一路精彩纷呈，行稳致远。诚如张五常先生在其《中国的经济制度》中所言：“这种持续三十年的高速增长，发生在人口众多、环境复杂的中国，近乎不可置信。尽管这个国家有种种不尽如人意的地方，但是中国一定是做了非常对的事才产生了我们见到的经济奇迹。”[③] 为什么国际主流经济学家对中国经济的走向缺乏信心，误判频频？客观地讲，他们并不是想“唱衰”中国，而是因为中国改革发展的道路与他们的理论模式不一样。在他们眼里，政府与市场是天然对立的，计划经济由于政府干预而存在大量的扭曲，政府失灵无处不在。要向市场经济转型的话，政府必须尽快从市场中退出，并一次性把市场经济应该有的制度一步到位全部建立起来，让市场竞争来决定价格，由价格引导资源配置，并且企业要私有化。政府不给予保护补贴，企业才会发挥企业家精神并对价格信号做出正确反应，实现市场激发创新和有效配置资源的功能。同时，政府财政预算必须平衡，避免财

---

* 本文原载于《广东社会科学》2020 年第 1 期。

① 蔡昉：《中国经济发展的世界意义》，《经济日报》，2019 年 6 月 11 日第 12 版。

② 林毅夫：《中国的新时代与中美贸易争端》，《武汉大学学报（哲学社会科学版）》，2019 年第 72 卷第 2 期，第 159－165 页。

③ 张五常著译：《中国的经济制度》，北京：中信出版社，2009 年，第 117 页。

政赤字货币化和通货膨胀，维持宏观稳定。这些药方也就是所谓的“华盛顿共识”，并主张以“休克疗法”一次到位落实。① 不幸的是，所有用了这个药方的国家，其经济转型不是夭折，就是大幅波折。

中国特色社会主义市场经济是以一种完全不同于西方主流转型理论的面目呈现于世人面前的。“渐进式改革”“自主性开放”“双轨制价格”“积极有为的政府”，这些中国改革和社会主义市场经济的标志性特征，在西方主流经济学家看来均属于一种不彻底的改革和不彻底的市场经济。所以，只要中国的经济增长稍微一放缓，“中国崩溃论”就不绝于耳。但是，中国不仅发展起来了，而且是过去 40 年中唯一没有出现系统金融经济危机的国家。个中原因在于，西方主流经济学理论的产生和发展，一直是建立在西方发达国家经验的基础之上，自觉或不自觉地以发达国家的发展阶段、社会、制度安排为明确或暗含的前提条件，发展中的转型国家条件则与其不同。这导致那些简单按照西方主流经济学家的设计来选择发展道路的国家，其政策实践不可避免地陷于“淮南为橘，淮北为枳”的窘境，而且，以这样的理论为参照来看转型中的中国经济，难免觉得到处是问题，难以理解其成功的道理。

从计划经济到市场经济的转型，潜台词是在没有市场的经济体系中催生出一个市场来。因此，市场的发育必然是一个从无到有、从小到大、从弱到强的过程。市场建设不仅表现为建立一套运行规则，诸如价格机制、产权机制等，也包括重塑交易主体、提供交易的基础设施、提供足够大的交易规模等。此外，从风险控制的角度看，从计划到市场的改革还需要直面诸多风险。比如，如何确保新生的市场主体以及原有的国有企业能在面对外来强大对手的激烈市场竞争中存活下来，并稳健成长？如何确保新生的市场体系尤其是脆弱的资本市场体系能够应对外在市场体系以及掠夺性资本的毁灭性冲击？转型中如何克服旧制度的路径依赖，在打破旧制度与建立新制度之间取得动态平衡，既有效解决市场成长过程中的风险和制度性交易成本过高问题，又确保转型的顺利推进，从而防止改革夭折？这些，远不是简单照搬一套规则就可以万事大吉了。甚至可以说，没有政府的主动引导和孵化，市场很难自然发育起来。没有政府对风险的控制，经济转轨随时会夭折。

广东省社会科学院“中国道路与广东实践”课题组尝试将发展中国家的追赶阶段背景引入市场经济分析框架，提出了一个关于解释中国道路的重要观点：市场发育并不必然排斥政府介入。相反，如果发展中国家想要尽快孵化出一个有效市场的话，必须有一个有为的政府来帮助。这个判断是符合中国改革开放实际情况的。更进一步讲，中国经验也极有可能适用于当今绝大多数的发展中国家。世界银行曾经归纳过“二战”后超过 7% 增长率持续增长 25 年以上的 13 个经济体，发现这些成功经济体有五个惊人的

---

① （美）诺姆·乔姆斯基著，徐海铭、季海宏译：《新自由主义和全球秩序》，南京：江苏人民出版社，2000 年。

相似之处：一是有效地融入了全球化；二是维持了稳定的宏观经济环境；三是有高储蓄率和投资率；四是坚持以市场体系来配置资源；五是建立了守信、可靠、有能力的政府。① 在更多经济体的赶超阶段，我们看到的是政府积极干预经济活动，用包括税收、信贷等各种政策手段，帮助稚幼的私人经济部门进入原本他们难以进入的经济领域之中。政府集中有限资源，在局部地区优先提供基础设施。政府主动在具备比较优势的部门积极吸引外资，尽快提高技术，扩大国内国外市场规模。政府大力扶持具有潜在比较优势的产业，将其转化为竞争优势，为经济起飞积累宝贵的金融和人力资本，从而快速跨越发展中国家普遍面临的因人均收入过低、投资量小和资本形成不足所导致的“低水平均衡陷阱”，等等。显然，包括中国在内的跨国发展追赶实践有力地证明，政府的积极干预行动不仅没有扼杀幼嫩的市场，反而有效解决了普遍困扰发展中国家的市场失灵难题，加速了市场的发育。这就像一台锈迹斑驳的机器，我们要想让它畅顺运转起来，就必须滴入足够的润滑油。这个润滑油，就是有为政府的市场干预。

如果我们认为有效市场的发育需要有为政府来孵化的话，就存在一个政府如何能够正确干预的问题。在我倡导的新结构经济学中，我提出政府干预应该遵循一国比较优势原则，实施因势利导的“顺势而为”干预策略，具体的操作可以根据与世界产业及技术前沿的差距而划分的追赶型、领先型、转进型、换道超车型和战略型五种不同类型的产业转型升级所面临的瓶颈限制来施行。但是，如何保证政府不会“逆势而为”呢？正如人们常说的，“道理都懂，但做起来很难”。广东省社科院的研究人员引入了政治学中的国家能力概念，试图回答政府为什么能的问题，提出政府实施正确市场干预需要建构以学习能力为核心的学习能力、财政能力和法治能力。从全球经验来看，任何成功的现代经济增长都是在其实现了现代化国家建构之后才出现的，政治建设失败的国家不可能取得成功的经济增长。显然，这为中国道路提供了一个政治经济学的新分析视角，无疑是一个极具启发性的研究。中国没有按照“华盛顿共识”的药方来推进改革开放，无疑与中国共产党强大的治国理政能力密不可分。从这个意义上讲，从基于国家能力的市场孵化这个视角来研究中国经济发展道路，是一个应当肯定并值得继续深化的课题。

广东是海上丝绸之路的发源地、近代革命的策源地，其悠久的商业文化传统以及毗邻港澳的优势，使其成为中国改革开放的先行地。先行一步的广东，创造了一个又一个发展奇迹，为中国改革开放探索了诸多经验，是观察中国市场孵化的绝佳案例。以广东为样本来解读中国道路背后的政府与市场关系演变，其事例丰富，素材鲜活，更具现场感和亲切感。课题组许多成员既是广东改革开放的见证者，更是亲历者。也正因为如此，他们才能提出一些独到观点。

“行百里者半九十。”今天的中国依然处在通往中华民族伟大复兴的奋斗征途中。

---

① 林毅夫著，张建华译：《繁荣的求索：发展中经济如何崛起》，北京：北京大学出版社，2012年，第95－97页。

中国经济正面临着新常态下的可持续发展和发展方式转变挑战，无论是深化供给侧结构性改革，还是持续完善社会主义市场经济体系，都需要有正确的理论指引。这种理论不可能出自书本、源于书斋，只能来自我们对中华人民共和国成立 70 年尤其是改革开放 40 年经验得失的深刻总结。进一步来说，我们总结中国经验不仅是用于指导中国自身发展，还要将其融入现代经济学理论框架，丰富完善现代经济学理论，为广大发展中国家实现赶超提供理论借鉴。作为一门经世济民之学，经济学在中国的发展一方面必须坚持现代经济学逻辑严谨的研究范式，另一方面又必须大兴调查研究之风，从实践中来，到实践中去，在对中国经济现实有扎实掌握的前提下，从具体经济现象中抽象出更具解释力的经济理论，这是中国哲学“知行合一”的伟大传统，也只有这样才能使理论在指导实践时实现“认识世界、改造世界”两个目标统一的“知成一体”，这是发展中国特色社会主义政治经济学的必由之路，也是时代赋予这一代中国经济学人的历史使命和机遇。

【作者简介】
林毅夫，北京大学新结构经济学研究院教授、博士生导师。

中国经济特区工业化深化的机理与路径*

郭跃文　向晓梅　万　陆

一、引言

工业发展是国家强盛的基石。改革开放以来，中国通过积极参与国际分工，开拓利用国际国内两个市场两种资源，在原有完备工业体系的基础上实现了规模扩张和质量提升，一跃成为全球第一制造业大国。但是，中国工业依然存在着发展质量不够高、发展布局不够均衡的隐忧。从发展质量来看，尽管我们在部分产业上已经实现了从“跟跑”到“并跑”与“领跑”的历史性跨越，但从整体来看，中国工业“大而不强”的状态尚未得到根本改变，一些核心技术和关键零部件依然受制于人。从发展布局来看，东部沿海地区发展势头较快，中西部地区发展相对滞后，东北老工业基地振兴依然任重道远。此外，受到国内人口红利消退和全球经济增速放缓的影响，中国经济中的工业部门产出比重已经出现了持续 10 年的下降。虽然工业比重下降、服务业比重上升是经济发展的客观规律，但从国际经验来看，服务业的健康可持续发展只有建立在高质量工业化的基础之上。在工业化尚未完成的发展中国家，如果工业比重下降过快过猛，很可能是该国劳动生产率提升受阻、产业正在丧失国际竞争力的信号（Castillo & Neto，2016；Rodrik，2016，2017）。学术界将这种状况称为“过早去工业化”，会直接削弱国家工业化的后续动能，迟滞经济增长，甚至诱发“中等收入陷阱”（丹尼·罗德里克，2013；魏后凯、王颂吉，2019；史丹、白骏骄，2019）。即将到来的“十四五”时期是我国从全面建成小康社会向全面建设社会主义现代化国家迈进的关键时期，“第二个百年目标”的实现有赖于我们保持工业对国民经济发展的强大拉动引擎作用，为此，我们必须全面夯实中国工业部门的发展根基，推动中国工业化进程从规模扩张走向质量提升，从

* 本文原载于《广东社会科学》2020 年第 6 期。

技术依赖走向技术自立，从局部突破走向全面领先，从不均衡不协调发展走向均衡协调发展。将其放到中国工业化的历史大进程中来看，就是要推动工业化进程全面深化。

迄今为止，学术界尚无对工业化深化概念的明确定义。从已有文献看，对工业化深化概念通常有两种解读：一种解读为工业化进程按“工业化早期”—“工业化中期”—“工业化后期”—“后工业化社会”的发展阶段推进，另一种是将工业化深化解读为从规模扩张转为质量提升的工业化发展方式升级。这两种解读无疑都是正确的，不足之处在于过于笼统，没有解释清楚工业化深化所面临的具体外部约束、推动工业化深化的实施机理和路径。我们发现，无论是中国当下，还是全球其他一些发展中国家，在成功启动工业化，实现从农业主导向工业主导的结构性转变之后，都面临着因产业升级困难、生产效率提升缓慢而导致的过早去工业化威胁，这是工业化深化所面临的最直接的外部约束。基于这种认识，本文尝试将工业化深化定义为在实现从农业经济到工业经济的初步转型之后，以建立技术自主的现代化产业体系和经济体系为目标、以技术进步和产业升级为主要路径，通过不断增强产业竞争力步入长期可持续增长的工业化发展高级阶段。

中国经济特区 40 年的工业化发展道路，为研究工业化深化提供了不可多得的实证案例。兴办经济特区，是党和国家为推进改革开放和社会主义现代化建设进行的伟大创举。到 2020 年，以深圳、珠海、汕头、厦门为代表的中国最早一批经济特区已经成立了 40 周年。在深圳经济特区建立 40 周年庆祝大会上的讲话中，习近平总书记指出深圳实现了“五大历史性跨越”：由一座落后的边陲小镇到具有全球影响力的国际化大都市的历史性跨越、由经济体制改革到全面深化改革的历史性跨越、由以进出口贸易为主到全方位高水平对外开放的历史性跨越、由经济开发到统筹社会主义物质文明、政治文明、精神文明、社会文明、生态文明发展的历史性跨越、由解决温饱到高质量全面小康的历史性跨越，向世界展示了我国改革开放的磅礴伟力，积累了“十条宝贵经验”，展示了中国特色社会主义的光明前景，是中国人民创造的世界发展史上的一个奇迹（习近平，2020）。深圳特区的建设成就也赢得了举世赞叹，被国际友人誉为挂在共和国胸前的勋章（孙锦，2015）。

不仅仅是深圳，中国各个经济特区都实现了长足的发展。在这 40 年间，深圳 GDP 平均增长率是世界平均水平的 4.85 倍、全国的 1.80 倍；珠海是世界的 3.69 倍、全国的 1.36 倍；厦门是世界的 3.5 倍、全国的 1.3 倍；汕头略高于全国平均水平，是世界平均水平的 2.77 倍。可以说过去 40 年，世界每向前走一步，中国经济特区就跨前了 4 步（郭跃文、向晓梅，2020）。要真正理解这个成绩有多么了不起，最直观的方法是与全球其他特区作国际比较。截至 2019 年，全球已经建成了 5 400 多个经济特区，多数特区的定位与中国经济特区类似，以吸引外资、发展外向型经济为政策诉求。但没有一个特区能像中国经济特区这样保持长期高速增长。一项对全球 364 个经济特区样本进行的跨国研究表明，只有 19% 的特区经济增速超过了所在国的经济增速，55% 的经济特区和所在国增速一致，还有26%的经济特区增速低于所在国增速。即便是那些实现了高增长的特区，其高增长时期往往也只有几年时间，无法做到如中国经济特区这样，保持40年的高速增长（UNCTAD，2019）。

中国经济特区之所以能成为全球经济特区建设的“优等生”，做成了世界多数经济特区没能做成的事情，与中国经济特区成功走出了一条工业化发展道路密不可分。中国经济特区的工业化之路，始于其成立之初发展“三来一补”出口加工贸易，依靠比较优势参与全球化分工。但仅凭这种低附加值工业是不可能支撑中国经济特区40年高速增长的。1980年中国第一批经济特区设立时，中国人均GDP尚不足200美元。到2019年，深圳人均GDP逼近3万美元，珠海突破了2.5万美元，厦门也突破了2万美元大关，蒸蒸日上的收入攀升意味着低成本比较优势早已不复存在。但中国经济特区并没有如多数发展中国家那般出现过早去工业化，而是在全国率先成功摆脱了“低成本路径依赖”，成功迈上了一条从“三来一补”到高新技术产业主导、从要素驱动到创新驱动的工业化深化之路。本文尝试把竞争优势理论运用到中国经济特区工业化解释框架之中，分析支撑中国经济特区工业化深化的内在机理，梳理中国经济特区工业化的阶段特征、路径选择。核心观点是，中国经济特区工业化深化成功的关键，得益于中国经济特区适时实现了从比较优势向竞争优势的演化。我们发现，中国经济特区充分发挥了自身的改革开放优势与创新文化特质，形成了有别于波特钻石模型的中国经济特区竞争优势组合。以此为依托，中国经济特区完成了纵横两个维度的工业化深化。在纵向维度，工业化深化是一个从发挥比较优势到培育和壮大竞争优势的演进过程。在横向维度，工业化深化表现为产业升级、科技创新、现代服务业发展以及城市化提升的多路径协同发展。

二、工业化深化的全球挑战

后发赶超的核心问题是工业化。工业化要经历两个阶段、完成两个任务。第一个阶段的任务是实现工业部门的规模扩张，完成从农业经济向工业经济的结构性转变。这个阶段可以称为工业化启动阶段，其难点在于如何打破农业经济体资本、技术缺乏以及市场狭小对工业发展的限制。第二个阶段的任务是实现工业部门的质量提升，其所包括的内容要比单纯的规模扩张广泛得多，包括：持续提高生产效率，建立以资本、知识密集型为主导和现代服务业协同发展的现代产业体系，提高自主创新能力，建立支撑高质量发展的城市体系等。我们将这个阶段称为工业化深化阶段。

在过去几十年间，全球化推动了全球范围内的快速资本流动和产业转移，相当程度上解决了工业化启动难题，但又将发展中国家置于工业化深化程度不足的风险之中。原因在于发展中国家在工业化启动阶段从事的是劳动密集型产业，缺乏技术上的核心竞争力。一旦国民收入上升超过一定幅度，低成本优势开始减弱后，劳动密集型产业很容易向更低收入的国家与地区再转移，而不是就地进行产业升级。换句话说，国际资本和产业流动便利化大大压缩了发展中国家工业化深化的空间。在20世纪80年代，发展中国家制造业产出占GDP比重的峰值通常在20%左右，此后制造业比重开始缓慢下降，服务业比重逐步上升。进入21世纪以来，制造业比重的峰值已经下降到14%（Newfarmer，et al.，2018）。

为了更直观理解工业化深化挑战，我们分析了全球12个代表性经济体从1970年到2018年的长期增长路径。图1的横坐标是各国在不同时期的人均GNI，统一换算成2010年美元价，使得收入变化跨期可比。纵坐标是各国各年度工业增加值占GDP比重。12个经济体中包含美国、德国、英国和日本4个高收入国家。图1高收入国家所有时期的样本点均位于图形右侧，从长期增长路径来看，过去半个世纪，高收入国家虽然工业占GDP比重持续下降，但人均GNI一直在增长，从1970年2万多美元上升到现在的4.5万~6.5万美元。工业比重伴随经济增长而下降，与高收入国家已经进入后工业化社会的阶段特征一致，我们将其称为高收入经济体的去工业化增长路径。通过接下来与其他类型国家的发展路径对比，我们可以看到，去工业化增长路径只存在于高收入经济体中。

图1的左侧区间集聚了包括新兴经济体中的金砖五国（中国、印度、俄罗斯、巴西、南非）以及阿根廷、墨西哥、韩国等其他代表性的拉美和东亚经济体。在过去半个世纪，包括俄罗斯、巴西、南非、阿根廷、墨西哥在内的一批国家，人均GNI很早就抵达了1万美元附近，随即出现了工业占GDP比重快速下降与国民收入增长长期停滞并发的现象，我们将其称为中等收入经济体的过早去工业化停滞。这些国家在尚未进入高收入国家行列就进入长期停滞期，导致图1发达国家样本点分布和发展中国家样本点分布之间有一片明显的空白地带，少有发展中国家能够从左到右成功跨越，这就是所谓的“中等收入陷阱”。

进一步的研究表明，过早去工业化与后工业化社会去工业化的机制是完全不同的。后工业化社会去工业化是生产效率快速提升，对劳动力投入需求减少导致的。因此，发达国家这种过早去工业化并不会影响经济增长。发展中国家过早去工业化则源于生产率提升缓慢，产业竞争力下降，本国工业部门被外国竞争者替代（Rodrik，2016，2017）。

剩余3个国家样本中，印度尚未达到触发“中等收入陷阱”的收入水平、中国正在跨越“中等收入陷阱”，已经跨越了“中等收入陷阱”的只有韩国，人均GNI已达到3.2万美元左右。韩国是怎么做到的？从图1中我们可以看到，与那些陷入“中等收入陷阱”国家的增长路径不同，韩国工业比重在过去几十年间大致保持了稳定的水平，避免了过早去工业化。限于数据可得性，图1没有日本20世纪五六十年代的工业数据，但根据1970年日本进入高收入阶段后工业产出占比仍高达42.4%的情况，可以合理推断出尚未进入高收入阶段之前，日本同样避免了过早去工业化。显而易见，工业化深化是发展赶超的动力源泉，相应地，我们将这种增长路径称为跨越“中等收入陷阱”的工业化深化赶超。

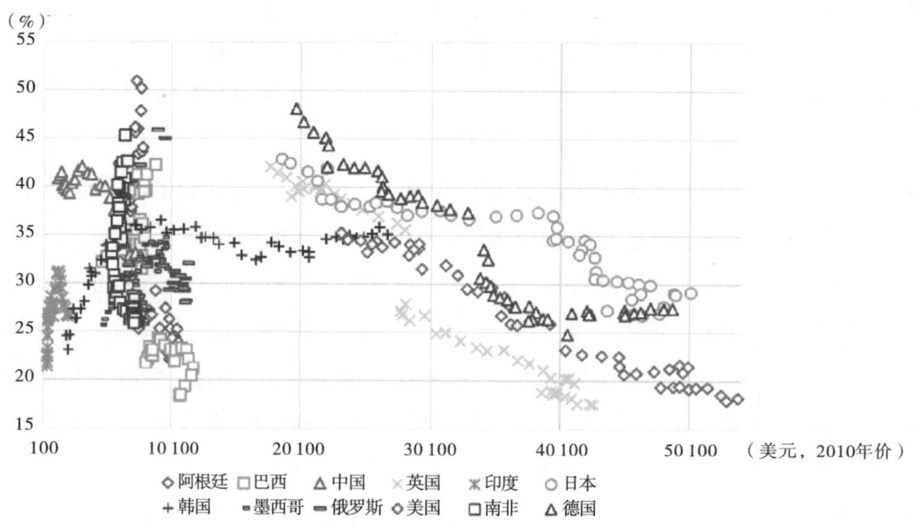

图 1　全球 12 个代表性国家的长期增长路径

资料来源：世界银行全球数据库。

由此看来，随着全球化时代的到来，通过承接全球产业转移，发展中国家启动工业化已经不再是理论上的难题。阻碍发展中国家后发赶超的主要瓶颈，已经转移到如何实现工业化深化上。传统上，我们常说“工业化是发展中国家实现后发赶超的关键因素”，在全球化时代，可以更具针对性地表述为“工业化深化是发展中国家实现后发赶超的关键因素”。

三、竞争优势支撑的工业化深化机理分析

过早去工业化的挑战促使我们重新思考工业化深化机理。工业化深化是技术不断进步、生产复杂度不断提升的过程。在全球化背景下，工业化是通过建立开放经济体，参与全球分工与竞争实现的。以新结构经济学为代表的一些学者将比较优势的动态改进视为支撑工业化深化的内在机理。这些学者认为，按比较优势参与国际分工可以有效完成物质资本和人力资本积累，实现比较优势动态升级。当一国比较优势升级之后，这个国家在全球分工体系中的位置会发生相应的提升，由此自发推进了工业化深化（林毅夫，2012）。但是，更多文献表明，发展中国家调整提升其在全球分工体系中的位置是非常困难的。发达国家利用其市场垄断地位和科技优势，在高端产业部门建立起强大的竞争优势，会对发展中国家的自主创新和产业升级努力形成强大压力，将发展中国家长期锁定在全球价值链低端（Schmitz，2004；Wolfe & Lucas，2005）。因此，另一批学者认为，比较优势仅仅是一国参与全球分工的起点。只有着眼于培育和壮大在高端产业部门和自主创新领域的国际竞争优势，才能成功推动工业化进程持续深化（洪银兴，2002，2010；白雪洁、于庆瑞，2019；史丹，2020）。

波特是竞争优势理论的最早提出者，他将创新和技术进步视为真正可持续的核心优势（Porter，1990）。竞争优势理论要回答的是，一个国家和地区需要具备什么条件，才能创造比竞争对手更快速的创新环境和技术进步环境，从而协助本地企业在相关产业保持长期领先优势，或者成功进入新的目标产业。波特为此提出了著名的钻石模型，列举出构成竞争优势的四大关键要素，分别是生产要素、国内市场、产业配套、企业战略。但是，波特的竞争优势模型主要是以拥有大量跨国公司的发达国家为研究对象提出的，并不完全适用于发展中国家的国情。例如，波特竞争优势模型特别强调生产要素的高级化，意味着只有充分投资物质资本和人力资本，才能发展出竞争优势。而来自发达国家的竞争压力会对发展中国家的研发投资形成强烈的挤出效应，国际产业转移也往往不会给发展中国家太多积累人力资本的时间。所以，对于发展中国家工业化深化需求而言，就需要另辟蹊径。

在过去40年，中国经济特区成功推动了从“三来一补”到高新技术产业主导的工业化深化。支撑实现这个过程的，是中国经济特区以产业升级为抓手，逐步在电子信息产业等高新技术产业领域建立起从“跟跑”到“并跑”再到“领跑”的竞争优势。由于与发达国家存在着明显的起点差距，构成中国经济特区竞争优势的关键要素，与组成波特钻石模型的四要素既有联系，也有显著的区别：

第一，生产要素。任何生产活动都必须建立在生产要素投入的基础上，培育竞争优势首先要求具备良好的生产要素条件，这是中国经济特区钻石模型与波特钻石模型唯一完全一致的基本要素。即便如此，中国经济特区在高级生产要素的形成机制上也与发达国家存在一定差异。所谓高级生产要素，是指高素质的人力资本、现代化的基础设施、高水平的管理人才、丰富的数据等，这是竞争优势理论着重强调必须拥有的，需要进行大量而持续的投资才能获得。发达国家已经完成了工业化，在高级生产要素拥有量上具有绝对领先优势。相比而言，中国经济特区在成立初期百废待兴，虽然有着人口资源红利构成的比较优势，但高级生产要素几乎完全不存在。为此，从中国经济特区设立至今，始终坚持不断推进体制机制改革、加大对外开放力度，以此吸引全国乃至世界资本和人才向中国经济特区集聚，缓解高级生产要素供给不足对竞争优势的制约。

第二，国际国内市场。波特钻石模型将国内市场作为建立竞争优势的另一个关键性因素，而没有考虑国际市场。原因在于，波特认为，国内消费者对质量的挑剔程度决定了本土企业对质量的执着程度，进而影响了本土企业的技术进步速度。波特的观点比较适用于发达国家，发展中国家因受收入水平的限制，对质量的挑剔程度通常比较低，对建立竞争优势的推动作用相对有限。中国经济特区一开始就走外向型经济发展道路，本土企业不仅要满足国内消费者的质量标准，更多时候着眼于满足海外消费者的质量标准。在这些海外消费者中，既有挑剔的发达国家消费者，不同地区发展中国家消费者的需求偏好也存在着巨大差异。特区企业在全球市场范围参与国际竞争，迫使企业必须按照国际市场标准开展生产、实施创新，既拓展了特区企业的视野、拓宽了特区企业的技术渠道，同时也给特区企业施加了更大的技术进步压力。

第三，产业和创新体系。在波特钻石模型中，对应的关键要素只是产业配套，并没有另外提出需要创新体系。原因在于，波特是以发达国家为主要研究对象的，以产业集群为形态的产业配套体系天然就具备创新功能（Porter，1998）。但是在发展中国家中，大量产业集群长期陷于“低成本竞争”的状态，只具备产业配套能力，缺乏必要的创新能力（王缉慈，2006）。中国经济特区之所以能成功走上高科技产业主导、创新驱动的工业化深化之路，不仅得益于围绕着一批高新技术产业逐步建立起完善的产业配套体系，而且也得益于在产业配套体系之上不断发展完善的创新生态体系。特区政府以产业发展政策为导向，引进大量高校科研院所，组建重大科技平台和产学研合作平台，大力发展科技金融，大规模推进创新孵化器建设，逐步建立起具有强大科技转化和产业孵化能力的创新生态体系，对中国经济特区竞争优势培育起到了十分关键的作用。

第四，特区创新文化。在波特钻石模型中，对应的关键要素是企业战略，它决定了企业是因循守旧还是创新进取。此外，波特还将政府作为钻石模型之外的重要辅助因素。但波特没有说明，是什么因素决定了企业战略，又是什么因素决定了政府有为善为。大量研究表明，文化特质会对个人和企业战略决策造成重大影响（Franke & Hofstede，et al.，1991；Galor & Özak，2016）。中国经济特区担负着中国改革开放先行探索的使命，又有移民城市的人口结构特征，使得特区文化具有强烈的创新特质。这促使特区企业战略具有浓烈的创新导向，敢于向世界前沿科技和前沿产业发起冲击挑战。此外，中国经济特区的创新文化特质还塑造了改革型、服务型的特区政府，既不因循守旧，也不骄傲自满，总是以饱满的热情推动改革，营造了一个支持企业创新、集聚资本和人才涌入的制度高地（厉有为，2010）。

第五，中国经济特区成功推进工业化深化，还得益于成功把握住全球技术和产业革命机遇。我们把它作为中国经济特区竞争优势钻石模型中的一个辅助要素。这与波特钻石模型是一致的。

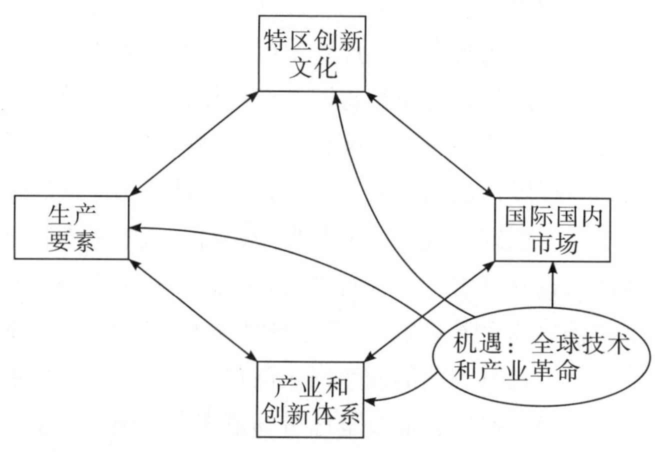

图2　中国经济特区竞争优势的钻石模型

四、中国经济特区的工业化深化阶段

中国经济特区的40年持续高速增长是依靠持续不断的工业化深化为动力引擎的。尤其是深圳特区，成立之后几乎每10年就实现了一次产业升级，从一个以农业为主的边陲小镇迅速发展为一个以高新技术产业为主导的现代化国际大都市和区域性金融中心。回顾中国经济特区的工业化深化进程，可以看到，其经历了从发挥比较优势到培育竞争优势再到壮大竞争优势三个阶段。

第一阶段的特征是发挥比较优势，通过承接全球劳动密集型产业，快速启动工业化，时间从1980—1992年。

1980年中国第一批经济特区刚刚设立，草创之初百业待兴，资金、技术、人才严重匮乏，手上可打的牌只有低成本劳动力和相对廉价的土地。中国经济特区确定了积极承接海外劳动密集型产业转移，发展外向型经济，利用海外资金、技术和市场发展工业化的战略思路。例如，深圳经济特区提出了“四个为主”发展方针，“建设资金以吸收和利用外资为主，经济结构以中外合资和外商独资经营企业为主，企业产品以出口外销为主，经济活动在国家计划经济指导下以市场调节为主”。以此为指引，中国经济特区致力于承接来自海外尤其是港澳地区的劳动密集型产业转移，逐步建立了一批以电子、轻纺、建材工业为主导的工业园区，主要生产电子表、印染布、服装、彩色电视机、自行车、微型电子计算机、塑料制品等轻工业产品。

发挥比较优势首先要建立外向型的经济体制，打破计划经济对要素流动的种种约束。中国经济特区以极大的使命担当和创新勇气，大力推进所有制改革，通过大力引进“三资企业”与鼓励民营经济发展，开始发展混合所有制经济。同时着手探索建立包括土地、劳动力、资本在内的要素市场，初步建立了要素市场体系，建立了比较规范的运作机制。例如，深圳经济特区率先探索土地使用制度改革，通过拍卖建立土地交易市场，促进了《宪法》有关条款修改，对中国经济发展、城市建设等产生了巨大和深远的影响。此外，中国经济特区还开始启动政府机构和行政管理体制改革，探索建立与社会主义市场经济相适应的政府管理框架。又例如，深圳率先成立投资管理公司，开启了国有资产监督管理体制改革的序幕。在史无前例的改革开放探索中，特区的创新文化特质得以确立凝聚。

工业化直接拉动了中国经济特区经济起飞。从1980—1992年，深圳GDP年均增长37.4%，远高于同期全国9.5%和全省14.1%的平均水平。1979年，刚建市的深圳市生产总值仅有1.96亿元，人均GDP仅606元。到1992年，深圳市生产总值已达317.32亿元。以“三来一补”为主的外向型经济在深圳工业化进程中扮演了重要角色，1992年深圳出口产值占规模以上工业总产值比重达到55.4%，“三资”企业产值占规模以上总产值的比重达到72.9%。其他经济特区也都表现出类似的发展路径。

第二阶段的特征是培育竞争优势，围绕引进发展高新技术产业，开启了工业化深化进程，时间从1993—2012年。

进入20世纪90年代，中国经济特区通过在全国率先开放获得的比较优势开始弱化。当时全国各地都掀起了中外合资、招商引资的热潮，经济特区政策优势不再显著。而特区内部土地资源也日趋紧张，劳动力成本等逐年上升。1993年，时任深圳市委书记厉有为在珠江三角洲地区发展高新技术产业座谈会上的讲话集中反映了中国经济特区正面临着原有比较优势无法支撑经济特区发展的严峻压力："在深圳这个资源贫乏、空间有限的城市，传统的劳动密集型、高能耗型产业的发展已越来越受到限制。深圳的经济发展要保持速度与效益相统一，增强国际国内市场的竞争力，就必须进一步确立把发展高新技术产业放在主导地位上的思想，舍此没有第二条出路。"

为了建立竞争优势，中国经济特区开始下大气力引进高级生产要素，从对外引进起步发展本土高新技术产业。从20世纪90年代开始，深圳重点引进了IBM、微软、朗讯等世界500强高科技企业，吸引了大批外商投资在此设立计算机和通信产品加工制造基地。经济特区的本土企业也开始积极走出去拓展全球高科技产业市场，通过与韩国、美国、日本和欧洲部分发达国家，以及中国港台地区的跨国公司合作，不断积累人才、资金、信息、知识等要素，提高了生产能力和产品创新能力，逐渐在电子元器件、电脑、打印机、复印机、扫描仪、通信设备、家电类产品和汽车电子产品等领域培养了独立生产和独立研发的能力，并依托珠三角腹地，形成了配套体系完善的世界级电子信息产业集群，初步建立起在电子信息等产业领域的国际竞争力。

为了补齐本地高端人才供给不足的短板，特区政府开始大规模在全球范围内招聘科技人才回国发展创业。1992年，深圳市政府首次组团赴海外招聘人才，开全国先河。此后，特区政府全球招聘人才力度不断加大，各项便利人才自由流动、鼓励人才回国创业的政策不断出台，大大改善了特区高级生产要素的供给能力。到2000年前后，中国经济特区开始结合高新技术产业发展，针对性引进国内外高校科研院所，建立各种公共研发平台，并积极培育科技金融市场，产业链、金融链和创新链紧密互动的区域创新生态体系由此开始孵化。1997年，深圳市政府成立"深圳市科技风险投资领导小组"和办公室，2004年5月深圳证券交易所推出中小板，2009年设立创业板，大量VC、PE机构进入深圳，形成了多层次的资本市场，深圳成为国内创投最为集中的城市之一，创投公司数量占全国1/3。到2012年，以深圳为代表的中国经济特区已经初步构建起产业链、金融链和创新链紧密互动的区域创新生态体系。

高新技术产业与区域创新生态体系的快速成长进一步强化了中国经济特区的创新文化特质，激励了包括华为、中兴、迈瑞、朗科、大族激光、华大基因等一批本土高科技企业的快速发展。特区政府也一直保持着改革创新的激情和勇气，在建立现代企业制度、完善市场体系、转变政府职能方面进行了大胆探索，逐步形成社会主义市场经济的基本框架。股份制改造和证券市场发展吸引了大量资金进入，奠定了金融支撑实体经济发展的产业基础。干部制度、工资制度的改革则进一步吸引了大批国内外优秀人才向特区集聚。

第三阶段的特征是壮大竞争优势，工业化深化进入建立现代产业体系和孵化新兴产业阶段，时间从 2013 年至今。

2013 年以来，中国经济特区在通信、汽车电子、计算机及外围接口、消费类电子、光电、仪器仪表等领域，均构建了完整的上下游产业链，打造了全球独有的完整而高效的制造产业链。尤其是在深圳经济特区，形成了从芯片到整机完备的电子信息上下游产业链，产业规模超 2 万亿元，约占全国行业规模的 1/6，成为全球最大的电子信息产业聚集地。而且周边 100 公里范围内的产业链也非常完整，东莞、惠州等地的产业配套齐全，智能制造研发所需的零配件能迅速找到，服务也能及时跟上。

在高科技产业迅猛发展的同时，中国经济特区的现代金融业和信息技术服务产业快速扩张，“金融 + 信息 + 制造” 支撑了现代产业体系发展完备。在深圳，以金融业、信息传输、软件和信息技术服务业为主的现代服务业占服务业增加值的比重由 2013 年的 49. 4% 提升到 2017 年的 52. 5% 。深圳金融总资产、本外币存款余额、贷款余额均居全国第三位，信息传输、计算机服务和软件业增加值由 2013 年的 814. 48 亿元增长至 2017 年的 1 767. 06 亿元，占 GDP 的比重由 5. 44% 上升至 7. 86% ；交通运输、仓储和邮政业增加值由 2013 年的 463. 76 亿元增长至 2017 年的 701. 29 亿元，年均增速达 10. 89% ，拥有物流企业超过 1. 7 万家，营收超百亿元的物流企业近 10 家，涌现了 6 家物流上市公司。全国 80% 以上的供应链管理公司总部聚集在深圳，美国 UPS、德国汉莎、丹麦马士基、中国菜鸟网络等 60 多家知名国际物流企业落户深圳。

这个阶段中国经济特区改革进入全面深化阶段，阻碍要素流动的体制机制壁垒进一步被打破，对外开放水平进一步提升，市场活力与创新活力进一步充分释放，在全国率先建立起了“以企业为主导、市场为导向、政产学研资相结合” 的创新综合生态体系。在创新主体方面，经济特区构建了以国内外著名高科技企业为引领，一大批新崛起的创新企业为中坚力量，创客空间以及各类创业型企业为重要补充的大、中、小、微企业间的阶梯式企业创新军团。特区政府则致力于人才引进和平台搭建，如深圳经济特区先后组建了大数据研究院、人工智能与机器人研究院、先进电子材料研究院、合成生物学创新研究院等 10 家新型基础研究机构，聚焦新兴产业的前沿技术领域，为深圳产业技术创新、源头技术供给提供保障。

依托完备的产业链条和不断增强的区域创新系统，中国经济特区的竞争优势已经从生产环节全面转向创新环节，建立了强大的科技成果产业化能力。根据麦肯锡全球研究院在 2015 年发布的《中国创新的全球效应》 报告，中国已经成为对全球企业和创业者最具吸引力的“开放式创新” 平台之一，在中国最快完成原型设计的时间只相当于西方国家公司内部研发的 1/5，并利用按需生产产能实现产品的全面投产（麦肯锡全球研究院，2015）。依托于完备的产业链条和高效率的产业集群，中国经济特区的企业家即会开放性风险的要求，立足我国治理实践的组织优势，要在党领导的政治优势和政府履行公共职责的组织优势基础上，进一步动员社会力量发挥社会自组织作用，构建开放多元的治理组织体系。

最后，要开放技术路径，发挥现代信息技术治理优势。技术应用有助于解决制度不足和组织不足问题，现代信息技术广泛、深度应用于公共风险治理，有助于及时收集信息、敏锐发现信息、及时公开信息并高效解决负外部性和人口高流动性所产生的公共问题。尤其要高度重视大数据、人工智能、云计算等数字技术，广泛、深度应用在公共风险生发的多主体、多因素、多层面、多环节和全过程，及时发现线索、汇总信息、科学研判、制订预案、发布信息并有效联动，高效管控系统性公共风险。

（二）完善开放发展的公共卫生治理体系

公共卫生安全是最基本和最重要的国家公共安全，事关人民生命安全和身体健康，涉及战略安全、全局安全和种族安全。在开放发展背景下，公共卫生事件一旦发生，防控不住可能引发混合型、跨界型、系统性、全球性公共灾害。新冠肺炎疫情是“中华人民共和国成立以来在我国发生的传播速度最快、感染范围最广、防控难度最大的重大突发公共卫生事件”①，我们要以这次新冠肺炎公共卫生事件为鉴，进一步健全与国家开放发展相适应的公共卫生治理体制。

1. 强化以人民为中心发展宗旨，牢固树立开放思维

要进一步强化以人民为中心的价值理念，顶层设计、制度规范、规制措施、组织体系、人员资质、技术规范等方面都要将以人民为中心的发展观全面贯穿公共卫生治理体系。在进一步开放发展的过程中，各种潜在风险均有可能因为经济交易高度开放性、人员交往快捷流动性、现代交通立体网络性等高流动性机制传播、蔓延和放大，将负外部性通过网络化复杂传播机制迅速、广泛扩散，以致潜在公共危机转化为现实公共事件。因此，要坚持“人民健康至上”导向思维，坚守“避免生命安全事件”底线。公共卫生领域所有人员尤其要强化开放风险意识，掌握开放发展过程中的卫生健康领域风险潜在性、开放性、复杂性，将开放风险防范思维内化为职业习惯，固化于制度体系，外化为专业细节。

2. 健全公共卫生治理体制，提升政府公共治理效能

确保人民生命安全和身体健康是人民政府的基本职责，公共卫生②属于公共服务领域，要进一步健全公共卫生治理机制，整体提升政府公共治理效能。一要立即制定《公

---

① “习近平出席统筹推进新冠肺炎疫情防控和经济社会发展工作部署会议并发表重要讲话”，参见中华人民共和国中央人民政府网站，http://www.gov.cn/xinwen/2020-02/23/content_5482453.htm。

② 公共卫生是“通过社会、组织、公共和私人社区、个人的知情选择以及有组织的行动，来预防疾病、延长生命和促进健康的科学和艺术”（Frieden，2020），参见中国疾控中心网站，http://www.chinacdc.cn/zxdt/。

区工业化成功经受住了要素成本快速上升乃至2008年全球金融危机冲击等一系列重大考验。到了党的十八大以后，特区政府深入贯彻新发展理念，牢牢盯住新一轮国际科技革命大趋势，围绕着数字经济、智能制造、战略性新兴产业和未来产业，制订了一系列前瞻性的产业培育行动计划和强链补链行动计划，推动电子信息产业不断向价值链高端延伸，传统制造业和互联网深度融合，新兴业态不断出现，并且成功孵化出生物、新材料、新能源、海洋经济等一批战略性新兴产业和未来产业，迅速成为特区经济新的增长点。

第二，现代服务业协同发展是工业化深化的重要支撑。工业化深化要求将资源密集型、劳动密集型的传统产业部门升级为资金密集型、技术密集型的现代产业部门，此间必然伴随着要素资源的再配置和有效流动，由此带来了对以金融为主体的现代服务业协同发展的需求。中国经济特区成立之初，金融部门的功能仅仅定位为为外商直接投资和外贸提供基础性金融服务，业务模式非常单一。随着中国特色社会主义市场经济制度的确立，民营经济的迅速崛起迫切要求金融业与时俱进、满足经济发展的需求，促使资本市场从无到有、从小到大快速发展。2001年中国“入世”后，一方面是国家金融改革创新提速在制度供给侧发力，另一方面是高新技术产业高速发展带来了对科技金融等新业态的需求，推动中国经济特区逐步建立起多层次资本市场体系。党的十八大后，以更好地支撑服务实体经济发展为目标，中国经济特区金融发展再度提速。深圳被批准建设中国特色社会主义先行示范区，将在推进人民币国际化、开展数字货币研究、发展绿色金融等方面先行先试，持续深化金融改革开放。珠海则紧扣珠澳合作，探索建设澳门—珠海金融合作示范区，重点发展特色金融，并为“一带一路”沿线国家及葡语系国家提供金融服务。汕头着力于打造覆盖粤东、辐射闽西南和赣东北周边地区，在东南沿海有较大影响力的区域金融中心。厦门大力发展功能齐备、创新多元的现代金融体系，积极推动海峡两岸金融融合发展，积极推进“海上丝绸之路”金融服务基地建设。中国经济特区以支撑实体经济为目标的金融改革，尤其是多层次资本市场的建立，大大提高了资源配置效率，在中国经济特区的科技创新和高新产业孵化中发挥突出的支撑作用。

第三，科技创新是工业化深化的动力源泉。历史上，所有成功完成工业化的国家都经历了从模仿到创新的发展方式转变，支撑持续产业升级的是逐步增强的自主创新能力。中国经济特区之所以能顺利推动结构调整产业升级，关键得益于中国经济特区逐步建立起创新综合生态体系，成功地从模仿创新走向了自主创新。20世纪90年代中期，特区政府开始有意识地引进国内外高端科技创新资源，形成了以产业升级集聚科创要素、以科技创新加快产业升级的良性循环。包括IBM、微软、朗讯等跨国高科技企业和世界500强企业的核心制造环节和研发中心逐步落户中国经济特区，打通了高科技产业和科技创新领域的国际交流合作通道，为特区企业提供了宝贵的技术学习机会。特区政府大刀阔斧的体制机制改革推动了特区市场经济体系不断健全，勇于创新冒险的企业家控能力，提高公共卫生安全的整体保障能力。

（2）增加高质量公共卫生人才供给，高规格设置配备疾控力量

要从供给侧改革公共卫生教育发展，强化公共卫生事业发展整体规划，加快统筹布局公共卫生学科与专业建设，扩大公共卫生与预防医学专业和公共卫生学院的设置数量，加快推进设立“中国公共卫生大学”，着力培养具有预防医学、公共卫生、公共管理等跨学科知识体系的复合性战略人才。基于供给公共卫生基本职责，疾控中心不宜为事业单位性质机构，应以立法形式赋予中央和地方疾控中心公共卫生职能，纳入卫健委相应政府卫生行政管理部门编制，由国家统筹、统揽疾控资源，升级疾控机构规格和条件配备。① 此外，要以人民健康至上理念重塑公共卫生体系，增加公共卫生部门编制数量②，倾斜保障公共卫生事业的持续发展。

参考文献

［1］［德］乌尔里希·贝克著，何博文译：《风险社会》，南京：译林出版社，2004 年。

［2］郝爱华、马聪媛、何群等：《美国卫生应急管理的组织结构与职责及经验借鉴》，《中国公共卫生管理》，2014 年第 3 期，第 403 – 406 页。

［3］何珊君：《高风险社会的表现、特征及缘由——基于风险社会理论的中国视角》，《西北师大学报（社会科学版）》，2018 年第 1 期，第 121 – 128 页。

［4］洪大用：《应对高风险社会》，《瞭望》，2004 年第 6 期，第 61 页。

［5］洪大用：《社会治理的关键是治理流动性》，《社会治理》，2017 第 6 期，第 23 – 26 页。

［6］李宏伟、夏彦恺：《构建突发公共卫生事件应急管理体系》，《学习时报》，2020 年 2 月 17 日。

［7］李军鹏：《完善权责清单制度，推进公共卫生治理现代化》，《国家治理》，2020 年 2 月 17 日。

［8］裴长洪：《中国特色开放型经济理论研究纲要》，北京：《经济研究》，2016 年第 4 期，第 14 – 29 页。

［9］谈在祥、吴松婷、韩晓平：《美国、日本突发公共卫生事件应急处置体系的借鉴及启示——兼论我国新型冠状病毒肺炎疫情应对》，《卫生经济研究》，网络首发时间：2020 年 2 月 11 日，http://fffg30fd8c346ef34d67903a5b6d8ea5d318sxcuo6coq60wu6bp0.

① 2020 年 1 月 6 日，中国疾控中心对新冠疫情内部启动突发公共卫生事件二级响应。2020 年 1 月 15 日，中国疾控中心内部启动突发公共卫生事件应急一级响应。

② 美国疾控中心有大约 1.4 万名正式全职员工和 1 万名合同制聘用员工，州、市和地方公共卫生机构还有 20 多万雇员（Frieden，2020）。

江口东岸，已逐步发展出一个以深圳为中心城市、以“研发—制造”和“总部—分支”为区域分工形态的大都市圈，正在向空间绵延、梯度有序、功能互补的高质量发展的城市群方向迈进。

六、中国经济特区工业化深化的未来展望

在深圳经济特区建立40周年庆祝大会上的讲话中，习近平总书记高度肯定了深圳等经济特区40年改革开放所取得的巨大成就，要求新时代经济特区建设高举中国特色社会主义伟大旗帜，统筹推进“五位一体”总体布局，协调推进“四个全面”战略布局，从我国进入新发展阶段大局出发，落实新发展理念，紧扣推动高质量发展、构建新发展格局，加快推动城市治理体系和治理能力现代化（习近平，2020）。习近平总书记的重要讲话从全局高度上指明了中国经济特区下一步工业化深化的发展方向。

中国经济特区下一步的工业化深化，第一，必须落脚于以国内大循环为主体、国内国际双循环相互促进的新发展格局之上。为此，要求中国经济特区一方面进一步深化对内经济联系，构建联通全国的贸易网络、生产网络和创新网络；另一方面要加快推动更大范围、更宽领域、更深层次的对外开放，按照中央部署，加快推进规则标准等制度型开放，加强同“一带一路”沿线国家和地区开展多层次、多领域的务实合作。可以预见，中国经济特区将进一步夯实基础科研能力，弘扬创新文化，完善产业与创新体系，国内市场与国际市场开拓并举，进一步强化在全球范围内集聚与配置高级生产要素的能力，增创双循环新发展格局下的新优势。

第二，中国经济特区必须把科技自立自强放在任务首位，统筹好发展与安全两件大事。中国经济特区必须加快形成突破关键核心技术的新机制，积极争取国家重大科技基础设施和国家重点实验室落户，高标准打造以国家和省实验室、一流大学、科研院所以及创新型企业为主要构成的战略科技力量，支持由龙头企业、“链主”企业为主导的产学研创新联合体建设，打好补“科技短板”攻坚战。各个经济特区应该进一步密切与区域内城市群之间、与全国其他创新城市之间的科技创新合作协同，将特区竞争优势从科技成果产业化优势上升为基础创新和原始创新优势，基于粤港澳大湾区和城市群发展共同打造国际创新科技中心和创新产业策源地，在更大范围、更高层次和更基础的领域参与全球经济竞争合作。

第三，中国经济特区必须进一步升华特区的历史使命，从“改革开放先行先试区”走向“中国特色社会主义先行示范区”。2019年8月，党中央出台了支持深圳建设中国特色社会主义先行示范区的意见，围绕建设高质量发展高地、法治城市示范、城市文明典范、民生幸福标杆和可持续发展先锋的战略，对深圳经济特区的现代化经济体系、民主法治环境、现代城市文明、民生发展格局、生态文明与绿色发展提出了全方位、高标准的建设要求。其他经济特区也必须进一步强化特区改革开放探索先行的伟大历史使

命，在坚持和完善中国特色社会主义制度、推进国家治理体系和治理能力现代化上先行探索，走在前列，努力创建社会主义现代化强国的城市典范。

第四，中国经济特区必须进一步增强中心城市辐射带动功能，推动区域一体化与城市群发展，成为能够带动全国高质量发展的新动力源。中国经济特区设立以来，不仅对周边地区产生了强大的经济辐射，同时也产生了强大的开放辐射、改革辐射，有力带动了周边地区的发展。周边城市的高速发展，又以产业分工和功能分工的形式为中国经济特区提供了广阔而厚实的经济腹地，是特区竞争优势建立不可或缺的重要支撑。习近平总书记指出，目前我国经济发展的空间结构正在发生深刻变化，中心城市和城市群正在成为承载发展要素的主要空间形式（习近平，2019）。经济特区必须通过提升产业结构，改善城市治理，进一步提升自身的要素集聚能力和人口承载能力，进一步深化要素市场改革，打破区域行政壁垒，推动城市分工深化，率先引领构建起优势互补、高质量发展的区域经济布局。

第五，中国经济特区必须在推动粤港澳大湾区建设中承担起光荣的历史使命。建设粤港澳大湾区是新时代国家改革开放的重大发展战略，对国家实施创新驱动发展和坚持改革开放具有重大意义。深圳、珠海两个经济特区同时也是粤港澳大湾区的两个中心城市，是粤港澳大湾区建设的重要引擎。深圳、珠海要抓住粤港澳大湾区建设重大历史机遇，进一步推动粤港澳三地经济运行的规则衔接、机制对接，打造一批高水平的区域合作平台，促进人员、货物等各类要素高效便捷流动，提升大湾区内部的市场一体化水平，推动大湾区内部世界级城市群、世界级机场群和世界级港口群建设，促使大湾区内部从传统的城市经济走向更加开放高效、集聚与配置要素能力更强的现代大湾区经济形态。

参考文献

[1] Castillo M. & Neto M. A., Premature Deindustrialization in Latin America, *ECLAC Production Development Series*, 2016 (205).

[2] Franke R. H., Hofstede G., et al., Cultural Roots of Economic Performance: A Research Note, *Strategic Management Journal*, 1991, 12 (S1).

[3] Galor O. & Özak W., The Agricultural Origins of Time Preference, *American Economic Review*, 2016, 106 (10).

[4] Newfarmer R., Page J., et al., *Industries Without Smokestacks: Industrialization in Africa Reconsidered*, Oxford: Oxford University Press, 2018.

[5] Porter M. E., Clusters and the New Economics of Competition, *Harvard Business Review*, 1998, 76 (6).

[6] Porter M. E., *The Competitive Advantage of Nations*, New York: The Free Press, 1990.

［7］Rodrik D.，Premature Deindustrialization，*Journal of Economic Growth*，2016，21（1）.

［8］Rodrik D.，Premature Deindustrialization in the Developing World，*Frontiers of Economics in China*，2017，12（1）.

［9］Schmitz H.，*Local Enterprises in the Global Economy*：*Issues of Governance and Upgrading*，UK：Edward Glgar Publishing Limited，2004.

［10］UNCTAD，*World Investment Report 2019*，New York：UN，2019.

［11］Wolfe D. A. & Lucas M.，*Global Networks and Local Linkages*，London：McGill – Queen's University Press，2005.

［12］白雪洁、于庆瑞：《劳动力成本上升如何影响中国的工业化》，《财贸经济》，2019 年第 40 卷第 8 期。

［13］（美）丹尼·罗德里克：《过早开始“去工业化”的危险》，《南风窗》，2013 年第 22 期。

［14］郭跃文、向晓梅：《中国经济特区四十年工业化道路：从比较优势到竞争优势》，北京：社会科学文献出版社，2020 年。

［15］洪银兴：《经济全球化条件下的比较优势和竞争优势》，《经济学动态》，2002 年第 12 期。

［16］洪银兴：《以创新支持开放模式转换：再论由比较优势转向竞争优势》，《经济学动态》，2010 年第 11 期。

［17］孙锦：《擦亮挂在共和国胸前的勋章》，《深圳特区报》，2015 年 8 月 11 日第 A03 版。

［18］厉有为：《创新是我们这座城市的品格》，载《厉有为文集（下）》，深圳：海天出版社，2010 年。

［19］林毅夫、李永军：《比较优势、竞争优势与发展中国家的经济发展》，《管理世界》，2003 年第 7 期。

［20］林毅夫：《新结构经济学》，北京：北京大学出版社，2012 年。

［21］麦肯锡全球研究院：《中国创新的全球效应》，2015 年。

［22］史丹、白骏骄：《产业结构早熟对经济增长的影响及其内生性解释——基于互联网式创新力视角》，《中央财经大学学报》，2019 年第 6 期。

［23］王缉慈：《解开集群概念的困惑——谈谈我国区域的集群发展问题》，《经济经纬》，2006 年第 2 期。

［24］魏后凯、王颂吉：《中国“过度去工业化”现象剖析与理论反思》，《中国工业经济》，2019 年第 1 期。

［25］习近平：《推动形成优势互补高质量发展的区域经济布局》，《求是》，2019 年第 24 期。

［26］习近平：《在深圳经济特区建立 40 周年庆祝大会上的讲话》，中华人民共和国国务院新闻办公室网站，http://www.scio.gov.cn/tt/xjp/Document/1689558/1689558.htm，2020 年 10 月 14 日。

［27］史丹：《“十四五”时期中国工业发展战略研究》，《中国工业经济》，2020 年第 2 期。

【作者简介】

郭跃文，广东省社会科学院党组书记，广东省习近平新时代中国特色社会主义思想研究中心副主任、特约研究员；向晓梅，广东省社会科学院研究员；万陆，广东省社会科学院经济研究所副研究员。

新古典发展理论分析范式的拓展与重构

——我国高质量发展的经济学思考*

郝大江

引言

党的十九大报告明确指出，我国社会主要矛盾已经转化为人民日益增长的美好生活需要和不平衡不充分发展之间的矛盾，这种社会主要矛盾变化是中国伟大实践进程中关系全局的、历史性的新变化。准确揭示我国不平衡不充分发展问题的根源，正确处理和解决这种矛盾是新时代中国特色社会主义理论研究不可规避的时代命题。事实上，经济学一直重视发展实践中的平衡性问题，尤其是对决定区域平衡发展的资源优化配置及其经济结构变迁等问题进行了广泛而深刻的研究，并逐渐形成较为系统的经济发展理论。然而，在面临中国发展实践问题时，传统发展理论却很难做出有力的理论阐释并提出明确的发展方案。这是因为，改革开放以来我国已经成为中高收入国家，全面转变发展模式、优化经济结构、实现高质量发展是我国经济发展当前阶段的主要特征。显然这与仍然以落后发展中国家摆脱低下生活水平、提高生产效率、解决结构失衡问题为研究对象的传统发展理论，无论是在研究背景、研究目标还是研究内容上都有着巨大差异。从这个角度上说，传统经济发展理论自身也正面临着“发展”问题。因此，基于中国发展实践，进一步完善和深化发展理论的“后发展阶段问题研究”，这不仅是中国发展实践的迫切需求，同时也是发展理论中国化贡献的重要体现。

* 本文系国家社会科学基金项目“‘一带一路’倡议的国际文化认同及其经济影响研究”（项目号：16BJL099）阶段性成果。原载于《广东社会科学》2020 年第 2 期。

一、经济发展理论研究述评

经济学一直重视发展问题研究。从重商主义的幼年工业保护，到马歇尔突出强调社会发展本身即是经济利益逐步分配到社会全体的渐进过程，这都反映着发展思想在经济学中的重要地位。事实上，发展理论是随着生产力的提高而出现的，正是由于生产力水平的不断提高，财富如何增进、经济结构如何调整、收入分配如何改善等发展问题才逐渐成为经济学研究的核心问题。可以说，发展理论研究本身即是对发展问题认知不断深化以及学科不断交叉融合的一种动态过程。在此过程中，从朴素的发展思想演进为系统的发展理论，其重要标志是从古典经济学对要素累积作用的动态研究，转变为新古典主义对既定资源静态配置的特别关注。也正是从新古典经济学开始，发展理论研究重心开始聚焦经济发展的实现机制和路径选择问题，并在此基础上形成和刻画了不同发展学派的理论思路。

关于经济发展的实现机制，新古典发展理论认为，从边际分析上看，生产活动所需的各种生产要素、产品与劳务之间都存在着替代性。这种替代性意味着市场价格的变动必然会敏锐地引起产品供给数量、需求数量以及要素配置比例的相应变化，经济发展得以实现，而价格机制则是这种调节过程的原动力。这种资源配置过程也决定了经济发展是一个渐进过程。新古典发展理论认为，随着经济的发展，必然会出现纵向的“涓流效应”和横向的“扩散效应”。两种效应会自发促使经济发展利益得到普及，并最终形成帕累托最优状态，因此（古典经济学所顾虑的）经济发展将导致部门间发生利益冲突是无须担心的。然而，新古典发展理论将价格导向的竞争反应机制视为任何经济部门、任何国家都适用的一般性经济原理，这种“单一经济学”的分析范式受到了结构主义发展学者的质疑和反对。刘易斯（Lewis，1954）等学者认为，新古典发展理论的核心是市场价格机制的运行，但在市场体系不健全或者是非渐进式的发展条件下，新古典发展理论的分析方法就是不适用的。结构主义发展理论认为，现实经济由众多部门组成，在复杂的经济环境中各部门对价格刺激的反应和机制是不同的，这就决定了不同经济部门及其产品的供给弹性、需求弹性以及收入弹性都存在着显著差异。这种差异使得价格相对变动对各部门资源的累积配置将形成结构性矛盾，不可避免地会出现总供给与总需求的错配。这种部门间的结构性利益冲突，在市场价格机制中会愈发加剧和失衡（Myrdal，1957）。事实上，这种价格刺激反应机制差异所导致的工业部门对农业部门的挤出效应在很多学者的研究中也得到了经验证实（Henderson & Black，2007；Glaeser & Gottlieb，2009）。因此，结构主义发展理论倾向于对经济发展进行结构性分解，通过系统研究结构刚性对经济发展的制约作用，不断改进经济结构和在此基础上调整增量。值得指出的是，基于中国发展实践以及对传统结构主义理论的反思，我国学者对要素禀赋结构变化的经济结构变迁影响也进行了细致研究，并逐渐形成了新结构主义理论。新结构主义同样批判新古典发展理论研究中的结构缺失，并突出强调经济发展的本质是一个持续不断的结构变迁过程。新结构主义认为，从经济发展与转型的本质上看，结构变迁是一个禀赋结构升级驱动生产结构升级、生产结构升级反过来再驱动禀赋结构升级的持续不断过程。由于不同发展阶段的经济结构内生取决于其要素禀赋结构，因此可持续发展的最优方式是按照特定时点给定要素禀赋结构所决定的比较优势来选择要发展的产业（林毅夫、付才辉，2017）。

关于经济发展路径问题，罗森斯坦·罗丹（Rosenstein-Rodan，1943）等学者认为，由于资本供给、储蓄和市场需求具有“不完全可分”特性，只有在各产业部门进行全面投资，各经济部门才能彼此提供市场，互相创造需求，因此平衡发展是实现经济发展的必然路径。同样，纳克斯（Nurkse，1953）在系统分析市场容量对经济增长限制作用的基础上，也支持了经济发展的平衡路径选择。纳克斯认为，大幅扩大市场容量对经济增长具有决定性作用，只有同时投资各个国民经济部门，才能形成广大而充足的市场，这是经济发展的重要条件。但与罗森斯坦·罗丹主张的各部门按同一比率进行投资的观点不同，纳克斯认为应以各部门产品的需求和收入弹性来确定不同的投资比率。价格、收入弹性大的部门具有较大的扩张潜力，因此对这些部门的先期投资可以最终带动其他部门的平衡发展。需要指出的是，尽管平衡发展路径直接指向全面平衡发展的终极目标，并在调整投资结构、优化资源配置方面为政府提供了简单明确且方便易行的政策指导，但是世界各国经济发展实践却未能为平衡发展理论提供充足的实证支撑；相反，选择平衡发展路径的发展中国家多数表现出资源配置不合理、缺少国际竞争力、经济低效运转等共性特征（Seers，1979；Jones，1995；Grossman & Helpman，1994）。因此，在对平衡发展理论进行反思的基础上，赫尔希曼（Hirschman，1958）等学者提出了不平衡发展理论。不平衡发展理论认为资源稀缺、资本不足以及政府调控能力有限，这些都是平衡发展难以施行的现实障碍，现实经济发展必须采用不平衡发展路径。与平衡发展理论聚焦资本配置的研究不同，不平衡发展理论更加关注如何使资本实现最大的效率。在这一方面，赫尔希曼提出了“引致投资最大化”原理，即投资应倾向于关联效应较大的产业。这些产业的发展可以有效带动其前向、后向产业发展，并且其产业“扩散效应”也会覆盖横向产业，从而实现所有关联产业的均衡发展。值得一提的是，虽然不平衡发展路径是针对平衡发展路径提出的，两者固然相互对立，但也有必然的内在联系。在经济发展的高级阶段，引起平衡发展可能性的正是过去不平衡发展的过程。可见，不平衡发展的目的还是实现更高层次和更高水平的平衡发展，只不过平衡发展是目标，不平衡发展是手段。

通过理论回顾可以看出，尽管经济学重视发展问题并形成了丰富的理论成果。但是，无论是从广度还是深度上看，现有理论成果仍远远不能满足经济发展的现实需求。尤其是传统发展理论虽以现实经济的发展规律为研究对象，但其研究成果却更多地通过研究静态层面上的资源配置来探索经济发展的实现机制和路径，而对现实经济中的资源动态优化配置与协调发展的本质内容和内在规律缺乏系统、深刻的揭示。事实上，越来越多的发展学家也开始意识到，以静态的视角研究动态的发展问题，其代价是高昂的。这种理论困境，不仅使得传统发展理论难以准确把握现实经济的非连续性、结构性以及发展路径差异等特征，在面对复杂现实经济发展过程的阶段性问题及其演进规律时，也越来越难以提供令人信服的解释和理论指导。

二、发展理论的研究范式：新古典理论的逻辑冲突和困境

在经济发展问题研究领域，尽管新古典发展理论“单一经济学”的分析方法受到了结构主义学派的质疑和反对，但是结构主义因其自身立论的简单化始终未形成完整的理论体系。即便是20世纪末兴起的新结构经济学，也仍是对传统经济学以给定不变的生产函数求解最优资源配置的一种逻辑顺序逆转。从本质上看，“新结构经济学仍是以新古典的现代经济学方法来研究经济发展过程中经济结构及其变迁的决定因素”[①]。因此，在研究经济发展问题的内在本质及其规律上，继续沿袭并拓展新古典理论基本范式仍是一条主要思路。正如诺思（North）所说“通过一个原理性和逻辑性的分析框架，新古典理论已使经济学成为一门卓越的社会科学。放弃新古典理论无异于放弃作为一门科学的经济学”[②]。然而正如本文所述，发展问题是随生产力的提高而出现的，直至20世纪中期才成为经济学研究核心内容。而在这之前的半个世纪，新古典经济学家就完整构建了一般均衡理论分析框架，并使得经济学成为一门完整的独立学科。显然，新古典理论先贤不可能超越时空而对其后的发展问题本质及其内在规律有着先见之明。因此，新古典理论的一般均衡分析，在多大程度上适用于发展问题研究？或者说，传统的新古典理论基本分析范式是否兼容经济发展的本质规律研究？显然，这是继续沿袭新古典理论研究发展问题的重要前提。

（一）新古典理论对发展非渐进和非连续的内在否定

熊彼特（Schumpeter）认为新古典理论以一种水晶般明澈的思路，构建了一个可与理论物理学成就相媲美的经济学理论体系。这种“水晶”般的思路即是指新古典理论的边际分析方法。然而需要说明的是，新古典理论的边际分析方法是以经济变量的连续性假设为前提的。这就意味着，如果推动经济发展的现实力量是依照连续、渐进的方式发挥作用，那么新古典理论的研究方法是适用的，其结论也是成立的；但如果决定经济发展的力量是以非连续、非渐进方式产生作用，那么新古典理论的研究方法就不适用，其理论结论就不能成立。这就解释了为什么新古典理论仅研究劳动、资本等可连续、渐

① 林毅夫：《新结构经济学的理论基础和发展方向》，《经济评论》，2017年第3期，第4页。

② North D., Economic Performance through Time, *American Economic Review*, 1994 (5): pp. 101-128.

进性投入要素，而刻意舍弃文化、制度等那些非连续性要素研究，最终成为“超越时空”的纯经济分析。同样，新古典理论的消费者偏好和生产者偏好的凸性假设也内在排斥了非连续性。消费者偏好的凸性假设意味着，为实现消费者效用的非餍足性，消费者应在所有区位进行均衡消费。然而考虑到空间成本，现实经济中的消费者显然无法在所有区位进行均衡消费。这就意味着现实经济中的消费者偏好必然存在着一定的非凸性。同样，生产者偏好的凸性假设也与现实经济存在着不可调和的冲突。生产者偏好的凸性假设意味着生产必须具备规模报酬不变的性质。然而，生产活动的规模报酬不变假设本身是受到经济学者质疑的。如米尔斯（Mills，1972）曾证明，在规模效率不变的情况下企业毫无疑问会选择较小规模来进行生产，因此世界将是一个“无城市的世界”。卢卡斯（Lucas，1988）、罗默（Romer，1986）等学者也在其经典著作中否定了生产活动的规模报酬不变假设。其结论表明，规模效率递增是企业获得额外收益的内在动力。因此，无论是消费者偏好的凸性假设还是生产者偏好的凸性假设都与现实经济存在着不可调和的矛盾。现实经济必然存在一定的非凸性，推动经济发展的力量不仅以连续、渐进的方式产生影响，同时也必然以某种特定的非连续、非渐进的方式发挥作用。而如果后者的非凸性存在，那么新古典理论的研究范式与经济发展就必然存在着现实的矛盾和冲突。

（二）新古典理论对经济发展路径的内在否定

新古典理论认为经济发展的本质是一个渐进的均衡过程，在充分竞争条件下，边际收益递减规律及其实现的边际收益调节是经济均衡发展的内在推力。新古典理论认为，市场供求决定了产业的边际收益率。在完全竞争市场中，即便不同产业间存在着不平衡初始状态，但生产要素为获得最大收益往往会流动到边际收益率最高的稀缺产业当中。在市场机制作用下，随着生产要素不断在产业内流动，稀缺产业的市场供给会不断提高，其边际收益率逐渐下降，直至处于与其他产业一致均衡的水平，此时生产要素的产业间流动就会停止，各产业最终实现均衡发展。同样，即便是存在规模报酬递增的非完全竞争市场，阿罗和德布鲁（Arrow & Debreu，1954）也通过“不动点定理”对这种产业均衡的存在性做出了肯定证明。阿罗和德布鲁的研究表明，即便在规模报酬递增的非完全竞争市场中，只要生产要素可以自由流动到边际收益率较高的产业，那么任何产业间的非均衡初始状态都可以通过边际收益的自动调节而实现最终均衡。从这个角度上说，新古典理论是内在否定经济发展路径设计的，要素自由流动所实现的边际收益趋同足以自发保障产业间的均衡发展。然而，尽管现代信息技术的发展以及高速运输工具的出现使得生产要素的流动性日益增强，但是现代化大生产也愈发显示出，并不是所有生产要素都具有流动性，尤其是某些特定生产要素往往具有苛刻的空间依赖性，几乎不具备空间流动的可能。这就意味着现实经济与新古典理论的均衡分析存在内在的逻辑冲突，要素的非完全流动性极有可能形成产业间发展的结构性矛盾。尽管面对要素非完全流动所导致的结构性问题时，非均衡发展理论强调了政府的可为之处，即通过政府引导投资关联效应较强的产业来实现产业间均衡发展。但是，这种外生式的补丁化处理，从本质上说并没有解决新古典理论对经济发展路径的内在否定及其逻辑冲突。

（三）新古典理论对经济结构问题研究的缺失

经济学重视对经济结构演进问题的研究。从斯密（Smith）对要素累积作用的差异性分析，到李嘉图（Ricardo）要素优化配置对国民财富影响作用的突出强调，都反映着经济学对结构问题的关注。然而不无遗憾的是，新古典经济学却通过突出强调产业均衡的市场机制调节，从而将结构问题推向了经济学边缘，并成为经济学结构问题研究的分水岭。新古典理论认为，在充分竞争条件下，发展不足产业因市场供不应求而表现出较高的边际收益率，在市场机制的调节下生产要素会不断流入这些产业，进而促进产业较快发展直至其边际收益率收敛为全产业均衡水平。因此，市场机制对产业边际收益率的有效调整，可以最终实现产业间的均衡发展。从这个角度上说，新古典理论内在否定了经济结构问题研究，在其理论研究构架中“结构问题究其本质是市场问题”。然而，新古典理论的这种判断是与现实经济存在着冲突和矛盾的。首先，产业间的价格弹性差异会使得产业间均衡的市场调节失灵。市场机制调节产业均衡的重要前提是各产业对价格变化有着敏锐的反应。只有各产业具有敏感的价格弹性，市场才能对产业均衡发展进行有效调节。然而，如果市场机制不健全或者产业的价格弹性不敏感，市场机制的产业边际收益收敛调节作用就可能失效，产业均衡发展就无法实现。事实上，现实经济中不同产业间的价格弹性和反应机制确实不同，甚至相同产业在不同成长周期中，其对价格刺激的敏感弹性也不相同。这就决定了在产业价格弹性存在刚性差异的情况下，新古典理论的产业均衡发展推论很难成立。其次，新古典理论的产业边际收益调节机制是以要素完全流动性为条件的，只有要素具备产业间的自由流动性，产业间边际收益差异才能逐渐收敛。然而，现实经济中的要素流动性并不是完全的。虽然有些生产要素可以自由流动，但是有些生产要素则不能流动，或者是流动的空间成本很高。如果生产要素失去了空间流动性，那么新古典理论强调的市场机制对产业边际收益的调节作用就难以实现。

应该说，新古典理论凭借严谨的数理分析工具，系统而又富有逻辑地对发展问题进行了理论分析，但是新古典理论苛刻的连续性、非结构性分析范式又使其局限于要素的静态配置研究。这种静态研究视野，也使新古典理论面对现实经济发展条件累积变化时，只能选择外生化的处理模式。显然这正是目前新古典理论无法兼容“后发展阶段问题研究”并无法对现实经济非连续性、结构性问题做出有力解释的根本原因。

三、新古典发展理论的要素向度回归

正如前文所述，在研究经济发展的内在本质及其规律上，继续沿袭并拓展新古典理论基本范式仍是一条主要思路。事实上，经济学是研究资源配置的学科，而发展理论所关注的经济连续性与非连续性、结构性与非结构性等演进问题，究其本质是要素配置结构变化对经济的影响问题。然而严格来说，新古典发展理论研究的逻辑起点并非要素的配置及其结构变化，而是古典经济学和新古典经济学对“一元化增长”与“二元化结构”问题的研究分野。这就导致新古典理论在面对现实经济的非渐进性、结构转换等问题时难以做出系统有力的解释。因此，正如亚当·斯密所说，要素是经济学研究的逻辑起点，那么重新审视新古典理论对经济发展内在本质及其规律的研究，我们也应该重回其逻辑起点：要素、要素配置及其结构变迁。

（一）要素的深化与经济发展的非连续性

要素是生产过程不可或缺的重要投入，这是亚当·斯密对生产要素的定义。可以说，经济学关于要素的定义及其作用是没有认知歧义的。然而需要指出的是，由于生产活动往往是以要素相对稀缺与需求间的矛盾为其现实表征，很多经济理论并非以定义而是以稀缺性为标准来进行要素研究。这就导致了在很长一段时间里，劳动、资本等要素因其稀缺性制约着生产而成为经济学研究的核心内容；相反，由于生产力水平以及经济发展阶段的限制，很多生产中不可或缺但尚未起制约作用的要素在过往经济理论中被忽视了。这种以稀缺性视角进行的生产要素研究，其代价是高昂的。正如 Isard（1949）所说“以往的生产理论……不能明确地以充分的理由来论述某些生产成本，……这些空间成本的特殊效应必须被考虑到。它们如此重要，以至于无法通过暗含的处理方式来进行回避”。[①] 这里的“空间成本”即是指生产活动所必须依赖的环境条件和生态特征。因此，经济学必须重新思考生产的社会和自然属性，“纯粹”的经济理论是很难对现实经济的持续性做出有力指导的（Baldwin，1999）。

要素是经济活动的客观基础，是生产活动所必须具备的主要因素或者生产中所必须投入的主要手段。从这个角度上说，有些要素是有形的、是实物的，而有些要素则是无形的、抽象的。实物形式的生产要素，它们以有形的状态参与了生产活动，如劳动、土地、资本；而有些要素是无形的，虽然看不见、摸不着，但这些要素依旧是生产要素，它们参与到生产过程中并对生产起着至关重要的作用，如历史、文化、制度、创新和生态环境等。无形要素与有形要素同样具有稀缺性，在生产过程中占有同等重要地位。有

---

① Isard Walter, The General Theory of Local and Space-economy, *Quarterly Journal of Economics*, 1949 (62): pp. 34 – 57.

形生产要素在生产中表现为自身形态的直接提取、消耗及转移，这即是有形要素的生产价值。而任何生产必须在特定的无形要素（制度文化、生态环境等）中进行，因此生产就必然与其进行无形的消耗和转换，这种消耗和转换即是无形要素的生产价值。无形要素的生产参与对经济活动的模式选择和效率有着深刻影响。如果无形要素的生产价值与经济发展模式激励相容，那么这种无形的耦合就会促进经济发展；相反，如果无形要素的生产价值与经济发展模式不相适宜，那么这种冲突必然会带来经济效率损失。需要指出的是，从空间特征上看，无形要素具有显著的空间差异性，不同空间会形成不同的无形要素。因此，如果生产活动需要有形要素和无形要素的共同投入和使用，那么无形要素的差异性投入和作用必然会使生产表现为不同的内容和效率。一方面，不同地区即便可以组织相同形式的生产，但由于无形要素的差异性投入，其生产效率和水平也难以完全相同；另一方面，由于生产本身即是对无形要素的不断转换和消耗，因此即便对同一地区而言，随着生产的进行，该地区无形要素自身也会不断发生着累积变化。这种累积变化，既可以从更高水平和层次上利于地区生产活动，也可能会因要素损耗而限制和影响生产活动。因此，即便是同一地区，在不同时间内也不能复制完全相同的生产活动。这就意味着，现实经济活动的非连续性恰恰是要素（尤其是无形要素）连续性投入的结果。从这个角度上说，新古典理论的连续性分析方法是适用于发展问题的要素分析的。然而不无遗憾的是，由于长期以来无形要素对经济活动的制约性较弱，并且其消耗和转换的价值形式难以量化，因此新古典理论忽视了无形要素在经济发展中的作用和价值分析，从而对非连续性的结构调整问题进行了外生化处理。

（二）要素配置与经济不平衡发展

在现实经济中，生产要素必须相互配合使用才能实现特定的生产活动。然而，生产要素在现实空间中并不是均匀分布的，尤其是拥有现代生产活动所需全部要素的区域并不存在，这就导致了生产要素必须在区域间进行流动。然而从流动性来看，并不是所有生产要素都具有流动性，尤其是生产活动所必需的无形要素，其对生产的参与往往具有苛刻的空间依赖性，几乎不具备空间流动的可能性。因此，在现实经济活动中，有些要素可以在不同区域间流动，而有些要素则不能。前者是非区域属性要素，后者则具有显著的地域性特征，是区域属性要素。从生产活动的要素投入看，虽然区域性要素与非区域性要素可以在一定程度上互相替代，但是这种替代性是有限的。非区域性要素不可能完全替代区域性要素，因此区域经济发展的基础，归根结底还是区域性要素的赋存状况。区域性要素禀赋刻画了特定区域经济发展的格局和特征，同时也决定了该区域经济发展的模式选择。不同区域具有不同的区域性要素禀赋，因此不同区域的发展模式选择也必然不同。但是无论是哪种模式，其标准必须是保障其区域性要素禀赋得到科学、合理的开发和利用，必须保障其区域性要素与非区域性要素得到最有效率的配置。只有选择与其区域性要素禀赋相匹配的发展模式，并在此基础上实现区域性要素与非区域性要素的最优配置，区域经济才能实现可持续性的长期发展。

区域性要素禀赋的空间差异不仅决定了区域间不平衡发展的基础，同时也决定了区域间不同的发展模式和差异性的发展道路。忽视要素的流动性差异及其配置对经济结构的影响，这在很大程度上使得新古典理论否定了经济发展的路径选择问题。新古典发展理论认为，要素间可以相互替代，某种生产要素的投入不足完全可以通过其他要素的投入来替代调节。在这种替代分析中，区域性要素对经济发展的决定和限制性作用被弱化了，经济发展问题也变成了非区域性要素的投入产出问题。然而在现实经济中，这种以非区域性要素过度投入带动经济增长的模式越来越受到人们质疑。这是因为，过度依赖非区域性要素投入的经济增长，无论是对发达地区还是欠发达地区都会形成严重的结构性问题。对于欠发达地区而言，非市场调节的非区域性要素过度投入必然使得区域性要素边际报酬过低。从短期看，虽然欠发达地区表现为经济快速增长，但是从长期看，过低的边际报酬必然导致区域性要素因市场失灵而出现供求错配。这种错配不仅会进一步加深欠发达地区经济结构的失衡，同时区域性要素禀赋的过度损耗无疑也会对地区未来发展潜力产生不可逆的破坏性影响。同样，非市场调节的非区域性要素过度流出，也不利于发达地区的经济发展。区域性要素和非区域性要素需要合理配置，发达地区非区域性要素的过度流出必然导致区域性要素的生产效率无法达至生产可能性边界，因此其生产效率和经济结构就会都存在失衡问题。可见，非市场调节的非区域性要素流动，并不能实现地区经济的可持续发展，反而强化了区域间的发展差异以及结构性矛盾。因此，新古典理论强调在市场机制下的要素自由流动足以自发保障均衡发展，显然与现实经济相互冲突。任何地区经济的可持续发展必然需要区域性要素与非区域性要素间科学、合理的配置，这进一步论证了区域间的不平衡发展是客观存在的，是不以人的意志为转移的必然结果。

（三）要素配置变迁与经济结构转换

区域经济发展的本质是以区域性要素禀赋为基础，充分考虑区域性要素与非区域性要素的相互匹配，从而形成科学、合理的经济秩序。在这种经济秩序下，经济发展的内在动力实际上就源于区域性要素与非区域性要素配置效率的提升。这种配置效率的提升，既形成于特定生产过程中区域性要素与非区域性要素各自生产效率的提升，也形成于区域性要素与非区域性要素配置的调整和优化。前者是“技术型效率”提升，主要表现为区域经济总量的增加；后者则是“结构型效率”提升，不仅带来经济总量的增加，同时也会引致经济结构变化。需要指出的是，特定区域的区域性要素禀赋并不是固定不变的。一方面，区域性要素会在生产活动中不断地实现自我变化、自我累积；另一方面，随着现代科学技术和高速运输工具的发展，越来越多的区域性要素也具备了空间流动性。这既有借助现代运输工具实现的现实空间转移，也有借助科学技术实现的虚拟空间转移（如在信息技术下的要素“跨空间”共享）。这些都表明，区域性要素的种类和数量是不断变化的。从这个角度上说，要素禀赋决定了社会生产，而社会生产也对要素禀赋产生深刻影响，并逐渐形成经济发展的新条件和新基础。因此，区域经济发展的基础和模式不是既定不变的，区域性要素与非区域性要素的配置优化本身是一种动态过程。即便特定时期内要素的优化配置对经济发展起到了积极作用，但随着要素禀赋的不断累积变化，如果不能及时进行资源的再配置、发展模式的再调整，那么曾经有效的发展模式也可能走向经济的反面，成为区域经济发展的障碍。因此，随着要素的动态累积，要素禀赋及其配置内容和性质的变化决定了区域经济结构演化和发展的方向。这随之成为区域经济发展的新动力，不仅促进了区域经济增长，同时也决定了经济结构的不断调整。

如果是区域性要素禀赋的空间差异性决定了不同区域间不存在单一的成功发展模式，那么区域性要素禀赋的动态累积变化，则决定了现实经济实践中不存在永逸不变的成功发展模式。这种理论判断也为破解“东亚经济现象”提供了有力解释。一般认为，亚洲“四小龙”是发展理论需要解释的一个十分独特现象。然而新古典理论却无法有效解释两个问题。一是要素投入和累积是否为东亚经济发展的决定性因素。新古典理论突出强调要素投入和累积在经济增长中的重要地位，因此新古典理论认为国际资本的大量转入是东亚经济发展的根源所在。然而，很多研究东亚问题学者的研究结果表明，经济奇迹期间东亚国家（地区）全要素生产率居于世界全要素生产率上升最快级别，其对经济的增长贡献率远超资本累积的增长贡献率。如 Restuccia 和 Rogerson（2013）研究认为，“东亚经济奇迹”期间东亚国家（地区）的经济增长至少有一半贡献来源于全要素生产率的提高，而非资本积累的作用。二是东亚为何存在严重的差异化发展问题。“四小龙”与印度尼西亚、菲律宾、马来西亚等国家和地区同处东亚地区，区位条件和发展环境非常相近，但这些国家和地区的经济发展水平参差不齐，不仅表现在增长速度上，而且在经济结构、收入水平、社会福利等各方面都有很大差距，这就使新古典理论收敛均衡的发展观点难以成立。正如本文所说，经济发展的动力源于区域性要素与非区域性要素配置效率的提升，要素禀赋及其配置内容和性质的变化决定了区域经济结构演化和发展的方向。从东亚发展实践上看，在第三次产业转移初始阶段，东亚地区依托自身要素禀赋优势，积极融入国际贸易和分工体系，承接了以劳动密集型和资本密集型为主的产业体系，这种要素配置和经济结构与当时东亚地区的要素禀赋需求相互一致，因此技术型效率与结构型效率的共同提升成为东亚经济发展的强大动力。然而，随着在全球化进程的加快以及国际分工体系的日益深化，东亚地区的区位优势、产业基础、人力资本等发展条件逐渐发生了巨大变化，要素再配置对经济结构调整升级的要求愈加强烈。然而，东亚经济却忽视了这种要素禀赋条件的变化，对经济结构变革的内在要求反应迟滞，最终其固化的经济发展模式走向了经济反面，成为东亚经济发展的障碍并引发系统性的经济危机。

四、新时代我国高质量发展的经济学解释

（一）无形要素与高质量发展：生态文明和工业文明

生产活动既包含有形要素的投入也包含无形要素的消耗，这是客观存在的。然而，传统经济理论却以稀缺性为视角，舍弃掉了那些生产中不可或缺的无形要素研究。可以说，传统经济学的这种理论局限性其代价是极其高昂的。人类在享受高度发达工业文明的同时，却面临着日益尖锐的资源约束、生态环境失衡等各种矛盾和冲突。事实上，即便新古典理论为我国20世纪70年代政策纠偏和改革开放铺平了理论道路，但我国学者也从中国改革发展实践出发，开始深刻反思传统经济理论的这种局限性。在中国改革开放的伟大实践中，我国政府和学者逐渐认识到，中国的改革发展绝不是超越历史、超越社会、超越政治、超越生态的纯经济问题，并由此从更广泛、更贴近现实的视野思考中国特色发展理论区别于西方发展理论的重大理论和现实道路。尤其是党的十八大以来，基于中国发展实践，我国正式提出了政治、经济、社会、生态和文化“五位一体”高质量发展理念，形成了以“两山论”为核心价值的习近平新时代生态文明思想，这不仅是我们党的重大理论和实践创新，同时也是对生产要素科学内涵的高度概括和总结。正如习近平总书记所说，“保护生态环境就是保护生产力、改善生态环境就是发展生产力”①，深刻阐明了生态环境等无形要素与生产活动之间的内在关系。有形要素的高效利用可以带来发达的工业文明，而无形要素的优化使用则必然是发达的生态文明。虽然生态文明是工业文明发展更高阶段的产物，但没有生态文明支撑的工业文明则是不可持续的短暂文明。生态文明与工业文明同样发达是高质量发展的内在逻辑和具体表现。从这个角度上说，充分考虑生态环境等无形要素在生产活动中的作用和价值，是构建高质量现代化经济体系的必然要求。然而需要提出的是，如何科学、合理地量化无形要素参与生产活动的价值实现，这无疑也为我国特色发展理论确定了未来研究方向和明确了具体任务，也必然是未来发展理论中国化的重要创新所在。

（二）不平衡不充分发展的实质

区域性要素禀赋的空间差异不仅决定了区域间不平衡发展的基础，同时也决定了区域间不同的发展模式和差异性的发展道路。区域发展的本质是各区域经济自身的可持续发展以及发展成果的最大化，这为我们进一步理解我国新时代社会主要矛盾提供了有力依据。十九大明确提出“中国特色社会主义进入新时代，我国社会主要矛盾已经转化为

---

① 中共中央文献研究室编：《习近平关于社会主义生态文明建设论述摘编》，北京：中央文献出版社，2017年，第2页。

人民日益增长的美好生活需要和不平衡不充分的发展之间的矛盾”，这种社会主要矛盾转变的重大论断，不仅是对我国现阶段具体国情和发展阶段特征作出了综合论断，同时也对我国区域不平衡发展问题进行了高度的总结和概括。因此，如何解决我国区域发展差异，实现区域平衡和充分发展，也正成为我国学者关注的核心问题。然而，从平衡发展问题研究的思路和对策上看，目前国内许多相关研究都是旨在实现缩小区域发展差异，进而最终实现不同区域间发展水平的一致性和均衡性。显然，这与区域发展的本质规律是冲突的。事实上，区域经济发展的本质是以区域性要素禀赋为基础，充分考虑区域性要素与非区域性要素的相互匹配，从而形成科学、合理的经济秩序，这实际上也即是区域平衡发展的标准。从这个角度上说，我国社会主要矛盾在区域发展上的不平衡，并不是指我国各地区经济增长总量的绝对不平衡，而是目前我国各地区在发展过程中科学开发利用其区域性要素禀赋的水平和能力的不平衡，以及区域发展模式与其区域性要素禀赋适配程度的不平衡；而我国社会主要矛盾在区域发展上不充分，则是因为我国各地区经济增长的来源更多是要素的粗放式投入，其增长空间已经在不断缩小，亟待依托以区域性要素与非区域性要素配置效率改善为核心的整体经济结构转型，进而充分提高各地区要素配置效率、实现可持续的高质量内生发展。可以说，任何脱离区域发展本质规律的“经济总量一致性”区域平衡发展，都必然会恶化地区间的经济结构并过度损耗地区未来的发展潜力。试图追求各区域间经济的绝对平衡发展是不现实的，也是难以实现的。

（三）模式转变、结构变革与动力转换

要素配置优化、增长动力转换、经济结构变革，三者内在的逻辑也为我国深化改革提供了有力的理论支撑。党的十九大报告明确提出“我国经济正处在转变发展方式、优化经济结构、转换增长动力的攻关期，……必须以供给侧结构性改革为主线，……优化要素配置，推动产业结构升级”。事实上，20 世纪 70 年代末，我国审慎评估国内外经济形势进而提出改革开放政策。实践证明，中国的改革是成功的。在这场改革大潮中，我国也形成了极具特色的中国发展模式。这种发展模式，无论是对经济发展理论本身，还是对落后国家的实践借鉴，都注入了新经验、新道路，也日益成为发展经济学关注和研究的热点。事实上，中国发展模式的成功，究其本质是这种模式符合了中国发展实际，充分考虑了当时我国资源禀赋比较优势以及产业的发展基础，优化了要素配置从而形成了科学、合理的经济秩序，保证了我国技术型和结构型效率的提升。改革开放四十多年来，我国各地区都实现了经济的快速增长，发展的质量明显提升，这不仅是我国优化资源配置的结果，也是深度影响我国要素禀赋赋存形式和状态的过程。在这个过程中，我国要素禀赋条件、比较优势、发展基础、发展环境都发生了巨大变化，生产要素配置的结构性矛盾也日益凸显，这就要求我们必须积极应变，全面深化改革，依据新的禀赋条件重新调整发展模式，重新优化资源配置，并在新一轮的要素配置过程中培育经

济增长的新动力，实现更高质量的新发展。区域经济发展动力的本质分析以及要素配置动态优化的判断，为我国“在新时代继续把改革开放推向前进”提供了有力的理论支撑。可以说，依据新的要素禀赋的变化，重新优化资源配置，调整经济发展模式，在新一轮的要素配置和再配置过程中，培育我国经济增长新动力，实现经济增长动力转换，这是在新常态下我国经济高质量发展不可规避的一个时代命题，也是一个永续命题。

参考文献

[1] Lewis W. A., Economic Development with Unlimited Supply of Labour, *The Manchester School*, 1954 (2).

[2] Myrdal G., *Economic Theory and Under Developed Regions*, London: Methuen & Co Ltd, 1957.

[3] Henderson D. & Black K., Market Allocations of Location Choice in a Model with Free Mobility, *Journal of Economic Theory*, 2007 (17).

[4] Glaeser E. & Gottlieb J., The Wealth of Cities: Agglomeration Economics and Spatial Equilibrium in the United States, *Journal of Economic Literature*, 2009 (4).

[5] 林毅夫、付才辉：《基于新结构经济学视角的吉林振兴发展研究：〈吉林报告〉分析思路、工具方法与政策方案》，《社会科学辑刊》，2017 年第 6 期。

[6] Rosenstein-Rodan P. N., The Underdeveloped Economics, *Journal of Economy*, 1943 (9).

[7] Nurkse R., *Problems of Capital Formation in Underdeveloped Countries*, New York: Oxford University Press, 1953.

[8] Seers D., The Birth, Life and Death of Development Economics, *Development and Change*, 1979 (10).

[9] Jones C., Time Series Tests of Endogenous Growth Models, *Quarterly Journal of Economics*, 1995 (2).

[10] Grossman G. & Helpman E., Endogenous Innovation in the Theory of Growth, *Journal of Economic Perspectives*, 1994 (1).

[11] Hirschman A. O., *The Strategy of Economic Development*, New Haven: Yale University Press, 1958.

[12] [美] 约瑟夫 · 熊彼特著，宁嘉风译：《从马克思到凯恩斯十大经济学家》，北京：商务印书馆，2013 年。

[13] Mills E. S., *Studies in the Structure of the Urban Economy*, Baltimore: Johns Hopkins Press, 1972.

[14] Lucas R. E., On the Mechanism of Economic Development, *Journal of Monetary Economics*, 1988 (22).

[15] Romer P. , Increasing Return and Long-run Growth, *Journal of Political Economy*, 1986 (94).

[16] Arrow K. J. & Debreu G. , Existence of on Equilibrium for a Competitive Economy, *Econometrica*, 1954 (3).

[17] [英] 亚当 · 斯密著，杨敬年译：《国富论：国民财富的性质和原因的研究》，西安：陕西人民出版社，2001 年。

[18] Baldwin R. , Agglomeration and Endogenous Capital, *European Economic Review*, 1999 (43).

[19] Restuccia D. & Rogerson R. , Misallocation and Productivity, *Review of Economic Dynamics*, 2013 (1).

【作者简介】

郝大江，海南师范大学教授、博士生导师。

中国城市群的服务业协同集聚研究

——基于长三角与珠三角的对比*

钟　韵　秦嫣然

一、引言

当前，我国经济发展已经由追求高速增长和数量扩张阶段，转向推进高质量发展、讲求经济增长质量和效益的发展阶段。城市群是我国经济社会发展的重要空间载体，高质量发展对城市群内部的产业发展提出了新要求。

已有研究显示，当产业发展到高级化阶段，单一产业的集聚将发展成产业协同集聚。其依据在于：产业集聚是由知识溢出所产生的，那么，在知识交流的空间应该可以看到协同集聚，换而言之，当出现集聚效应时，协同集聚也将会出现（Helsely，et al.，2014）。所谓协同集聚，是指在某一特定空间内不同产业在区域中高度集中的现象（Ellison，et al.，1997；Duranton，et al.，2005；陈建军等，2016）。协同集聚不仅包含马歇尔外部性所强调的单一产业带来的专业化集聚，也体现为不同产业的多样化集聚，是对产业集聚现象的一种综合性反映。实证研究发现，协同集聚不仅出现在制造业与服务业之间（Ke，et al.，2014；陈建军等，2011），也出现在服务业内部各行业之间（Miler，et al.，2005；Koh，et al.，2014）。

本文认为，区域内产业之间的协同集聚关系可以为城市群内产业的高质量发展研判提供新的视角，促进产业间空间关系协调发展以及提升重点产业间协同集聚水平，也将为推进区域产业高质量发展提供新的思路。长三角城市群和珠三角城市群是我国经济发展水平最高的城市群，2019 年 12 月的中央经济工作会议指出，要推进京津冀协同发

* 本文系国家自然科学基金项目“城市等级与生产性服务业发展的互动关系研究”（项目号：41371174）和暨南大学中央高校基本科研专项资金资助（项目号：19JNYH09）的阶段性成果。原载于《广东社会科学》2021 年第 2 期。

展、长三角一体化发展、粤港澳大湾区建设，打造世界级创新平台和增长极。长三角和珠三角两大城市群经过多年的高速发展，服务业发展水平居于全国领先地位，2018 年长三角和珠三角的服务业产值比重分别为 49.58% 和 50.95%。因此，本文依托《中国城市统计年鉴》、《中国经济普查年鉴》、国家专利统计局数据等，选取 2003 年至 2018 年的城市层面数据，试图对比两大城市群[①]服务业内部各行业[②]间的协同集聚特征，进而分析二者服务业协同集聚差异的原因，以期从协同集聚的视角展示两大城市群服务业发展的差异，并为城市群产业高质量发展提供有益的思路与依据。

二、协同集聚研究进展

产业集聚是指某些产业在特定地域范围内集中的现象，是基于厂商之间的相互作用和溢出效应而产生的（魏后凯，2011），产业集聚研究多是针对单一产业而展开的。产业协同集聚则强调具有异质性的多个产业在同一城市范围内的地理邻近（Ellison，et al.，1997）。Kolko 等（2010）认为，对集聚的分析以单一行业为观察单位，而对协同集聚的分析则是以成对行业为观察单位。协同集聚可能不会出现在所有行业之间，仅是部分行业所特有的现象（Helsley，et al.，2014）。早期协同集聚的研究主要是基于对协同集聚水平的测度而展开。Ellison 和 Glaeser（1997）首次提出协同集聚概念，并构建 EG 指数对不同产业间的协同集聚程度进行测度。现有研究关注不同性质的产业由相互关联所产生的空间影响，多强调具有上下游产业关联的企业倾向于在同一空间内协同集聚（Ciccone，et al.，2006；Helsley，et al.，2014）。

首先，学界不仅关注制造业与服务业之间的协同集聚，对制造业内部及服务业内部行业之间的协同集聚亦同样关注。研究发现，制造业与服务业之间产生协同集聚，主要是由于制造业与服务业之间存在需求关联和成本关联，并由此促成其相互邻近的空间关系。Hansda（2001）对印度的研究发现，生产性服务业与制造业之间存在空间相关性，在部分地区和行业中，制造业趋向于在服务业集聚程度较高的区域聚集。Andersson（2004）基于生产性服务业和制造业的供求关联，发现两大产业对彼此空间集聚存在相互促进的关系。而针对发达国家的服务业分析发现，服务业内部的行业间也存在协同集

---

① 本文的长三角城市群包括 25 个城市，珠三角城市群包括 9 个城市。长三角的 25 个城市是上海、杭州、宁波、湖州、嘉兴、绍兴、舟山、台州、金华、温州、南京、无锡、常州、苏州、南通、扬州、镇江、泰州、合肥、芜湖、马鞍山、铜陵、安庆、滁州、池州。珠三角的 9 个城市是广州、深圳、珠海、佛山、江门、肇庆、惠州、东莞、中山。

② 本研究选取的 9 个服务业行业是批发和零售业（简称批发零售业），交通运输、仓储和邮政业（简称交通运输业），信息传输、计算机服务和软件业（简称信息服务业），金融业，房地产业，租赁和商务服务业（简称商务服务业），科学研究、技术服务和地质勘查业（简称科技服务业），教育业，文化、体育和娱乐业（简称文体服务业）。

聚现象。Miler（2005）通过对英国服务业集群发展的研究发现，以伦敦为核心的服务业之间也存在协同集聚现象。Koh 等（2014）对德国服务业部门的四位数行业分析发现，服务业部门内行业间协同集聚显著。究其原因，来自城市与区域自身的特性（豆建民等，2016）、产业间的关联需求（席强敏，2014）、知识溢出（Jacobs，et al.，2014）与劳动力共享（Kolko，et al.，2010）等外部性要素，均对协同集聚的产生具有影响。

其次，就协同集聚研究的空间尺度而言，已有研究多是基于城市层面数据开展区域内产业协同集聚研究。例如，陈建军等（2011）以浙江省 69 个城市为样本，研究发现生产性服务业和制造业协同集聚受制度、规模和交易成本影响。陈晓峰等（2014）针对东部沿海地区的研究发现，协同集聚对区域经济增长、专业化水平及产业优化升级有正向促进作用。刘亚清等（2018）基于京津冀 13 个城市的面板数据进行研究，发现该地区的生产性服务业和制造业未表现出协同集聚，甚至存在一定程度的相互抑制。在城市群尺度，我国已有研究主要从制造业和生产性服务业协同集聚的机制与效应展开（刘叶等，2016；赵景华等，2018）。总体而言，目前针对城市群尺度的协同集聚研究还比较少。

最后，利用协同集聚指数测度协同集聚水平，并进而分析协同集聚特征，是当前研究常见的分析思路。但是，目前国内研究对协同集聚度的测算往往使用区位商替代 EG 指数（江曼琦等，2014；陈国亮等，2012）。这种替代性的计算方法由于不能反映区域内产业的绝对规模，有可能存在地区的产业绝对规模并未达至产生协同集聚的程度，但在当地已呈现区位商较大的现象；并且，这种以区位商替代的计算方法亦难以明确协同集聚产生的数值门槛。Ellison 和 Glaeser 自 1997 年提出 EG 指数计算公式后，经过完善，两人于 2010 年提出了以下协同指数的公式（1），并被国外学界所广泛接受（Howard，et al.，2016；Gabe，et al.，2016）。运用此公式，若协同集聚指数计算结果为负，则表明产业协同集聚尚未产生。其计算公式为：

$$EG_{AB} = \frac{\sum_{m}^{M}(S_{mA} - x_m)(S_{mB} - x_m)}{1 - \sum_{M}^{m} {x_m}^2} \tag{1}$$

其中，EG_{AB}为 A 产业和 B 产业的协同集聚指数；m 为地区；S_{mA}和 S_{mB}分别为 A 产业和 B 产业在 m 地区的就业人数占整个城市群的 A 产业和 B 产业就业人数的份额；x_m为 m 地区内所有产业的平均就业比重。EG_{AB}值越大，表明两个产业的协同集聚度越高。

综上可见，产业协同集聚已经在产业发展较为成熟的区域出现，协同集聚为解释产业间的生产关联和空间关联提供了新视角。

三、两大城市群协同集聚的特征比较

已有研究显示，协同集聚指数可以从经济关联视角反映产业的协同集聚水平。此处采用前述公式（1）计算两大城市群在2003年至2018年的检验期内9个服务行业相互之间的协同集聚指数，并根据计算结果比较两地的协同集聚特征。

（一）服务行业间均存在协同集聚现象

通过对比两大城市群16年间两两行业协同集聚度的均值，可见在72对服务行业组合矩阵中，长三角有19对组合的均值为正，珠三角则有16对为正，这显示两大城市群内均存在服务行业之间的协同集聚。图1为协同集聚度均值在两大城市群均呈现正指数的行业组合。如图1所示，各行业均或多或少地与其他行业存在协同集聚，其中，珠三角城市群的交通运输业和科技服务业、长三角城市群的文体服务业和教育业分别是两个区域内协同集聚度最高的行业组合。

可以认为，由于两大城市群服务业发展水平较高，虽然服务业内部各行业间的协同集聚指数只有部分为正，但显示城市群内部已有服务行业呈现出较强的空间集聚关联性。Ellison等（2010）运用2003年普查数据计算美国三位数代码的制造行业的协同集聚度，结果显示只有部分制造行业呈现正的协同集聚指数，其研究发现，当两个行业在同一地区内集聚度都比较高时，更容易产生协同集聚。由此可以推测，当前长三角和珠三角两大城市群服务业发展水平较高、部分行业在城市群内已出现产业集聚，为城市群内服务行业间的协同集聚奠定了基础。随着两大城市群服务业发展水平的提升，其服务业协同集聚的态势将进一步显现。

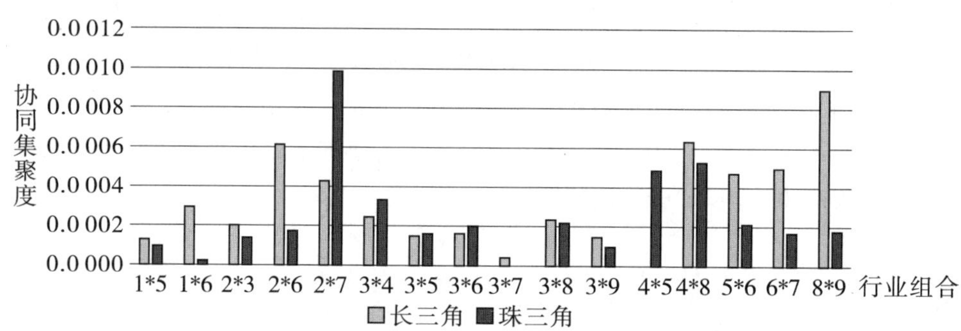

行业代码：1.批发零售业 2.交通运输业 3.信息服务业 4.金融业 5.房地产业 6.商务服务业 7.科技服务业 8.教育业 9.文体服务业

图1 长三角和珠三角城市群的协同指数均值

（二）产业关联度强的行业之间的协同集聚度较高

行业间的产业经济关联，是两者形成协同集聚的内在基础。为检测服务行业相互间的协同集聚度与产业关联度之间的关系，可以运用投入产出表中的直接消耗系数和直接分配系数测量产业关联度。但由于该表每5年编制一次，且仅有省级层面的数据，难以获得长三角城市群的投入产出系数。因此，本文借鉴陈国亮等（2012）对产业关联度的研究测算，运用表2的公式，计算绘制出两大城市群服务行业协同集聚指数与产业关联度的散点图（如图2所示）。由于该公式要求将研究的产业分为两类，因此本文将8个服务业分为生产性服务业和消费性服务业两大类①，计算其关联度。

如图2所示，随着产业关联度的提高，服务业组合协同集聚度也逐渐提高，并且拟合线斜率在5%的水平上为正。可见两个城市群的服务行业协同集聚度与产业关联度具有紧密联系，关联度高的服务业更倾向于布局在一起。此外，珠三角地区拟合线斜率更大，说明当关联度相同时，珠三角城市群内服务业行业间的协同集聚程度相对更高。这主要是由于珠三角9个城市均位于广东省内，城市间的联系相对更紧密，因此产业关联对地区内产业协同集聚的作用亦更显著。此外，珠三角城市数量相对较少，行业的空间集聚相对更为明显，亦有利于协同集聚的形成。

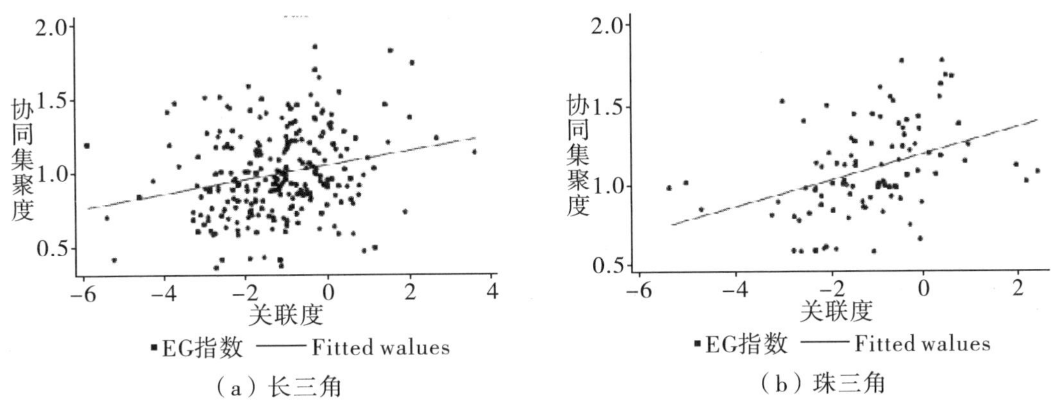

图2　服务业协同集聚指数与产业关联度的关系

（三）信息服务业和商务服务业分别与其他服务行业的协同集聚最显著

将检测期内协同集聚指数为正的行业组合进行整理，得出两大城市群协同集聚度为正数的组合排序（如表1所示）。相比于其他的协同集聚指数组合，长三角城市群的信息服务业与其他服务行业的空间关联性最强，珠三角城市群则是商务服务业与其他服务行业的空间关联性最强，均有超过一半组合呈现正向的空间关联性。

表1　长三角和珠三角呈现协同集聚的服务行业组合数量排名

长三角行业	呈现协同集聚的组合数量比重	珠三角行业	呈现协同集聚的组合数量比重
信息服务业	51.56%	商务服务业	57.81%
商务服务业	50.78%	房地产业	56.25%

① 本文将生产性服务业定义为：信息服务业、金融业、商务服务业及科技服务业；将消费性服务业定义为：批发零售业、交通运输业、教育业及文体服务业。房地产业数据波动较大，因此不包括在内。

（续上表）

长三角行业	呈现协同集聚的组合数量比重	珠三角行业	呈现协同集聚的组合数量比重
批发零售业	50.00%	教育业	56.25%
金融业	48.44%	信息服务业	55.47%
房地产业	48.44%	金融业	55.47%
科技服务业	48.44%	批发零售业	54.69%
交通运输业	47.66%	科技服务业	39.06%
文体服务业	46.09%	交通运输业	38.28%
教育业	44.53%	文体服务业	38.28%

根据行业的经济活动属性，信息服务业和商务服务业均属于生产性服务业。已有研究指出，生产性服务业不仅服务于制造业部门，同时也为其他服务行业提供服务（钟韵等，2005）。由此再次显示，行业间的协同集聚是以产业的经济关联性为基础的。数据显示，长三角信息服务业的就业人数从2003年的11万人增长至2018年的93万人，领先于当地服务业其他行业部门就业的增速；在此期间，珠三角商务服务业就业人数增长近7倍，增速亦在所有服务行业中居首位。可见，知识或者技术外溢性较强的生产性服务行业，与其他服务行业产生协同集聚的倾向越大。另外，两大城市群近十余年来科技发展迅猛，地区科技发展所产生的吸引力，有效促进了协同集聚的产生。

（四）知识密集型行业与劳动密集型行业之间的协同集聚度相对较高

知识密集型服务业是近年来服务业部门中最受关注的行业，金融、科技服务、信息服务、商务服务、教育等现代服务业在研究中多被划入知识密集型服务业，批发零售、交通运输、房地产和文体服务等传统服务业属于劳动密集型服务业。本研究将9个服务业部门进行以上2个类别划分后，运用公式（1）计算两两行业间的协同集聚指数。

计算结果显示，在两大城市群中，知识密集型服务业与劳动密集型服务业之间的协同集聚度，高于两个知识密集型行业或是两个劳动密集型行业间的协同集聚度。2003年，在两大城市群协同集聚指数为正的组合中，有54.7%属于知识密集型与劳动密集型行业的组合。2018年，知识密集型与劳动密集型行业的组合在协同集聚指数为正的组合结果中的比例虽然有所降低，为51.4%，但仍然高于两个知识密集型行业或是两个劳动密集型行业的组合。此特征再次反映，两大城市群是国内服务业发展水平较高的地区，行业间的产业联系较大，行业的互补性需求也更大，技术与知识溢出效应以及交流和共享的需求，促使行业间形成协同集聚。

四、协同集聚的影响机制分析

两大城市群服务业内部各行业间的协同集聚呈现正向发展趋势，但协同集聚各具特色。本部分试图以定量的方法来分析两大城市群服务业协同集聚的影响机制。

（一）理论假说

1. 基于产业与外部性视角

古典区位理论认为自然资源禀赋、劳动力以及运输成本的差异，是企业趋向在某一区域集聚的动力。马歇尔指出，产业集聚产生的外部性效应包括劳动力共享、专业化的中间投入品和技术外溢。内生增长理论虽然强调了知识对于经济增长的作用，但对空间因素的考虑仍显不足。直到新经济地理学理论的出现，以克鲁格曼为代表的经济学家提出报酬递增和路径依赖是产业区位集聚的重要前提。同时我们也注意到，随着现代科技的发展，现代通信技术令企业布局过程中对运输成本的重视有所降低；另外，隐含知识的传递和创新技术的扩散仍然受到空间距离的限制，在外部因素的作用下，这类知识技术溢出效应对生产性服务业具有显著影响（Andersson，2004）。因此，本文认为，基于产业链内中间投入所产生的行业关联性，以及外部性效应所产生的知识溢出，对服务业行业间的协同集聚造成影响。

假设1：行业关联度促进了服务业产业协同集聚。

假设2：服务业在产业体系中比重越大，其产业协同集聚程度越高。

假设3：科技水平提高所带来的知识溢出，促进了服务业协同集聚。

2. 基于城市规模视角

随着城市化水平的提高，城市规模不断扩大，城市经济学认为城市规模的扩大会对城市内部的产业带来外部性影响。Alonso（1971）和 Button（1976）对城市规模的成本和收益进行分析后发现，城市发展之初，收入和社会福利增加会促使城市的集聚经济创造出正外部性，推动了城市的多样化发展。因此，本文认为城市规模越大、等级越高，产业活动的多样性以及产业间的关联性也将增强，由此有助于形成产业协同集聚。但城市经济学研究也指出，当城市发展至一定规模后，由于个人生活、行政管理等成本上升，集聚效益趋于下降，负外部性将出现。

假设4：随着城市规模的扩大，服务业产业协同集聚程度提高。但当城市规模扩大到一定程度时，将可能抑制协同集聚的发展。

（二）模型构建

综合以上因素，本文将从产业、城市和科技三个维度分析服务业协同集聚的影响机制，运用面板数据进行估计，并加入时间和地区的固定效应。此外，由于本文的因变量与自变量间可能存在内生性问题，为了克服内生性应当寻找一个外生因素构造工具变量，使用2LSL进行回归分析。然而现实中工具变量难以寻找，因此本文采用滞后一期的因变量，以解决内生性问题。

基本计量模型设定如下：

$$Coaggc_{cij,t} = \alpha_2 + \alpha_1 Link_{cij,t-1} + \alpha_2 Indus_{c,t-1} + \alpha_3 Citysize_{c,t-1} + \alpha_4 Mar_{c,t-1} + \alpha_5 Tech_{c,t-1} + \alpha_6 HumanCap_{c,t-1} + \alpha_7 + Knowledge_{c,t-1} + \alpha_8 Control_{c,t-1} + \varepsilon_{cij,t} \quad (2)$$

式中：$Coaggc_{cij,t}$是对生产性服务业和消费性服务业协同集聚度的测量①，α_0 是常数项，其余 α_n 是模型需要估计的系数，$t-1$ 表示滞后一期的变量，$\varepsilon_{cij,t}$为随机误差项。该指数越大，代表两个产业的协同集聚水平越高。

（三）指标解释

本文的协同集聚影响机制指标体系从产业水平、城市规模和科技水平三个维度构建（如表2所示）。考虑长三角与珠三角两大城市群的外向型经济特征明显，外资对地区经济增长及服务业发展具有不可忽视的影响，因此本文加入了滞后一期的经济外向水平作为控制变量。

表2　模型变量解释

	变量	指标
因变量	协同集聚度	$Coagg_{cijt} = 1 - \frac{\lvert agg_{cit} - agg_{cjt} \rvert}{agg_{cit} + agg_{cjt}}$ ②
产业水平	行业关联	$Link_{ij} = \frac{e_i}{e_j} \times \delta$ ③
	产业结构	各地区服务业产值产占 GDP 比重
城市规模	城市规模	各地区年末人口占全国人口比重
科技水平	科技投入	各地区科学技术支出
	科技产出	各地区全年专利申请数
控制变量	经济外向水平	各地区上年实际使用外资额

（四）实证结果分析

本文选用了固定效应模型，并对所有变量做了对数化处理。由于数据限制，部分变

① 由于该指数的测算要求对服务业进行分类，我们把服务业行业分为生产性服务业和消费性服务业。具体分类同上文。

② 借鉴陈国亮等（2012）和杨仁发（2013）的方法，将协同集聚度用区域内集聚水平的相对差异表示。式中，agg_{cit}为区位商指数，表示第 t 年城市 c 内 i 产业的集聚水平，$agg_{cit} = \frac{E_{cit}/\sum_i E_{cit}}{\sum_c E_{cit}/\sum_{c,j} E_{cit}}$。

③ 产业关联度的计算借鉴了陈国亮等(2012)的方法。我们认为现实中主要是生产性服务业为其他服务业提供中间投入品，因此式中，e_i 为生产性服务业每年新增就业人数，e_j 为消费性服务业每年新增就业人数。同时生产性服务业的产出不是全部投入消费性服务业，也会用于其他产业，因此在比值的基础上要再乘以一个系数。参考程大中(2008)的研究结论，系数 $\delta = 0.379$。

量存在缺失值。表3列出了面板估计系数。回归结果显示，核心解释变量均通过假设，至少在10%的水平上显著。这表明本文提出的服务业协同集聚的假设得到了初步实证支持。

（1）行业关联指标在长三角城市群呈显著正向影响，但在珠三角城市群影响并不显著。行业关联度每提高1%，长三角服务业协同集聚程度提高0.013 3%。系数显著为正说明行业关联效应对长三角服务业协同集聚存在明显的正向作用，这意味着生产性服务业通过为消费性服务业提供相应的服务和产品，使得消费性服务业中间投入成本减少，并推动协同集聚的形成，这印证了前文的假设。

行业关联系数在珠三角不显著，推测一定程度上是由于生产性服务业与消费性服务业之间的关联，在某种程度上忽略了制造业集聚的影响。珠三角制造业发达，在对产业关联影响的分析中，需进一步考察制造业与生产性服务业的关联性。简而言之，服务业协同集聚的发展，不仅要考虑两个服务行业之间的行业关联度，亦不能忽视地区制造业集聚的影响。由此进一步说明，高质量发展的产业体系，需要更为强调经济体系中不同产业的关联性。

（2）产业结构指标在珠三角城市群显著为正，但在长三角城市群并不显著。这说明服务业在当地产业体系中的规模，对珠三角服务业协同集聚的影响要更加突出。在珠三角城市群，服务业在产业体系中的比重每增加1%，协同集聚水平提高0.323 7%。这符合前文的假设，服务业在产业体系中所占比重越大，显示当地服务业发展水平越高，此地区的产业协同集聚程度也越高。在长三角城市群，上海服务业发展水平远高于江浙皖等地的大部分城市，城市群内服务业不均衡现象显著，因此，长三角的服务业产业比重未能完全体现服务业的实质发展水平。虽然由此导致服务业比重增加，但在长三角并不能体现出对服务业协同集聚的正向推动作用。

这也正说明，偏重数量增长的产业水平测度指标，已不能满足高质量发展阶段对产业发展水平的测度需要。本文提出的协同集聚为产业的高质量发展分析提供了新的视角。

（3）城市规模指标对珠三角服务业协同集聚的影响表现出预期的正显著，对长三角服务业协同集聚的影响表现出负显著，这显示检验期内城市规模的变化对两大城市群服务业协同集聚的影响各异。一方面反映出城市规模对两大城市群服务业的协同集聚存在影响；另一方面则反映出城市数量较多、区域内城市规模差距较大的长三角城市群，其服务业协同集聚的难度相对更大。服务企业在长三角多个中心城市的分散布局，一定程度上减缓了协同集聚的形成。2019年12月公布的《长江三角洲区域一体化发展规划纲要》提出加速推动长三角城市融合发展及区域合作，就是要求基于地区自身的规模与定位，对整个地区产业结构进行优化。与之相反，珠三角城市群的规模体量尚未达到前文理论假说提出的城市规模达到某个临界值将产生对协同集聚产业负外部性影响的阶段，因此城市规模的增大有助于推进区域内服务业协同集聚。

（4）地区科技发展水平对两大城市群的服务业协同集聚均呈积极作用。其中，科技投入指标仅对珠三角服务业协同集聚存在促进作用，而科技产出指标对两个城市群服务业协同集聚水平均表现出正向影响。究其原因，两个地区的科技成果产出在全国均处于较高水平，因此技术溢出效应可以促进服务业内部协同集聚。科技投入指标仅在珠三角地区表现出预期的正向影响，一定程度上得益于近年来珠三角多个城市的科技创新产业快速发展。珠三角的9个城市中，深圳、广州、东莞等珠江东岸地区主要为知识密集型产业带，以互联网、人工智能、金融服务等新兴高科技产业为主，佛山、中山等珠江西岸地区则主要为技术密集型产业带，以新材料、新能源、电子加工等制造装备业为主。以当前高质量发展的科创产业为基础，科技投入的增加有助于促进服务业内部协同集聚。

表3　生产性服务业与消费性服务业协同集聚的回归结果

	变量	长三角 LN. 协同集聚度	珠三角 LN. 协同集聚度
产业维度	行业关联	0.013 3* (0.006 8)	0.016 4 (0.009 8)
	产业结构	0.051 9 (0.123 8)	0.323 7* (0.183 9)
城市维度	城市规模	-0.145 8* (0.084 5)	0.125 9** (0.062 1)
科技水平	科技投入	0.041 8 (0.039 2)	0.101 8** (0.039 8)
	科技产出	0.037 9* (0.020 7)	0.169 0*** (0.046 1)
控制变量	经济外向水平	0.020 3 (0.015 7)	0.008 1 (0.022 2)
	常数项	-1.933 3** (0.778 6)	-2.958 1*** (0.969 7)
	观测值	234	86
	R 平方	0.850	0.923

注：系数括号里为 t 值；***、**、*分别表示在1%、5%、10%的显著水平上显著。

可见，地方对科技产业的投入以及地区科技服务业发展水平，对两大城市群服务业的协同集聚，均有着不可忽视的作用。

（5）经济外向度对两大城市群服务业协同集聚均未体现出影响。一般认为，区域的经济外向度对我国各地区的产业发展具有不同程度的影响。本文分析显示，反映地区经济外向度的 FDI 对服务业协同集聚未呈现显著影响，换言之，虽然两大城市群经济外向性特征显著，外资对服务业发展水平具有一定的影响，但外资服务企业的布局并未对服务业整体的协同集聚空间形态产生显著影响。

四、结论

协同集聚是产业发展到高级化阶段时所形成的产业关联空间形态，为分析我国的产业高质量发展提供了新的视角。当前提出的双循环新发展格局强调提升完善供应链与产业链，从产业协同集聚的角度理解，便是要提升整体产业体系中各行业部门的协同发展水平。传统观点大多从产值、就业等经济关联性角度分析产业发展，忽略了空间关联性因素。本文以服务业为切入点，从产业协同集聚的视角分析长三角和珠三角两大城市群产业发展水平，在空间与产业的双重维度下评估城市群产业协同集聚的特征与影响机制。

基于 2003 年至 2018 年长三角和珠三角的服务业数据分析发现：①部分服务行业间已经存在协同集聚的现象。服务业发展水平越高的地区，越可能产生协同集聚。②知识密集型行业与劳动密集型行业间的协同集聚程度相对更为显著。长三角城市群的信息服务业和珠三角城市群的商务服务业分别与劳动密集型服务行业协同集聚的组合数量最多。这反映出经济关联性对于不同行业，尤其是互补行业的协同集聚有着重要影响。③产业因素和科技因素对服务业协同集聚有促进作用，但是，受产业发展历史、城市群内部的非均衡发展等因素影响，产业要素和科技要素对两大城市群的影响有所差异。④珠三角城市群的城市规模体量，对其服务业协同集聚具有积极的促进作用。

产业高效协调发展是区域经济高质量发展的主要动力之一，因此提升产业发展水平的思路也应从关注单一产业集聚拓展至对多产业协同集聚的研究。根据以上分析推论，长三角城市群应注重推进协同发展的服务业体系建设，消除制约协同发展的行政壁垒和体制机制障碍，强化培育重点产业的关联性，引导区域内的优势产业协同布局，推动城市群内部前后向产业形成更具影响力的协同集聚空间。珠三角城市群则应继续注重推动产业结构升级，加大科创投入，提升科技水平，优化重点产业布局，加强创新链与产业链的协同集聚，推动科创产业深度融合，释放科技生产力，推进区域内产业的高质量发展。

参考文献

[1] Helsley R. W. & Strange W. C., Co-agglomeration, Clusters, and the Scale and Composition of Cities, *Journal of Political Economy*, 2014, 122 (5).

[2] Ellison G. & Glaeser E. L., Geographic Concentration in US Manufacturing Industries: A Dartboard Approach, *Journal of Political Economy*, 1997, 105 (5).

[3] Duranton G. & Overman H. G., Testing for Localization Using Micro-geographic Data, *The Review of Economic Studies*, 2005, 72 (4).

[4] 陈建军、刘月、陈怀锦:《市场潜能、协同集聚与地区工资收入——来自中国151个城市的经验考察》,《南开学报(哲学社会科学版)》, 2016 第1期。

[5] Ke S., He M. & Yuan C., Synergy and Co-agglomeration of Producer Services and Manufacturing: A Panel Data Analysis of Chinese Cities, *Regional Studies*, 2014, 48 (11).

[6] 陈建军、陈菁菁:《生产性服务业与制造业的协同定位研究:以浙江省69个城市和地区为例》,《中国工业经济》, 2011年第6期。

[7] Miler N. & Pazgal A., Strategic Trade and Delegated Competition Original Research, *Journal of International Economics*, 2005, 66 (1).

[8] Koh H. J. & Riedel N., Assessing the Localization Pattern of German Manufacturing and Service Industries: A Distance-based Approach, *Regional Studies*, 2014, 48 (5).

[9] 魏后凯主编:《现代区域经济学》,北京:经济管理出版社, 2011年。

[10] Kolko J. & Neumark D., Does Local Business Ownership Insulate Cities from Economic Shocks, *Journal of Urban Economics*, 2010, 67 (1).

[11] Ciccone A. & Peri G., Identifying Human-capital Externalities: Theory with Applications, *Review of Economic Studies*, 2006, 73 (2).

[12] Hansda S. K., Sustainability of Services-led Growth: An Input-output Analysis of the Indian Economy, *Reserve Bank of India Occasional Papers*, 2001, 22 (1-3).

[13] Andersson M., Co-location of Manufacturing & Producer Services: A Simultaneous Equation Approach, *Working Paper*, 2004.

[14] 豆建民、刘叶:《生产性服务业与制造业协同集聚是否能促进经济增长:基于中国285个地级市的面板数据》,《现代财经(天津财经大学学报)》, 2016年第36卷第4期。

[15] 席强敏:《外部性对生产性服务业与制造业协同集聚的影响:以天津市为例》,《城市问题》, 2014年第10期。

[16] Jacobs W., Koster H. R. A. & Van Oort F., Co-agglomeration of Knowledge-intensive Business Services and Multinational Enterprises, *Journal of Economic Geography*, 2014, 14 (2).

[17] 陈晓峰、陈昭锋:《生产性服务业与制造业协同集聚的水平及效应:来自中国东部沿海地区的经验证据》,《财贸研究》, 2014年第25卷第2期。

[18] 刘亚清、闫洪举:《京津冀生产性服务业与制造业协同发展现状评估》,《城市问题》, 2018年第5期。

［19］刘叶、刘伯凡：《生产性服务业与制造业协同集聚对制造业效率的影响——基于中国城市群面板数据的实证研究》，《经济管理》，2016 年第 38 卷第 6 期。

［20］赵景华、冯剑、张吉福：《京津冀城市群生产性服务业与制造业协同集聚分析》，《城市发展研究》，2018 年第 25 卷第 4 期。

［21］江曼琦、席强敏：《生产性服务业与制造业的产业关联与协同集聚》，《南开学报》（哲学社会科学版），2014 年第 1 期。

［22］陈国亮、陈建军：《产业关联、空间地理与二三产业共同集聚：来自中国 212 个城市的经验考察》，《管理世界》，2012 年第 4 期。

［23］Howard E., Newman C. & Tarp F., Measuring Industry Co-agglomeration and Identifying the Driving Forces, *Journal of Economic Geography*, 2016, 16 (5).

［24］Gabe T. M. & Abel J. R., Shared Knowledge and the Co-agglomeration of Occupations, *Regional Studies*, 2016, 50 (8).

［25］Ellison G., Glaeser E. L. & Kerr W. R., What Causes Industry Agglomeration? Evidence from Co-agglomeration Patterns, *American Economic Review*, 2010, 100 (3).

［26］钟韵、闫小培：《西方地理学界关于生产性服务业作用研究述评》，《人文地理杂志》，2005 年第 20 卷第 3 期。

［27］Alonso W., The Economics of Urban Size, *Papers of the Regional Science Association*, 1971, 26 (1).

［28］Button K. J., *Urban Economics*: *Theory and Policy*, Berlin: Springer, 1976.

［29］杨仁发：《产业集聚与地区工资差距：基于我国 269 个城市的实证研究》，《管理世界》，2013 年第 8 期。

［30］程大中：《中国生产性服务业的水平、结构及影响——基于投入—产出法的国际比较研究》，《经济研究》，2008 年第 1 期。

【作者简介】

钟韵，暨南大学经济学院特区港澳经济研究所研究员、博士生导师；秦嫣然，暨南大学区域经济学博士研究生。